Managementwissen für Studium und Praxis

Herausgegeben von Professor Dr. Dietmar Dorn und Professor Dr. Rainer Fischbach

Bisher erschienene Werke:

Arrenberg · Kiy · Knobloch · Lange, Vorkurs in Mathematik
Baršauskas · Schafir, Internationales Management
Behrens · Kirspel, Grundlagen der Volkswirtschaftslehre, 2. Auflage
Behrens, Makroökonomie – Wirtschaftspolitik
Bichler · Dörr, Personalwirtschaft – Einführung mit Beispielen aus SAP® R/3® HR®
Blum, Grundzüge anwendungsorientierter Organisationslehre
Bontrup, Volkswirtschaftslehre
Bontrup, Lohn und Gewinn
Bontrup · Pulte, Handbuch Ausbildung
Bradtke, Mathematische Grundlagen für Ökonomen, 2. Auflage
Bradtke, Übungen und Klausuren in Mathematik für Ökonomen
Bradtke, Statistische Grundlagen für Ökonomen
Bradtke, Grundlagen im Operations Research für Ökonomen
Breitschuh, Versandhandelsmarketing
Busse, Betriebliche Finanzwirtschaft, 5. A.
Camphausen, Strategisches Management
Clausius, Betriebswirtschaftslehre I
Clausius, Betriebswirtschaftslehre II
Dinauer, Allfinanz – Grundzüge des Finanzdienstleistungsmarkts
Dorn · Fischbach, Volkswirtschaftslehre II, 4. Auflage
Dorsch, Abenteuer Wirtschaft ·75 Fallstudien mit Lösungen
Drees-Behrens · Kirspel · Schmidt · Schwanke, Aufgaben und Lösungen zur Finanzmathematik, Investition und Finanzierung
Drees-Behrens · Schmidt, Aufgaben und Fälle zur Kostenrechnung
Ellinghaus, Werbewirkung und Markterfolg
Fank, Informationsmanagement, 2. Auflage
Fank · Schildhauer · Klotz, Informationsmanagement: Umfeld – Fallbeispiele
Fiedler, Einführung in das Controlling, 2. Auflage
Fischbach · Wollenberg, Volkswirtschaftslehre I, 12. Auflage
Fischer, Vom Wissenschaftler zum Unternehmer
Frodl, Dienstleistungslogistik
Götze, Techniken des Business-Forecasting
Götze, Mathematik für Wirtschaftsinformatiker
Götze · Deutschmann · Link, Statistik
Gohout, Operations Research
Haas, Kosten, Investition, Finanzierung – Planung und Kontrolle, 3. Auflage
Haas, Marketing mit EXCEL, 2. Auflage
Haas, Access und Excel im Betrieb
Hans, Grundlagen der Kostenrechnung
Hardt, Kostenmanagement, 2. Auflage
Heine · Herr, Volkswirtschaftslehre, 3. Aufl.
Hildebrand · Rebstock, Betriebswirtschaftliche Einführung in SAP® R/3®
Hofmann, Globale Informationswirtschaft
Hoppen, Vertriebsmanagement
Koch, Marketing
Koch, Marktforschung, 3. Auflage
Koch, Gesundheitsökonomie: Kosten- und Leistungsrechnung
Krech, Grundriß der strategischen Unternehmensplanung
Kreis, Betriebswirtschaftslehre, Band I, 5. Auflage
Kreis, Betriebswirtschaftslehre, Band II, 5. Auflage
Kreis, Betriebswirtschaftslehre, Band III, 5. Auflage
Laser, Basiswissen Volkswirtschaftslehre
Lebefromm, Controlling – Einführung mit Beispielen aus SAP® R/3®, 2. Auflage
Lebefromm, Produktionsmanagement – Einführung mit Beispielen aus SAP® R/3®, 4. Auflage
Martens, Betriebswirtschaftslehre mit Excel
Martens, Statistische Datenanalyse mit SPSS für Windows
Martin · Bär, Grundzüge des Risikomanagements nach KonTraG
Mensch, Investition
Mensch, Finanz-Controlling
Mensch, Kosten-Controlling
Müller, Internationales Rechnungswesen
Olivier, Windows-C – Betriebswirtschaftliche Programmierung für Windows
Peto, Einführung in das volkswirtschaftliche Rechnungswesen, 5. Auflage
Peto, Grundlagen der Makroökonomik, 12. Auflage
Peto, Geldtheorie und Geldpolitik, 2. Aufl.
Piontek, Controlling, 2. Auflage
Piontek, Beschaffungscontrolling, 2. Aufl.
Piontek, Global Sourcing
Posluschny, Kostenrechnung für die Gastronomie
Posluschny · von Schorlemer, Erfolgreiche Existenzgründungen in der Praxis
Reiter · Matthäus, Marktforschung und Datenanalyse mit EXCEL, 2. Auflage
Reiter · Matthäus, Marketing-Management mit EXCEL
Reiter, Übungsbuch: Marketing-Management mit EXCEL
Rothlauf, Total Quality Management in Theorie und Praxis
Rudolph, Tourismus-Betriebswirtschaftslehre, 2. Auflage
Rüth, Kostenrechnung, Band I
Sauerbier, Statistik für Wirtschaftswissenschaftler
Schaal, Geldtheorie und Geldpolitik, 4. A.
Scharnbacher · Kiefer, Kundenzufriedenheit, 2. Auflage
Schuchmann · Sanns, Datenmanagement mit MS ACCESS
Schuster, Kommunale Kosten- und Leistungsrechnung, 2. Auflage
Schuster, Doppelte Buchführung für Städte, Kreise und Gemeinden
Specht · Schmitt, Betriebswirtschaft für Ingenieure und Informatiker, 5. Auflage
Stahl, Internationaler Einsatz von Führungskräften
Steger, Kosten- und Leistungsrechnung, 3. Auflage
Stender-Monhemius, Marketing – Grundlagen mit Fallstudien
Stock, Informationswirtschaft
Strunz · Dorsch, Management
Strunz · Dorsch, Internationale Märkte
Weeber, Internationale Wirtschaft
Weindl · Woyke, Europäische Union, 4. Aufl.
Wilhelm, Prozessorganisation
Zwerenz, Statistik, 2. Auflage
Zwerenz, Statistik verstehen mit Excel – Buch mit CD-ROM

Mathematische Grundlagen für Ökonomen

Von
Professor
Dr. Thomas Bradtke

2., überarbeitete und erweiterte Auflage

R. Oldenbourg Verlag München Wien

Bibliografische Information Der Deutschen Bibliothek

Die Deutsche Bibliothek verzeichnet diese Publikation in der Deutschen Nationalbibliografie; detaillierte bibliografische Daten sind im Internet über <http://dnb.ddb.de> abrufbar.

© 2003 Oldenbourg Wissenschaftsverlag GmbH
Rosenheimer Straße 145, D-81671 München
Telefon: (089) 45051-0
www.oldenbourg-verlag.de

Das Werk einschließlich aller Abbildungen ist urheberrechtlich geschützt. Jede Verwertung außerhalb der Grenzen des Urheberrechtsgesetzes ist ohne Zustimmung des Verlages unzulässig und strafbar. Das gilt insbesondere für Vervielfältigungen, Übersetzungen, Mikroverfilmungen und die Einspeicherung und Bearbeitung in elektronischen Systemen.

Gedruckt auf säure- und chlorfreiem Papier
Druck: Grafik + Druck, München
Bindung: R. Oldenbourg Graphische Betriebe Binderei GmbH

ISBN 3-486-27437-6

Inhaltsverzeichnis

Anhang A

Anhang B

Anhang C

An die Studierenden

Mit den Arbeiten von David Hume (Political Discourses, 1752), François Quesnay (Table Economique, 1758 - 1759) und Adam Smith (The Wealth of Nations, 1776) veränderten sich die Wirtschaftswissenschaften. Ein größerer Formalismus und umfangreiche Theorien wurden entwickelt. Dies erforderte eine eindeutige und schlüssige Darstellungsform. Antoine Cournot definierte und zeichnete explizit eine Nachfragefunktion und mit Hilfe der Differentialrechnung löste er erste Maximierungsprobleme im Bereich der Ökonomie. Es wurde klar, daß viele Ideen klar und übersichtlich im mathematischen Kontext dargestellt werden konnten. Diese Entwicklung hat sich bis in die Gegenwart fortgesetzt und verstärkt, so daß ohne ein elementares Grundverständnis in Mathematik wirtschaftswissenschaftliche Zusammenhänge nicht mehr vermittelt werden können.

Dieses Buch ist aus einer vierstündigen Veranstaltung Mathematik am Fachbereich Wirtschaft der Hochschule für Angewandte Wissenschaften Hamburg (früher Fachhochschule Hamburg) entstanden.

Grundidee bei der getroffenen Themenauswahl war es, die fundamentalen und für das weitere Studium wichtigen Hilfsmittel vorzustellen. Dem Studierenden muß klar sein, daß in einer lediglich vier Wochenstunden umfassenden Veranstaltung nicht jedes relevante Thema ausgeführt werden kann. Um so wichtiger ist es deshalb, die Ideen und die typischen Vorgehensweisen der Mathematik zu vermitteln. Auf diese Weise soll der Leser in die Lage versetzt werden, sich selbständig weitere Themen zu erarbeiten.

Der Studierende sollte sich beim Studium von der folgenden Idee leiten lassen: Jede Lehrveranstaltung an einer Hochschule bringt eine Vor- und Nachbereitung mit sich. Aus Erfahrung kann man folgende Richtwerte im Bereich quantitative Methoden nennen: Eine Stunde Lehrveranstaltung bedeutet eine Stunde Aufbereitung. Eine vierstündige Lehrveranstaltung beinhaltet somit vier Wochenstunden Selbststudium, d.h. **intensive** Beschäftigung mit den dargebotenen Inhalten. Lediglich der Besuch einer Veranstaltung wird in der Regel nicht ausreichen, den vorgestellten Stoff zu verstehen. Selbstverständlich ist dies nur ein Anhaltspunkt, der unterschritten, aber auch beliebig überschritten werden kann.

Das Buch gliedert sich in drei Abschnitte. Zuerst wird die Theorie mit erklärenden Beispielen vorgestellt, um so die Inhalte und den notwendigen Formalismus zu vermitteln. Sind diese Beispiele verstanden, sollte man sich in einem zweiten Schritt den Übungen der einzelnen Kapitel zuwenden. Hier sind die Lösungswege umfangreich dargestellt; dies sollte aber nicht dazu verleiten, die eigenen Bemühungen zu schnell zu beenden. Erst wenn ein eigener Versuch zur Lösung zu Papier gebracht wurde, sollte man sich den Lösungen widmen. Den Abschluß dieses Buches bilden einige mögliche Klausuren. Hier sind die Ergebnisse bewußt kürzer gehalten, da sich zum Teil die Techniken ähneln und wiederholen. Darüber hinaus soll der Studierende aber auch angehalten werden, einzelne Beispiele und Übungsaufgaben, die dieser Klausuraufgabe ähneln, zu wiederholen, da eventuell einige Ideen nicht vollständig verstanden worden sind.

Möge das Buch mit dazu beitragen, die folgende Situation zu vermeiden, die zum Jahreswechsel 1994/95 durch die Presse ging:

Hilfe über das Handy bei der Mathe-Arbeit

London - Londoner Schulen erleben zur Zeit eine wahre Handy-Welle. Es klingelt nicht nur auf der letzten Schulbank. Und nicht nur in der großen Pause. Auch bei der Mathe-Arbeit kann man angerufen werden. Die Gesamtschule Southgate im Nordlondoner Stadtteil Enfield hat daher jetzt als erste englische Schule ein Handy-Verbot erlassen. Direktor Peter Hudson war nach den Weihnachtsferien eine plötzliche Handy-Schwemme aufgefallen. Englands Anbieter von Mobiltelefonen hatten mit einer massiven Werbekampagne ins Weihnachtsgeschäft gedrängt. In den Weihnachtsferien konnten die Kids kräftig üben. Beim Wiederbeginn des Unterrichts waren sie schon handysüchtig und brachten das Hosentaschentelefon mit auf den Schulhof.
Direktor Hudson: "Mir reichte es schließlich, als ich zwei 15jährige aus zwei verschiedenen Klassen dabei erwischte, wie sie sich während des Unterrichts gegenseitig anriefen, um sich über die Lösung von Mathe-Aufgaben zu beraten."

Mein Dank für zahlreiche wertvolle Hinweise und umfangreiche Unterstützung geht an Herrn Privat-Dozenten Dr. rer. nat. Wilfried Seidel, Herrn Dr. rer. pol. Martin Schäfer, Frau Diplom-Mathematikerin Claudia Messerschmidt, Herrn Diplom-Kaufmann Georg Lunemann und Herrn Diplom-Ingenieur Reinhard Jegenhorst. Herrn Universitäts-Professor Dr. rer. pol. Götz Uebe bin ich für die Ermutigung zur Erstellung dieses Skriptes verbunden.
Für die gute Zusammenarbeit geht ein besonderer Dank aus dem Heinrich-Heine-Park an Herrn Diplom-Volkswirt Weigert vom Oldenbourg-Verlag:

Anfangs wollt' ich fast verzagen,
und ich glaubt,
ich trüg es nie,
und ich hab' es doch getragen,
aber frag mich nur
nicht: wie?

Heinrich Heine
(im Buch der Lieder 1817 - 1821)

Vorwort zur 2. Auflage

Der Leser stellt sich wahrscheinlich die Frage, was in der 2. Auflage geändert wurde. Zunächst ist zu sagen, daß das Konzept und die Grundidee beibehalten wurden. Der Inhalt wurde umfassend überarbeitet und dabei insbesondere auf eine größere Anschaulichkeit Wert gelegt. Der Abschnitt Finanzmathematik wurde umfassender gestaltet.

Ferner wurden die Preise nahezu verdoppelt, indem von D-Mark und Pfennig auf Euro und Cent umgestellt wurde.

Ansonsten bleibt zu vermelden, daß aus Claudia Messerschmidt Claudia Bradtke wurde, der ich für die zahlreichen Korrekturhinweise und Anregungen für die vorliegende 2. Auflage sehr dankbar bin.

1 Aussagenlogik

"Diese Überzeugung von der Lösbarkeit eines jeden mathematischen Problems ist uns ein kräftiger Ansporn während der Arbeit; wir hören in uns den steten Zuruf: Da ist das Problem, suche die Lösung. Du kannst sie durch reines Denken finden; denn in der Mathematik gibt es keinen Ignorabismus![1]"

David Hilbert (1935)

Kernicki Ohmae stellt seine Ideen über die Zukunftsstrategie der internationalen Konzerne unter den Titel "Die neue Logik der Weltwirtschaft". Offensichtlich gibt es auch eine alte Logik, und was verbirgt sich überhaupt hinter dem Begriff Logik? Ist Logik nicht etwas, was sich unmittelbar jedem von uns erschließt, ohne Meinungsverschiedenheiten aufzuwerfen? Das folgende Beispiel mag uns einen Hinweis auf die Problematik liefern.

Beispiel

Zwei vermeintliche Fußballexperten streiten über den Ausgang der Meisterschaft. Für die Meisterschaft kommen vor dem letzten Spieltag nur noch die Mannschaften FC Beinhart und 1. FC Schienbein in Frage, die punkt- und torgleich an der Tabellenspitze stehen. Der Experte Sch. geht auf Herrn B. zu und sagt: *"Wetten, wenn FC Beinhart im letzten Spiel mit einem Tor Unterschied gewinnt, dann gewinnt der 1. FC Schienbein mit mindestens zwei Toren Differenz und wird Meister."* Nach kurzer Überlegung nimmt Herr B. die Wette an. Wann hat Herr Sch. die Wette gewonnen? Es gibt insgesamt vier Fälle zu unterscheiden:

1.) FC Beinhart gewinnt mit einem Tor Unterschied und der 1. FC Schienbein gewinnt mit mindestens zwei Toren Unterschied.

2.) FC Beinhart gewinnt mit einem Tor Unterschied und der 1. FC Schienbein gewinnt nicht mit mindestens zwei Toren Unterschied.

3.) FC Beinhart gewinnt nicht mit einem Tor Unterschied und der 1. FC Schienbein gewinnt mit mindestens zwei Toren Unterschied.

---

1 ignorare (aus dem lateinischen): nicht wissen, nicht kennen, unkundig sein

4.) FC Beinhart gewinnt nicht mit einem Tor Unterschied und der 1. FC Schienbein gewinnt nicht mit mindestens zwei Toren Unterschied.

Herr Sch. hat im ersten Fall die Wette gewonnen und im zweiten Fall die Wette verloren. Wer aber hat in den Fällen drei und vier die Wette gewonnen? Der in Logik geschulte Herr Sch. wird behaupten, daß seine Aussage nicht widerlegt worden sei, da er nur für den Fall, daß FC Beinhart mit einem Tor Unterschied gewinnt, eine Aussage getroffen habe. Er habe aber niemals behauptet, daß der FC Beinhart mit einem Tor Unterschied gewinne. Der über soviel Hintergedanken verblüffte Herr B. wird dagegen die Meinung vertreten, daß man sich über die Fälle drei und vier überhaupt nicht unterhalten habe und es deshalb in diesen Fällen keinen Gewinner oder Verlierer der Wette gäbe.

Offensichtlich ist zwischen den beiden Herren ein Streit entstanden, weil man nicht im Vorfeld die möglichen Fälle genauer betrachtet hat. In diesem Fall hat man sich nicht darüber unterhalten, wie die Formulierung "Wenn ..., dann ..." zu verstehen ist.

Warum steht das Kapitel Aussagenlogik am Anfang unserer Ausführungen? Es wird uns einerseits den Rahmen für die weiteren mathematischen Betrachtungen liefern. Auf der anderen Seite ist es gerade für den Studienanfänger in wirtschaftswissenschaftlichen Fächern sehr schwer, Probleme und mögliche Lösungen in eindeutiger Weise zu formulieren. Speziell für Betriebswirte an der Nahtstelle zwischen wirtschaftlichen und technischen Belangen muß dies eine Grundvoraussetzung sein.

Der Begründer der modernen Aussagenlogik ist Aristoteles (386 - 322 v. Chr.). Ihm ist das Verdienst zuzuschreiben, die Schlußweisen, die jedem von uns vermeintlich offensichtlich sind, formal und abstrakt dargestellt zu haben.

In neuerer Zeit haben sich unter anderem George Boole (1815 - 1864), Charles Pierce (1839 - 1914), Ernst Schröder (1841 - 1902), Guiseppe Peano (1858 - 1932), Bertrand Russell (1872 - 1970) und David Hilbert (1862 - 1943) Problemen der Logik gewidmet.

1.1 Aussage, Wahrheitswert

Mit der ersten Definition legen wir fest, mit welchen sprachlichen Gebilden wir uns beschäftigen wollen:

Definition

Eine **Aussage** A ist ein Satz, der entweder wahr oder falsch ist

bzw.

eine **Aussage** A ist ein Satz, dem eine der Eigenschaften wahr (1) oder falsch (0) zugeordnet werden kann.

Für Aussagen benutzen wir als Symbole die Großbuchstaben: A, B, C, ..., P, Q, ... Welche sprachlichen Gebilde werden als Aussagen durch die Definition zugelassen? Ist jeder Satz eine Aussage? Wir betrachten zu diesem Zweck einige Formulierungen:

Bemerkung

a) "*Die Stadt Kiel liegt in Schleswig-Holstein.*"
ist eine Aussage.

b) "*Der 1. FC Köln wird im Jahr 2030 Deutscher Meister.*"
ist eine Aussage. Bei der Definition des Begriffes Aussage haben wir nichts darüber ausgesagt, wie und wann man den Wahrheitswert einer Aussage festlegen kann.

c) "*Ein Bier bitte!*"
ist keine Aussage, da die Art der Formulierung es bereits verbietet, diesem Satz einen Wahrheitswert zuzuordnen.

d) "*Worin liegt der Mißerfolg unseres Unternehmens?*"
ist eine Frage, mit der nach der Wahrheit gesucht wird; von dem Satz selbst können wir aber nicht sagen, daß er falsch oder wahr ist.

Der Aussage

"*Die Stadt Kiel liegt in Schleswig-Holstein.*"

wird nach kurzer Überlegung jeder von uns zustimmen, während jeder widersprechen wird, wenn wir formulieren:

"Die Stadt Chicago liegt in Schleswig-Holstein."

Diese möglichen Reaktionen fassen wir formal zusammen:

Definition

Die Qualifikation der Aussage P, d.h. wahr oder falsch zu sein, wird als **Wahrheitswert** bezeichnet und wir schreiben:

$$w(P) = \begin{cases} 1 & \text{, falls wahr} \\ 0 & \text{, falls falsch} \end{cases}$$

Beispiel

1) P ist die Aussage:

"In der Spielzeit 1963/64 wurde der 1. FC Köln Deutscher Meister."

Es gilt: w(P) = 1, da jeder Leser natürlich weiß, daß der 1. FC Köln erster Meister der neu geschaffenen Bundesliga wurde.

2) Q ist die Aussage:

"In der Bundestagswahl 1990 gelangten die Grünen in den Bundestag.",

hier gilt: w(Q) = 0.

Für die Qualifikation einer Aussage findet man in der Literatur sehr unterschiedliche Darstellungen, hier sei nur ein kurzer Ausschnitt der Vielfalt aufgeführt:

Bezeichnungsweise

wahr	W	w	1	true
falsch	F	f	0	false

1.2 Verknüpfungen von Aussagen

Betrachtet man zwei Aussagen P und Q, so kann man diese auf sehr unterschiedliche Weise sprachlich zu einer neuen Aussage zusammenführen. George Boole stellte Regeln auf, wie sich der Wahrheitswert dieser neuen zusammengesetzten Aussage ergibt. Dazu dienten ihm sogenannte "Wahrheitstafeln". Die elementarste Weise, aus einem Satz P eine neue Aussage zu erhalten, ist die Negation:

Definition

Sei P eine Aussage.

Die **Negation** der Aussage P ($\neg P$, nicht P, non P) ist die Aussage mit

$$w(\neg P) = \begin{cases} 1 & \text{, falls } w(P) = 0 \\ 0 & \text{, falls } w(P) = 1 \end{cases} = 1 - w(P).$$

Als Wahrheitstafel erhalten wir für $\neg P$:

P	¬P
1	0
0	1

Beispiel

Wir betrachten die Aussage P:

Hamburg liegt an der Elbe.

Es gilt: $w(P) = 1$.

$\neg P$ ist die Aussage:

Hamburg liegt nicht an der Elbe.

und es gilt für diese Aussage:

$$w(\neg P) = 0.$$

Häufig verbinden wir umgangssprachlich zwei Sätze durch ein "*und*" bzw. durch ein "*oder*". Speziell bei der Verknüpfung "*oder*" kann es bzgl. des Wahrheitswertes zu Mißverständnissen führen, abhängig davon, ob wir gleichzeitig beide Möglichkeiten oder jeweils nur eine Möglichkeit zulassen.

Definition

Seien P und Q Aussagen.

$P \wedge Q$ (P und Q, **Konjunktion** von P und Q) und $P \vee Q$ (P oder Q, **Disjunktion** von P und Q) sind Aussagen mit den Wahrheitswerten:

P	**Q**	$P \wedge Q$	$P \vee Q$
1	1	1	1
1	0	0	1
0	1	0	1
0	0	0	0

Die Aussage $P \wedge Q$ ist genau dann wahr, wenn die Aussagen P und Q wahr sind. Die Aussage $P \vee Q$ ist nur dann falsch, wenn die Aussagen P und Q falsch sind.

Beispiel

Wir betrachten die Aussage P:

Hamburg liegt an der Elbe,

und die Aussage Q:

München liegt an der Spree.

Es gilt für die Aussagen $P \wedge Q$ bzw. $P \vee Q$:

$$w(P \vee Q) = 1$$

und

$$w(P \wedge Q) = 0.$$

Als nächstes wenden wir uns dem zu Beginn dieses Kapitels vorgestellten Problem zu und erklären, wie wir von nun an die Formulierung "*wenn..., dann ...*" verstehen wollen.

Definition

Seien P und Q Aussagen.

Die Verbindung zweier Aussagen P und Q durch "*wenn P, dann Q*" ist eine logische Verknüpfung (abgekürzt $P \Rightarrow Q$), die **Implikation** heißt und folgende Wahrheitstafel besitzt:

P	**Q**	$P \Rightarrow Q$
1	1	1
1	0	0
0	1	1
0	0	1

Nur die Folgerung von etwas Falschem aus etwas Wahrem ist falsch. Es gibt viele unterschiedliche Sprechweisen für den eben definierten Begriff:

- falls (wenn) P, dann Q,
- P ist eine (hinreichende) Bedingung für Q,
- Q, falls P,
- Q folgt aus P,
- Q vorausgesetzt P.

Beispiel

Sei P die Aussage:

Der Marketing-Etat wird erhöht.

und Q:

Der Umsatz erhöht sich.

Die Aussage $P \Rightarrow Q$ bedeutet:

Wenn der Marketing-Etat sich erhöht, steigt der Umsatz.

Diese zusammengesetzte Aussage ist nur dann falsch, wenn bei steigendem Etat der Umsatz sich nicht erhöht.

Wollen wir nicht nur von der Aussage P auf die Aussage Q, sondern auch umgekehrt von Q auf P schließen, dann erfordert dies einen neuen Begriff:

Definition

Seien P und Q Aussagen.

Die gegenseitige Implikation zweier Aussagen, abgekürzt $P \Leftrightarrow Q$, bezeichnet man als **Äquivalenz**. Sie hat folgende Wahrheitstafel:

P	**Q**	$P \Leftrightarrow Q$
1	1	1
1	0	0
0	1	0
0	0	1

Auch hier gibt es verschiedene Sprechweisen:

- Q genau dann, wenn P (kurz: Q gdw. P),
- P ist hinreichend und notwendig für Q.

Beispiel

Wir betrachten die zwei Aussagen P und Q.

Sei P: *Der Umsatz geht zurück.*

und Q: *Wir stellen ein billigeres Produkt her.*

$P \Leftrightarrow Q$ bedeutet: *Der Umsatz geht genau dann zurück, wenn wir ein billigeres Produkt herstellen.*

Ein besonderes Phänomen in der Logik sind zusammengefügte Aussagen, die immer wahr sind, unabhängig davon, ob die einzelnen Aussagen wahr oder falsch sind.

Definition

Eine **Tautologie** ist eine zusammengesetzte Aussage, die immer wahr ist, unabhängig vom Wahrheitswert der einfachen Aussagen.

Beispiel (Gesetz vom ausgeschlossenen Dritten)

$(P \vee \neg P)$ ist stets wahr für alle Aussagen P, denn:

P	$\neg P$	$P \vee \neg P$
1	0	1
0	1	1

Beispiel

Wir betrachten die Aussage:

$$(P \wedge (P \Rightarrow Q)) \Rightarrow Q.$$

Dies ist eine Tautologie, denn:

P	Q	$P \Rightarrow Q$	$P \wedge (P \Rightarrow Q)$	$(P \wedge (P \Rightarrow Q)) \Rightarrow Q$
1	1	1	1	1
1	0	0	0	1
0	1	1	0	1
0	0	1	0	1

Wir stellen die soeben eingeführten Begriffe und Zeichen zusammenfassend dar:

Übersicht

P	Q	$\neg P$	$P \wedge Q$	$P \vee Q$	$P \Rightarrow Q$	$P \Leftrightarrow Q$
0	0	1	0	0	1	1
0	1	1	0	1	1	0
1	0	0	0	1	0	0
1	1	0	1	1	1	1

An dieser Stelle muß darauf hingewiesen werden, daß es weitere, von dem klassischen Denken abweichende Ansätze zur Logik gibt, die wir nicht weiter verfolgen werden. Sie sollten aber erwähnt werden, um deutlich zu machen, daß es durchaus sinnvoll sein kann, sein vorgeprägtes Denken in Frage zu stellen, um so neue Problemstellungen zu untersuchen.

Nach Aristoteles gibt es für den Wahrheitsgehalt einer Aussage eindeutig zwei Möglichkeiten: die Aussage ist falsch oder sie ist wahr. Diese "zweiwertige" oder "duale" Sichtweise hat unser Denken geprägt und hat sich als sehr nützlich etwa in der Informatik erwiesen.

1920 hat Jan Lukasiewicz (1878 - 1956) eine dreiwertige Logik entwickelt. Den Werten 0 (für falsch) und 1 (für wahr) fügte er den Wert 0,5 hinzu, um unbestimmte, bzgl. ihres Wahrheitswertes nicht entscheidbare Sätze (*Der 1. FC Köln wird im Jahr 2030 Deutscher Fußball-Meister*) mit einem Wahrheitswert zu belegen. Auf diese Weise werden solche Sätze entscheidbar und in die Theorie aufgenommen, die in unserem klassischen, auf Aristoteles zurückgehenden, Ansatz nicht Gegenstand der Theorie waren.

Der Gedanke der mehrwertigen Logik ist Grundlage der Fuzzy-Logik. 1965 veröffentlichte Lotfi Zadeh am Lehrstuhl für Elektrotechnik der University of California in Berkeley einen Artikel mit dem Titel "Fuzzy Sets". Schlägt man im Lexikon unter fuzzy nach, so liest man als Übersetzung: fusselig, faserig, kraus, verschwommen und trüb. Man unterstellt, daß Tatsachen und Formulierungen in der Regel unscharf, vage bzw. ungenau sind. In vielen technischen Geräten wie dem Antiblockiersystem, Aufzügen, Automatikgetrieben, Camcordern oder auch Fernsehgeräten wurde die Fuzzy-Logik zur Verbesserung der Systeme benutzt.

1.3 Übungen

Aufgabe 1.1

Zeigen Sie mit Hilfe von Wahrheitstafeln, daß folgende Aussagenverbindungen für beliebige Aussagen A und B wahr sind:

a) $(A \Rightarrow B) \Leftrightarrow (\neg A \vee B)$

b) $[(A \Rightarrow B) \wedge (B \Rightarrow A)] \Leftrightarrow (A \Leftrightarrow B)$

Aufgabe 1.2

Negieren Sie die folgenden Aussagen:

a) Der Umsatz wird im nächsten Geschäftsjahr gleichbleiben.

b) Jedes Auto in Deutschland ist mit einem Airbag ausgestattet.

Aufgabe 1.3

Überprüfen Sie mit Hilfe von Wahrheitstafeln die Äquivalenz folgender Aussagen, wobei A und B Aussagen sind:

$$((A \wedge \neg B) \Rightarrow \neg B) \Leftrightarrow (\neg A \Rightarrow \neg B)$$

Aufgabe 1.4

Welche der folgenden Sätze sind Aussagen?

a) Am Heiligabend liegt immer Schnee.

b) Bei Regen sieht man einen Regenbogen.

c) Warum gibt es soviel Ungerechtigkeit in der Welt?

d) Jeder Computer besitzt einen Prozessor.

e) Bringen Sie mir einen Pernod!

f) Gibt es Probleme in der Mathematik-Vorlesung?

g) Jedes Problem ist lösbar.

Aufgabe 1.5

Übersetzen Sie folgende Sätze in die aussagenlogische Symbolsprache:

a) Es schneit, aber es ist nicht kalt.

b) Das Computerunternehmen verkauft nicht Hardware oder Zubehör, sondern Software.

c) Kunde Meyer und Kunde Schmidt schätzen die neue Software nicht.

Aufgabe 1.6

Seien A und B Aussagen. Überprüfen Sie mit Hilfe von Wahrheitstafeln, ob die folgenden Sätze wahr oder falsch sind:

a) $\neg(A \wedge B) \vee A$

b) $\neg(\neg\neg\neg A \vee A)$

c) $A \vee B \vee \neg(A \wedge B)$

Aufgabe 1.7

Es sind A, B und C Aussagen. Überprüfen Sie, ob die folgenden Aussagen Tautologien sind:

1) $A \vee \neg A$

2) $A \Rightarrow A$

3) $[(A \Rightarrow B) \wedge (B \Rightarrow A)] \Rightarrow (A \Leftrightarrow B)$

4) $[(A \Rightarrow B) \wedge (B \Rightarrow C)] \Rightarrow (A \Rightarrow C)$

5) $A \Rightarrow (A \vee B)$

6) $(A \wedge B) \Rightarrow A$

7) $(A \Rightarrow B) \Rightarrow [(A \vee B) \Leftrightarrow B]$

8) $(B \Rightarrow A) \Rightarrow [(A \wedge B) \Leftrightarrow B]$

9) $[(A \vee B) \Leftrightarrow B] \Rightarrow (A \Rightarrow B)$

10) $[(A \wedge B) \Leftrightarrow B] \Rightarrow (B \Rightarrow A)$

2 Mengen und Zahlen

"Alles sollte so einfach wie möglich gemacht werden - aber nicht einfacher."

(Albert Einstein)

In einem Werbehinweis kann man Folgendes lesen: "Jeder Cognac ist ein Weinbrand, aber nicht jeder Weinbrand ist ein Cognac." Der mit dem Thema Logik vertraute Leser dieser Zeile erkennt sofort, daß dieser Satz eine Aussage ist. Ist die Feststellung nun aber wahr oder falsch? Zur Überprüfung müssen wir uns näher mit den Begriffen Cognac und Weinbrand beschäftigen. Erst wenn wir genau wissen, was sich unter den Oberbegriffen Cognac und Weinbrand verbirgt, wie ein alkoholisches Getränk zum Weinbrand bzw. Cognac wird, können wir den Wahrheitswert der obigen Aussage festlegen.

Im täglichen Leben fassen wir ständig Objekte, die eine gemeinsame Eigenschaft besitzen, zusammen. Wir sprechen dann von der Anzahl der verkauften Computer in einem bestimmten Zeitraum, von der Absatz- und Umsatzmenge, der Menge aller Beschäftigten oder auch der Menge aller Arbeitslosen.

Die Mengenlehre wurde von Georg Cantor (1845 - 1918) begründet. Es ging ursprünglich u.a. um die Lösung mathematischer und philosophischer Probleme des Unendlichen. Man erkannte, daß einige unendliche Mengen "mächtiger" als andere unendliche Mengen sind. Aber schon sehr schnell wurde bewußt, daß mit Hilfe der Mengenlehre mathematische Denk- und Sprechweisen zu präzisieren und zu vereinheitlichen waren.

Ian Stewart[2] bemerkte 1975 zur Bedeutung der Mengenlehre:

"If you know set theory up to the hilt, and no other mathematics, you would be of no use to anybody. If you knew a lot of mathematics, but no set theory, you might achieve a great deal. But if you knew just some set theory, you would have a far better understanding of the language of mathematics."

2 Ian Stewart wurde 1945 in Folkestone geboren und studierte in Cambridge Mathematik.

2.1 Mengen, Elemente und Teilmengen

Ähnlich wie im Kapitel Aussagenlogik, wo wir als erstes den Begriff der Aussage genau festgelegt haben, werden wir zuerst den Begriff der *Menge* charakterisieren, um zu verhindern, das gleiche Wort zu benutzen, aber unterschiedliche Bedeutungen damit zu verbinden.

Definition

Eine **Menge** ist eine genau abgegrenzte Gesamtheit von realen oder gedachten Objekten.

Dabei bedeutet "genau abgegrenzt": Für jedes vorstellbare Objekt trifft *genau eine* der folgenden Möglichkeiten zu:

a) das Objekt gehört zur Gesamtheit,

b) das Objekt gehört nicht zur Gesamtheit.

Diejenigen Objekte, die zur Gesamtheit gehören, heißen **Elemente** der Menge.

Beispiel

a) Alle Planeten des Sonnensystems bilden die Menge der Planeten.

b) Die Zahlen von 0 bis 9 bilden die Menge der Ziffern.

Allgemein bezeichnen wir mit Großbuchstaben A, B, C, ... Mengen und mit Kleinbuchstaben a, b, c, ... deren Elemente.

Gehört das Element a zur Menge A, so wird dies durch

$$a \in A$$

(sprich: a Element A) abgekürzt.

Will man ausdrücken, daß a nicht zur Menge A gehört (d.h. die logische Negation), so schreibt man:

$$a \notin A.$$

Beispiel

Bezeichnet W die Menge der Augenzahlen bei einem Würfel, so gilt:

$$6 \in W; 9 \notin W.$$

Für den weiteren Verlauf führen wir einige verkürzende Schreibweisen ein, die uns das Leben erleichtern werden:

Sprechweise	Abkürzung
Für alle	$\forall$
Es gibt ein	$\exists$
Es gibt genau ein	$\exists!$
Es gibt kein	nicht $\exists$

Es sind zwei Wege üblich, eine bestimmte Menge zu beschreiben:

Bei der **Enumerationsmethode** wird eine Liste angefertigt, in der alle Elemente angegeben werden, die zur Menge gehören. Es ist üblich, diese Aufzählung mit zwei geschweiften Klammern zu begrenzen.

Beispiel

1) Die Menge W der Augenzahlen eines Würfels:

$$W = \{1, 2, 3, 4, 5, 6\}.$$

2) Die Menge V der Vokale:

$$V = \{a, e, i, o, u\}.$$

3) Die Menge M der Vereine der Fußball-Bundesliga:

M = {1. FC Köln, Bayern München, Borussia Dortmund, Hamburger Sportverein, ... }.

Es macht keinen Unterschied, ob in einer Menge ein einzelnes Element einmal oder mehrmals aufgeführt wird:

$\{1, 2, 3\}$ und $\{1, 1, 2, 2, 2, 3, 3\}$ stellen dieselbe Menge dar.

Man kann die Elemente einer Menge auch durch eine **charakteristische Eigenschaft** festlegen, die für die Elemente der Menge erfüllt ist, und die für Objekte, welche nicht zur Menge gehören, nicht erfüllt ist. Die Schreibweise einer Menge ist:

Beispiel

A = {x | E(x)}

= { x | Eigenschaft, die x haben muß, um zur gedachten Menge zu gehören},

W = { x | x ist die Augenzahl eines Würfels},

V = { x | x ist ein Vokal},

M = { x | x ist Verein der Fußball-Bundesliga}.

Sehr anschaulich ist die graphische Darstellung einer Menge durch ein **Gebiet** (Rechteck, Kreis, etc.) in der Ebene. Mit Hilfe dieser sogenannten **Venn-Diagramme**[3] lassen sich Mengenoperationen illustrieren.

Definition

Die Anzahl der unterscheidbaren Elemente einer Menge A wird als deren **Mächtigkeit** bezeichnet und mit n(A) oder | A | abgekürzt.

Die Mächtigkeit einer Menge kann endlich sein oder auch unendlich. Man spricht in diesem Zusammenhang auch von endlichen oder unendlichen Mengen.

Beispiel

1) A = {a, b, a, c, a, d}, somit | A | = 4,

2) $X = \{ x_1, x_2, x_3, ..., x_k\}$, also | X | = k.

---

3 John Venn (1834 - 1923) war der Sohn eines Geistlichen. Als Resultat seiner Beschäftigung mit den Arbeiten von Augustus DeMorgan, George Boole und John Stuart Mill interessierte er sich für Fragestellungen in der Logik. Darüber hinaus sind seine Arbeiten auf dem Gebiet der Wahrscheinlichkeitstheorie zu erwähnen.

Betrachten wir einen Würfel mit den Augenzahlen 1, 2, 3, 4, 5 und 6. Wir interessieren uns für die Menge A der geraden Augenzahlen und für die Menge B mit den Augenzahlen 2, 4 und 6. Offensichtlich sind die beiden Mengen A und B nicht zu unterscheiden:

Definition

Zwei Mengen A und B heißen **gleich**, wenn sie dieselben Elemente enthalten und wir schreiben $A = B$.

Definition

1.) Die Menge A heißt **Teilmenge** (oder auch **Untermenge**) der Menge B, wenn alle Elemente der Menge A auch Elemente von B sind.

Man schreibt:

$$A \subseteq B.$$

2.) Gibt es ein Element aus B, das nicht in A enthalten ist, so spricht man von einer **echten Teilmenge** und man schreibt:

$$A \subset B.$$

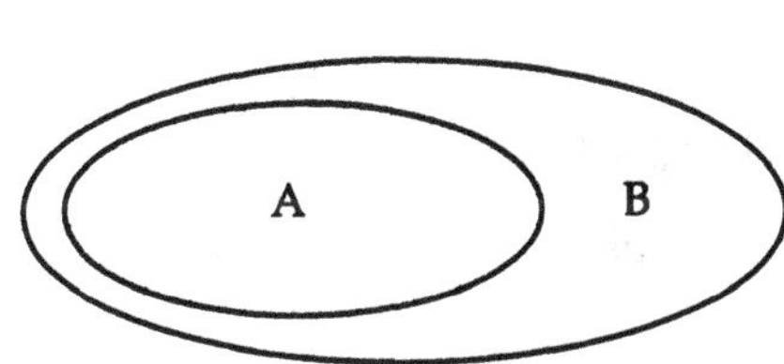

Beispiel

1) Die Menge der geraden Augenzahlen eines Würfels ist eine Teilmenge aller Augenzahlen.

2) Die Menge der ungeraden Augenzahlen eines Würfels ist eine Teilmenge aller Augenzahlen.

3) $\{K, A, R, I, N\} \subseteq \{K, A, T, H, R, I, N\}$.

Wir können sogar schreiben:

$$\{K, A, R, I, N\} \subset \{K, A, T, H, R, I, N\}.$$

4) Es gilt:

$$\{U, T, A\} \subset \{J, U, T, T, A\} = \{J, U, T, A\}$$

5.) Wir betrachten $A = \{5\}$ und $B = \{4, 5\}$.

Dann gilt:

$$A \subset B$$

Wir interessieren uns für die Menge aller Kreidestücke in einem Hörsaal. An einem Tag stehen dem Dozenten vier, an einem anderen Tag drei Stücke zur Verfügung. Falls kein Kreidestück vorgefunden wird, so ist die Menge der Kreidestücke leer und die Mächtigkeit der Menge ist Null.

Eine solche Menge heißt die **leere Menge** und wird mit { } oder ø bezeichnet.

Bislang haben wir als Elemente von Mengen Kreidestücke, Sportvereine und Vokale kennengelernt.

Die Elemente einer Menge können aber auch wiederum Mengen sein:

Beispiel

Wir betrachten die Menge

$$A = \{ \{a, b\}, a, \{ab\}, b\}.$$

Zu A gehört sowohl das Element a als auch die Menge, die aus den Elementen a und b besteht.

Von besonderer Bedeutung ist die Potenzmenge:

Definition

Die Menge aller Teilmengen einer Menge A heißt **Potenzmenge**:

$$\wp(A) := \{ X \mid X \subseteq A\}.$$

Beispiel

Wir bilden für die folgenden Mengen die dazugehörigen Potenzmengen:

A = {a}	℘(A) = {{a}, { }},
B = {a, b}	℘(B) = {{a}, {b}, {a, b}, { }}
C = {a, b, c}	℘(C) = {{a}, {b}, {c}, {a, b}, {a, c}, {b, c}, {a, b, c}, { }}

Zu den Teilmengen von A gehört sowohl die **leere Menge** { } als auch die Menge A selbst.

Bei n Elementen in der Menge A enthält die Potenzmenge 2^n Teilmengen.

Im folgenden Satz haben wir einige Aussagen für Teilmengen zusammengefaßt, die der Leser sich als Übung mit Hilfe von Venn-Diagrammen verdeutlichen kann:

Satz

Für beliebige Teilmengen A, B und C von Ω gilt:

1) $A \subseteq A$

2) $(A \subseteq B) \wedge (B \subseteq A) \Rightarrow A = B$

3) $(A \subseteq B) \wedge (B \subseteq C) \Rightarrow A \subseteq C$

Paradoxien

Mengen, deren Elemente wiederum Mengen sind, sind in der formalen Behandlung nicht unproblematisch. Das Wort *Paradoxie* steht für eine zugleich wahre und falsche Aussage.

1903 untersuchte Russell[4] (1872 - 1970) die Menge R aller Mengen, die sich selbst nicht als Element enthalten:

$$R = \{ x \mid x \notin x \}.$$

Diese Menge erscheint auf den ersten Blick als ein reines Hirngespinst. Beim zweiten Hinschauen erkennen wir, daß es durchaus Mengen gibt, die zu R gehören:

- die Menge der natürlichen Zahlen ist selbst keine natürliche Zahl,
- die Menge aller Studierenden am Fachbereich ist kein Studierender.

Die Frage, die sich aufdrängt, lautet: Ist die Menge R ein Element von sich selbst?

Bejahen wir die Frage, so gilt: $R \in R$. Damit aber R ein Element von R ist, gilt nach der Definition von R:

$$R \notin R.$$

Verneinen wir die Frage, so bedeutet dies: $R \notin R$, aber nach der Konstruktion der Menge R bedeutet dies:

$$R \in R.$$

Beide Antworten haben somit zu einem Widerspruch geführt.

1902 konstruierte Russell die folgende Situation: In einem Dorf arbeitet ein Barbier, der genau die Dorfbewohner rasiert, die sich nicht selbst rasieren. Offensichtlich lebt der Barbier in einem Zwiespalt: Darf er sich selbst rasieren?

---

4 Bertrand Russell (1872 -1970) war einer der herausragenden Philosophen des 20. Jahrhunderts. Eines seiner wichtigsten Werke ist *Principia Mathematica*, das er zusammen mit Alfred North Whitehead verfaßt hat. Russell wurde 1918 wegen seiner pazifistischen Aktivitäten und 1961 wegen seines zivilen Ungehorsams im Zusammenhang mit der nuklearen Abrüstung inhaftiert. 1949 erhielt er die Auszeichnung *Order of Merit* und 1950 wurde ihm der Nobelpreis für Literatur verliehen.

2.2 Verknüpfungen von Mengen

Bei einer statistischen Erhebung werden die Mitarbeiter der Firma Siemens und die Gewerkschaftsmitglieder der Bundesrepublik Deutschland befragt. Beschränken wir uns auf die Gewerkschaftsmitglieder der Firma Siemens, so müssen wir die Personen auswählen, die sowohl in der Menge der Siemensmitarbeiter als auch in der Menge der Gewerkschaftsmitglieder zu finden sind. Wir interessieren uns somit für eine neue Menge von Personen, die aus den beiden ursprünglichen Mengen hervorgegangen ist.

Im Kapitel über Aussagenlogik haben wir einzelne Aussagen betrachtet und sprachlich miteinander zu einer neuen Aussage verbunden (verknüpft). Analoges werden wir in diesem Abschnitt für Mengen versuchen. Für den folgenden Abschnitt sind A und B Teilmengen einer Menge Ω. Man bezeichnet Ω als **Obermenge** oder **Universalmenge**.

Definition

Die **Vereinigung** oder die **Vereinigungsmenge** zweier Mengen A und B enthält alle Elemente, die entweder in A oder in B oder in beiden Mengen enthalten sind. Man schreibt:

$$A \cup B = \{x \in \Omega \mid x \in A \text{ oder } x \in B\}.$$

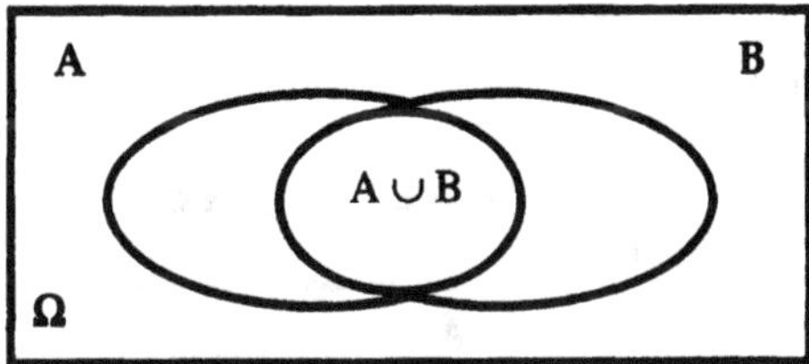

Zwei Mengen A und B, die keine gemeinsamen Elemente enthalten, heißen **disjunkt**.

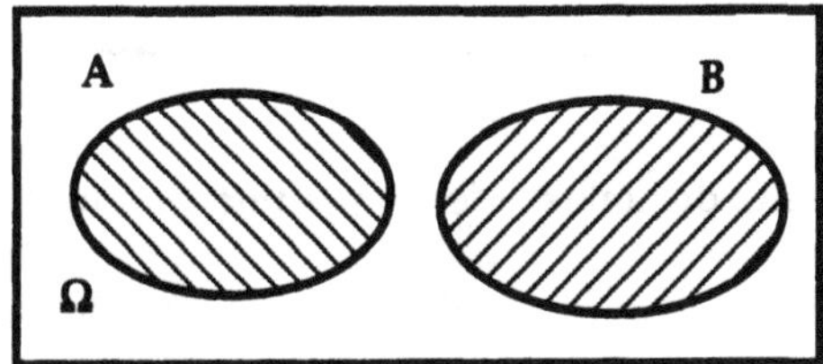

Definition

Der **Durchschnitt** oder die **Durchschnittsmenge** zweier Mengen A und B enthält alle Elemente, die sowohl in A als auch in B enthalten sind.

Man schreibt:

$$A \cap B = \{x \in \Omega \mid x \in A \text{ und } x \in B\}.$$

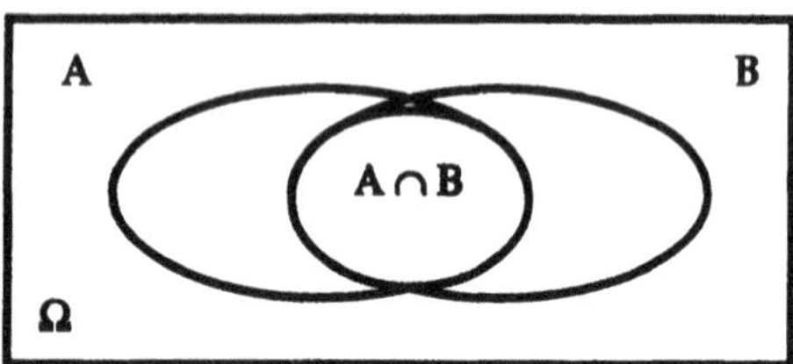

Der Durchschnitt disjunkter Mengen ergibt die **leere Menge** { }. Der Durchschnitt einer Menge A mit sich selbst ergibt wieder die Menge A, d.h.:

$$A \cap A = A.$$

Definition

Die **Differenz** oder die **Differenzmenge** zweier Mengen A und B (**A vermindert um B bzw. A ohne B**) enthält alle Elemente von A, die nicht in B enthalten sind.
Man schreibt:

$$A \setminus B = \{x \in \Omega \mid x \in A \text{ und } x \notin B\}.$$

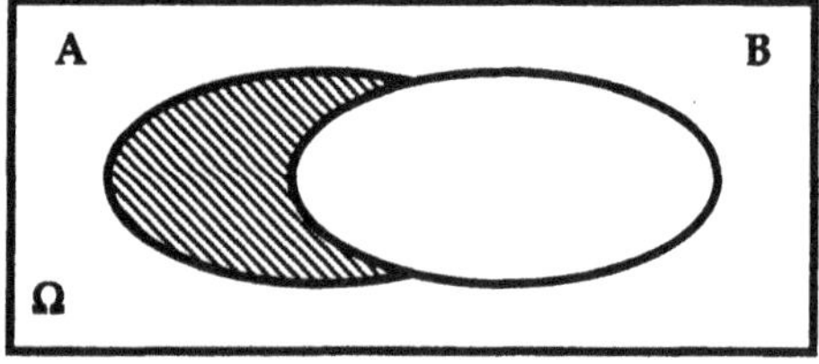

Für die Differenz disjunkter Mengen A und B, d.h. $A \cap B = \{\ \}$, gilt:

$$A \setminus B = A \text{ und } B \setminus A = B.$$

Die Differenz zweier gleicher Mengen ergibt die leere Menge, d.h.:

$$A \setminus A = \{\ \}.$$

Falls eine Menge A Teilmenge der Menge B ist, d.h. $A \subseteq B$, dann ist das Komplement der Menge A bezüglich der Menge B definiert.

Meistens wird das Komplement einer Menge A bezüglich der Universalmenge Ω definiert.

Definition

Das **Komplement** oder die **Komplementärmenge** der Menge A bezüglich der Universalmenge Ω enthält alle Elemente der Menge Ω, die nicht in der Menge A enthalten sind. Man schreibt:

$$A' = \{x \mid x \in \Omega \text{ und } x \notin A\}.$$

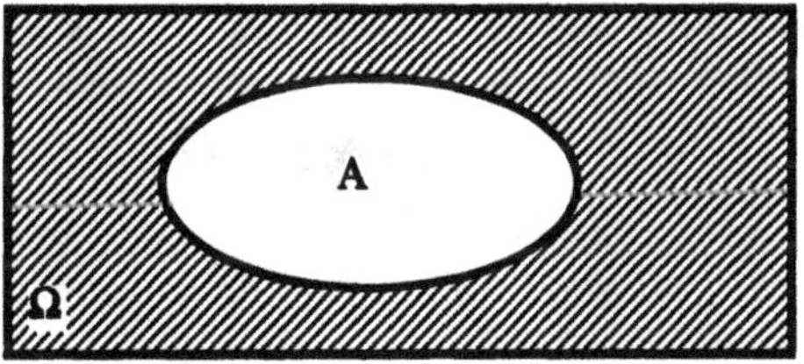

Weitere Schreibweisen für das Komplement A' einer Menge A sind:

$$A^c \text{ und } \overline{A}.$$

Das Komplement des Komplements einer Menge ergibt die Menge A: $(A')' = A$.

Definition

Das **kartesische Produkt** oder **Produkt** oder die **Produktmenge** zweier Mengen A und B enthält alle Paare von Elementen aus der Menge A und der Menge B. Man schreibt:

$$A \times B = \{(x,y) \mid x \in A, y \in B\}.$$

Beispiel

1) Wir betrachten die Menge $A = \{a, b\}$ und die Menge $B = \{b, c, d\}$.

   Es ergibt sich für $A \times B$:

   $$A \times B = \{(a,b), (a,c), (a,d), (b,b), (b,c), (b,d)\}.$$

2) Es seien $X = \{x \mid 0 \leq x \leq 1\}$ und $Y = \{y \mid 0 \leq y \leq 1\}$ die Einheitsintervalle der kartesischen Zahlenebene.

   Es stellt die Produktmenge $X \times Y$ das Einheitsquadrat dar:

   $$X \times Y = \{(x,y) \mid 0 \leq x \leq 1, 0 \leq y \leq 1\}.$$

Es können auch Produkte von mehr als zwei Mengen gebildet werden.

Definition

Sind $A_1, A_2, ..., A_k$ Mengen, dann enthält ihre **Produktmenge** alle k-Tupel von Elementen der Mengen A_i $(i = 1, 2, ..., k.)$. Man schreibt:

$$\prod_{i=1}^{k} A_i = A_1 \times A_2 \times ... \times A_k$$

$$= \{(x_1, x_2, ..., x_k) \mid x_1 \in A_1, x_2 \in A_2, ..., x_k \in A_k\}.$$

Sind alle Mengen A_i gleich, $A_i = A$, so wird auch die folgende Schreibweise verwendet:

$$A \times A \times ... \times A = A^k .$$

Beispiel

Sei $M = \{1, 2\}$, $A = \{1, 2, 3\}$ und $B = \{3, 4, M\}$.

Wir geben die Mengen

$$A \cup B, B \cup M, A \cap M, A \setminus B, M \setminus A, \wp(M), \wp(M) \setminus B, \wp(M) \setminus M,$$

$$A \times M, (A \times M) \setminus (M \times A)$$

explizit an:

$A \cup B$	$= \{1, 2, 3, 4, \{1, 2\}\} = B \cup M,$
$A \cap M$	$= \{1, 2\} = A \backslash B,$
$M \backslash A$	$= \{\ \},$
$\wp(M)$	$= \{\{\ \}, \{1\}, \{2\}, \{1, 2\}\},$
$\wp(M) \backslash B$	$= \{\{\ \}, \{1\}, \{2\}\},$
$\wp(M) \backslash M$	$= \wp(M) = \{\{\ \}, \{1\}, \{2\}, \{1, 2\}\},$
$A \times M$	$= \{(1, 1), (1, 2), (2, 1), (2, 2), (3, 1), (3, 2)\},$
$(A \times M) \backslash (M \times A)$	$= \{(3, 1), (3, 2)\}.$

Zum Abschluß halten wir einige Eigenschaften der eben eingeführten Begriffe fest:

Satz

Für beliebige Mengen A, B und C gilt:

1) Die leere Menge ist Teilmenge jeder Menge:

$$\{\ \} \subseteq A$$

2) Idempotenz für Mengen:

a) $A \cup A = A$

b) $A \cap A = A$

3) Distributivgesetze für Mengen:

a) $A \cap (B \cup C) = (A \cap B) \cup (A \cap C)$

b) $A \cup (B \cap C) = (A \cup B) \cap (A \cup C).$

4) Kommutativgesetz für Mengen:

$$A \cup B = B \cup A$$

5) Assoziativgesetz für Mengen:

$$(A \cup B) \cup C = A \cup (B \cup C)$$

Nach dem Mathematiker de Morgan[5] (1806 - 1871) ist die folgende Aussage benannt worden:

Satz von de Morgan

1) $(A \cup B)' = A' \cap B'$

2) $(A \cap B)' = A' \cup B'$.

Beweis

Zum Beweis müssen wir uns daran erinnern, was es heißt, daß zwei Mengen gleich sind: beide Mengen müssen dieselben Elemente enthalten.

1) Sei $x \in (A \cup B)'$.

Dies bedeutet:

x ist nicht Element der Menge $(A \cup B)$.

Dies ist gleichbedeutend damit, daß x kein Element aus A und kein Element aus B ist.

Das heißt aber in der formalen Sprache:

$$x \in A' \cap B'$$

2) Sei $x \in (A \cap B)'$.

Nach der Definition des Komplements ist dies gleichwertig mit:

x liegt nicht in $(A \cap B)$.

Dann liegt x nicht in A oder nicht in B, was aber nur heißt:

$$x \in A' \cup B'.$$

---

5 Augustus de Morgan (1806 - 1871) graduierte 1827 am Trinity College in Cambridge, England. Dort bekam er aus religiösen Gründen keine Anstellung, wurde dann aber Professor für Mathematik an der neu eröffneten Universität von London. Neben seinen Arbeiten zur Algebra, Philosophie und Wahrscheinlichkeitstheorie ist vor allem sein 1847 erschienenes Werk *Formal Logic* berühmt geworden.

2.3 Eine Auffrischung bzw. Erinnerung

Die natürlichen, ganzen, rationalen und reellen Zahlen

In diesem Abschnitt werden die für den Wirtschaftswissenschaftler wichtigen Zahlen vorgestellt, die wir in der Regel bereits intuitiv benutzt haben.

Wollen wir die Tagesproduktion eines Betriebes feststellen, so zählen wir elementar 1, 2, 3, 4, ... Wie erhalten wir jeweils die nächste Zahl? Formal beginnen wir mit der Zahl 1 und addieren fortlaufend jeweils den Wert 1. Auf diese Weise erhalten wir die Menge der **natürlichen Zahlen N**:

$$\mathbf{N} = \{1, 2, 3, ...\}.$$

Addieren wir zwei natürliche Zahlen, so ist die Summe wieder eine natürliche Zahl. Subtrahieren wir dagegen zwei natürliche Zahlen, so ist die Differenz nicht notwendigerweise wieder eine natürliche Zahl. Wollen wir den Vorgang der Subtraktion uneingeschränkt zulassen, sind wir gezwungen, die natürlichen Zahlen **N** um die Null und die negativen Werte zu erweitern und bezeichnen diesen neuen Zahlenbereich als die Menge der **ganzen Zahlen Z**:

$$\mathbf{Z} = \{..., -3, -2, -1, 0, 1, 2, 3, ...\}.$$

Wir betrachten folgendes Aufteilungsproblem: Ein Lieferant soll gleichmäßig 410 Liter Heizöl auf 40 Haushalte verteilen. Um die exakte Liefermenge pro Haushalt zu berechnen, dividiert man die Liefermenge durch die Anzahl der Haushalte. Dies ergibt einen Wert von 10,25. Offensichtlich ist diese neue Zahl weder in der Menge der natürlichen noch in der Menge der ganzen Zahlen enthalten, und wir sind gezwungen, die Menge der **rationalen Zahlen Q** einzuführen:

$$\mathbf{Q} = \{x \mid x = \frac{m}{n}; \text{ m, n ganze Zahlen und } n \neq 0\}.$$

Die Seitenlänge eines Quadrats beträgt 1 Meter. Als Länge der Diagonale d ergibt sich:

$$d^2 = 1^2 + 1^2 = 2.$$

Wir interessieren uns aber nicht für das Quadrat der Diagonale sondern für d. Der Wert $d = 1{,}414$ liefert uns: $d^2 = 1{,}414 \cdot 1{,}414 = 1{,}999396$. Dies ist eine gute Näherung, aber keine exakte Lösung für unser Problem. Allgemein kann man zeigen, daß keine rationale Zahl existiert, deren Quadrat den Wert 2 ergibt. Solche Zahlen werden als unendlich-nichtperiodische Dezimalbrüche oder als irrationale Zahlen bezeichnet. Weitere irrationale Zahlen sind beispielsweise die Eulersche Zahl $e = 2{,}71828...$ und die Kreiszahl $\pi = 3{,}1415...$.

Die Menge der **reellen Zahlen R** ist die Menge der rationalen Zahlen erweitert um die Menge der irrationalen Zahlen.

Mit $\mathbf{R}_+$ werden die positiven reellen Zahlen bezeichnet.

Man beachte, daß für die Menge der natürlichen Zahlen eindeutig ein Nachfolger festgelegt ist. So ist der Nachfolger der Zahl 1 die Zahl 2, davon wiederum die Zahl 3 usw. Für die Menge der reellen Zahlen ist diese Eigenschaft nicht mehr erfüllt, denn zu zwei reellen Zahlen, die ungleich sind, finden wir immer eine weitere Zahl, die zwischen diesen beiden liegt. Die Eigenschaft des eindeutigen Nachfolgers werden wir beim Beweisprinzip der vollständigen Induktion ausnutzen.

Der Aufbau der reellen Zahlen

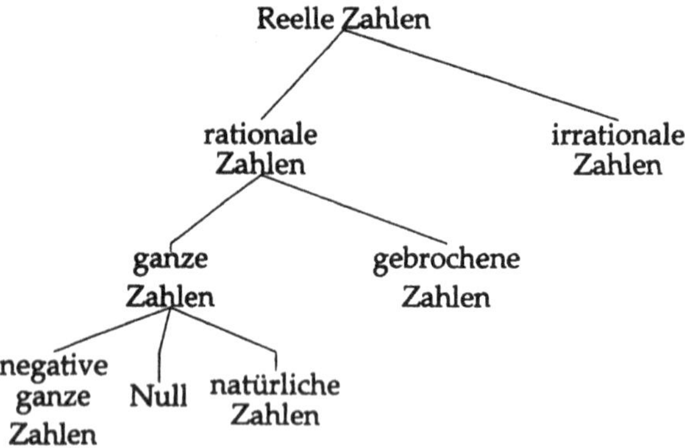

Für die additive bzw. multiplikative Verknüpfung von reellen Zahlen a, b, c, ... gelten die folgenden Eigenschaften, die uns aus der Schulmathematik bekannt sind, die wir aber noch einmal aufführen:

Kommutativgesetz der Addition:

$$a + b = b + a$$

Assoziativgesetz der Addition:

$$(a + b) + c = a + (b + c)$$

Es gibt eine Zahl 0 derart, daß für alle reellen Zahlen a gilt:

$$a + 0 = 0 + a = a$$

Für alle reellen Zahlen a und b gibt es eine reelle Zahl x mit:

$$a + x = x + a = b$$

Kommutativgesetz der Multiplikation:

$$a \cdot b = b \cdot a$$

Assoziativgesetz der Multiplikation:

$$(a \cdot b) \cdot c = a \cdot (b \cdot c)$$

Es gibt eine Zahl 1 derart, daß für alle reellen Zahlen a gilt:

$$a \cdot 1 = 1 \cdot a = a$$

Für alle reellen Zahlen a und b mit $a \neq 0$ gibt es eine reelle Zahl x mit:

$$a \cdot x = x \cdot a = b$$

Es gilt das **Distributivgesetz**:

$$a \cdot (b + c) = a \cdot b + a \cdot c.$$

Die folgenden Regeln und Aufgaben sind als Wiederholung aber auch gleichzeitig als Überprüfung der Vorkenntnisse gedacht. Wer hier Schwierigkeiten hat, sollte seine Schulkenntnisse umgehend auffrischen, etwa mit dem Buch von R. Jegenhorst.

Potenzgesetze

Seien n und m natürliche Zahlen; a und b seien reelle Zahlen. Die Potenzschreibweise ist eine Kurzschreibweise für:

$$a^n = a \cdot a \cdot a \cdot \ldots \cdot a,$$

und

$$a^{-m} = \frac{1}{a^m} \qquad \text{für } a \neq 0.$$

Man bezeichnet a als **Basis** und n als **Exponenten**. Es gilt:

$$a^1 = a$$

und

$$a^0 = 1 \qquad \text{für } a \neq 0.$$

Rechenregeln

a) **Addition und Subtraktion von Potenzen**

Potenzen können nur bei gleichen Basen und Exponenten addiert bzw. subtrahiert werden:

$$a^n + a^n = 2\,a^n.$$

b) **Multiplikation von Potenzen**

Potenzen mit gleichen Basen werden multipliziert, indem man die Exponenten addiert:

$$a^n \cdot a^m = a^{n+m}.$$

Potenzen mit gleichen Exponenten werden multipliziert, indem man die Basen multipliziert und den Exponenten beibehält:

$$a^n \cdot b^n = (a \cdot b)^n.$$

c) **Division von Potenzen**

Potenzen mit gleichen Basen werden dividiert, indem man ihre Exponenten subtrahiert:

$$a^m : a^n = a^{m-n}.$$

Potenzen mit gleichen Exponenten werden dividiert, indem man die Basen dividiert und den Exponenten beibehält:

$$a^n : b^n = (a:b)^n.$$

d) **Potenzieren von Potenzen**

Potenzen werden potenziert, indem man die Exponenten multipliziert:

$$(a^m)^n = (a)^{mn}.$$

Wurzelgesetze

Sei n eine natürliche Zahl. Seien a und b reelle Zahlen. Die Zahl a heißt **n-te Wurzel** von b, falls gilt:

$$a^n = b.$$

Für jede natürliche Zahl $n \geq 2$ bezeichnet

$$b^{1/n} \text{ oder } \sqrt[n]{b}$$

die n-te Wurzel von b, falls n ungerade ist und die positive n-te Wurzel von b, falls n gerade ist.

Innerhalb der reellen Zahlen hat das Symbol $\sqrt[n]{b}$ keine Lösung, falls n gerade und b negativ ist.

Für n = 2 schreiben wir:

$$b^{1/2} = \sqrt[2]{b} = \sqrt{b}\,.$$

Mit der obigen Schreibweise lassen sich die Rechenregeln für Wurzeln als Spezialfall der Rechenregeln für Exponenten auffassen.

Aufgaben

Seien x, y, a und b reelle Zahlen und m und n natürliche Zahlen. Vereinfachen Sie die folgenden Ausdrücke:

1.) $\dfrac{x^{m+2} - x^m}{y^{3n}} : \dfrac{x^3 + 2x^2 + x}{x^{3n}}$

2.) $\dfrac{\sqrt{3}}{\sqrt{5}}$

3.) $(6b^m - 4b^{3m+2} + 2b^{3m-1}) \cdot 3b^{m+3}$

4.) $a : (a^{1/2} - b)$

5.) $\sqrt[m]{a^{-5}b^3} : \sqrt[m]{a\,b^{-7}}$

6.) $a : \sqrt[n]{a^{n-2}}$

Lösungen

1.) $\dfrac{x^{m+3n-1}}{y^{3n}} \cdot \dfrac{x-1}{x+1}$

2.) $\dfrac{\sqrt{15}}{5}$

3.) $18b^{2m+3} - 12b^{4m+5} + 6b^{4m+2}$

4.) $\dfrac{a(\sqrt{a}+b)}{a-b^2}$

5.) $\sqrt[m]{a^{-6} \cdot b^{10}}$

6.) $\sqrt[n]{a^2}$

Logarithmus

Sei a eine reelle Zahl mit $a > 0$ und $a \neq 1$. Sei b eine reelle Zahl mit $b > 0$. $\log_a b$ ist diejenige reelle Zahl x, für die gilt:

$$a^x = b.$$

Dies ist gleichbedeutend mit: Der **Logarithmus** einer Zahl b (zur Basis a) ist derjenige Exponent x, mit dem a potenziert werden muß, um b zu erhalten:

$$b = a^x$$

ist gleichbedeutend mit

$$x = \log_a b.$$

Der Briggsche Logarithmus hat die Basis 10. Schreibweise: $\lg b = x$. Der natürliche Logarithmus hat die Eulersche Zahl e = 2,71828182... zur Basis. Schreibweise:

$$\ln b = x.$$

Rechenregeln

Sei a eine reelle Zahl mit $a > 0$ und $a \neq 1$. Ferner seien b und c reelle Zahlen mit $b, c > 0$ und k ist eine beliebige reelle Zahl.

Es gilt:

a) **Multiplikation**

Der Logarithmus eines Produktes ist gleich der Summe der Logarithmen der Faktoren:

$$\log_a(bc) = \log_a(b) + \log_a(c).$$

b) **Division**

Der Logarithmus eines Quotienten ist gleich der Differenz der Logarithmen von Zähler und Nenner:

$$\log_a(b:c) = \log_a(b) - \log_a(c).$$

c) **Potenzieren mit ganzen und rationalen Exponenten**

Der Logarithmus eines Potenzwertes ist gleich dem Produkt aus dem Logarithmus der Zahl multipliziert mit dem Exponenten:

$$\log_a b^k = k \cdot \log_a b.$$

Beispiel

Wir untersuchen mit der obigen Schreibweise:

1.) $b = 10.000$ und $a = 10$,

dann ist $x = 4$, denn es gilt: $10^4 = 10.000$.

2.) $b = 1$ und $a = 10$,

dann ist $x = 0$, da $a^0 = 10^0 = 1$

3.) $b = 8$ und $a = 2$,

dann ist $x = 3$, weil $2^3 = 8$.

Quadratische Gleichungen

Wir betrachten folgende Ausgangsgleichung für reelle Zahlen p und q:

$$x^2 + px + q = 0$$

Durch elementare Umformungen ergibt sich:

$$\Rightarrow \quad x^2 + px = -q$$

$$\Rightarrow \quad x^2 + px + \left(\frac{p}{2}\right)^2 = \left(\frac{p}{2}\right)^2 - q$$

$$\Rightarrow \quad \left(x + \frac{p}{2}\right)^2 = \left(\frac{p}{2}\right)^2 - q$$

$$\Rightarrow \quad \left(x + \frac{p}{2}\right) = \pm\sqrt{\left(\frac{p}{2}\right)^2 - q}$$

$$\Rightarrow \quad x_{1,2} = -\frac{p}{2} \pm \sqrt{\left(\frac{p}{2}\right)^2 - q}\,.$$

Somit sind wir in der Lage, eine quadratische Lösung allgemein zu lösen. Man beachte, daß die Wurzel nur definiert ist, falls gilt:

$$\left(\frac{p}{2}\right)^2 - q \geq 0.$$

Aufgabe

Welche reellen Zahlen x erfüllen die folgende quadratische Gleichung:

$$4x^2 - 20x + 25 = 0 \quad ?$$

Bereits bei Gleichungen 3. Grades sind wir nicht mehr in der Lage, mit der soeben hergeleiteten Gleichung unmittelbar die Lösung anzugeben. Hier ergibt sich folgendes Vorgehen:

- Suchen der ersten Lösung,
- Polynomdivision,
- Lösen der quadratischen Gleichung.

Aufgabe

Bestimmen Sie innerhalb der Menge der reellen Zahlen die Lösungsmenge für die Gleichung 3. Grades:

$$x^3 - 3x^2 - 10x + 24 = 0.$$

Durch Raten erhalten wir als erste mögliche Lösung den Wert $x_1 = 2$.

Teilen wir den ursprünglichen Term $x^3 - 3x^2 - 10x + 24$ durch $(x - 2)$, so ergibt sich der Term

$$x^2 - x - 12$$

und somit die Gleichung

$$x^2 - x - 12 = 0.$$

Hier erhalten wir als weitere Lösungen $x_2 = 4$ und $x_3 = -3$.

Produkte und Faktoren

Seien a und b reelle Zahlen. Dann gilt:

1.) $(a + b)^2 = a^2 + 2ab + b^2$

2.) $(a - b)^2 = a^2 - 2ab + b^2$

3.) $(a + b)(a - b) = a^2 - b^2$

4.) $a^3 + b^3 = (a + b) \cdot (a^2 - ab + b^2)$

Beispiel

1.) $(4 + 2)^2 = 4^2 + 16 + 2^2 = 16 + 16 + 4 = 36$

2.) $(4 - 2)^2 = 4^2 - 16 + 2^2 = 16 - 16 + 4 = 4$

3.) $(4 + 2)(4 - 2) = 4^2 - 2^2 = 16 - 4 = 12$

4.) $4^3 + 2^3 = (4 + 2) \cdot (4^2 - 8 + 2^2) = 6 \cdot (16 - 8 + 4) = 72$

Binomischer Lehrsatz

Mit Hilfe der Potenzgesetze können wir schreiben:

$$(a+b)^0 = 1$$

$$(a+b)^1 = a+b$$

$$(a+b)^2 = a^2 + 2ab + b^2$$

$$(a+b)^3 = a^3 + 3a^2b + 3ab^2 + b^3,$$

allgemein erhalten wir für beliebige natürliche Zahlen n:

$$(a+b)^n = \sum_{k=0}^{n} \binom{n}{k} a^{n-k} \cdot b^k$$

dabei bedeutet:

$$\sum_{k=0}^{n} a_k = a_0 + a_1 + a_2 + \ldots + a_n$$

und

$$\binom{n}{k} = \frac{n!}{k!\,(n-k)!},$$

wobei gilt:

$$n! := 1 \cdot 2 \cdot 3 \cdot \ldots \cdot n \quad \text{und} \quad 0! = 1.$$

Der Ausdruck n! wird als **Fakultät** bezeichnet. Als **Bildungsgesetz** für die einzelnen Koeffizienten erhalten wir das folgende nach Blaise Pascal (1623 - 1662) benannte Dreieck. Allerdings war dieses Prinzip in China bereits um das Jahr 1100 bekannt.

$(a+b)^0$						1					
$(a+b)^1$					1		1				
$(a+b)^2$				1		2		1			
$(a+b)^3$			1		3		3		1		
$(a+b)^4$		1		4		6		4		1	
$(a+b)^5$	1		5		10		10		5		1

Abzählbar unendlich - Überabzählbar unendlich

Zu Beginn des Kapitels haben wir auf Cantor verwiesen, der sich ursprünglich für den Begriff des Unendlichen interessierte. Vergleichen wir die Menge der reellen und natürlichen Zahlen, so ist offensichtlich, daß beide Mengen aus unendlich vielen Elementen bestehen. Aber es gibt einen gravierenden Unterschied. Während wir die natürlichen Zahlen elementar abzählen können, wird uns dies bei der Menge der reellen Zahlen nicht gelingen. Dementsprechend wird zur Unterscheidung bei Mengen wie den natürlichen Zahlen von **abzählbar unendlich** gesprochen. Im Gegensatz dazu bezeichnet man Mengen wie die reellen Zahlen als **überabzählbar unendlich**.

Hilbert Hotel

Folgende kleine fiktive Geschichte mag den Begriff abzählbar unendlich veranschaulichen. Wir betrachten das *Hilbert Hotel*[6] in Nirgendwo und Überall.

Das Hilbert Hotel hat im Gegensatz zu anderen Übernachtungsangeboten eine interessante bauliche Eigenschaft: Es hat abzählbar unendlich viele Zimmer mit den Nummern 1, 2, 3, ..., .

Was unternimmt der Hotelmanager, wenn ein Bus mit abzählbar unendlich vielen neuen Gästen vorfährt und gleichzeitig das Hotel voll ausgebucht ist?

Er bittet jeden alten Gast, in ein neues Zimmer umzuziehen. Dabei ergibt sich die neue Zimmernummer aus der alten durch Multiplikation mit der Zahl 2: Der Gast aus Zimmer 1 wechselt in Zimmer 2, der Gast aus Zimmer 2 wiederum zieht in das Zimmer mit der Nummer 4, der Gast aus Zimmer 3 siedelt in Zimmernummer 6. Auf diese Weise werden alle Räume mit einer ungeraden Zahl frei: eine abzählbar unendliche Menge.

---

6 Der Name des Hotels geht auf David Hilbert (1862 - 1943) zurück. Hilbert war zu seiner Zeit einer der größten Mathematiker und Lehrstuhlinhaber in Göttingen. Im Jahre 1900 hatte er eine Liste der Probleme aufgestellt, die noch zur Lösung anstanden, um die Grundlagen der Mathematik vollständig und widerspruchsfrei zu lösen. Als er am 9. September 1930 Ehrenbürger der Stadt Königsberg wurde, beendete er seinen Vortrag mit den Worten: "Wir müssen wissen. Wir werden wissen."

2.4 Intervalle, Betrag

Im vorangegangenen Abschnitt haben wir uns um die Lösung von Gleichungen bemüht. Dies ist durchaus sinnvoll, wenn nach der jeweiligen Tagesproduktion eines Unternehmens gefragt ist.

In der Regel werden wir aber bei der Beschreibung ökonomischer Zusammenhänge nur Ober- und Untergrenzen (wenn überhaupt) angeben können.

Definition

Seien a, b reelle Zahlen. Folgende Mengen nennt man **Intervalle** (man achte dabei auf die unterschiedlichen Klammern):

$$[a,b] = \{x \in \mathbf{R} \mid a \leq x \leq b\}$$

abgeschlossenes Intervall,

$$[a,b) = \{x \in \mathbf{R} \mid a \leq x < b\}$$

links abgeschlossenes, rechts offenes Intervall,

$$(a,b] = \{x \in \mathbf{R} \mid a < x \leq b\}$$

links offenes, rechts abgeschlossenes Intervall,

$$(a,b) = \{x \in \mathbf{R} \mid a < x < b\}$$

offenes Intervall.

Dabei bedeutet:

$<$: echt kleiner

$\leq$: echt kleiner oder gleich.

Folgen wir zwei Personen, die gleichzeitig ein Konto eröffnen und jeweils eine Kontobewegung vornehmen. Auf dem einen Konto erkennen wir ein Haben von 300,- €, das zweite Konto weist ein Soll von 300,- € auf. Formal bedeutet dies: + 300 und - 300.

Gemeinsam ist beiden, daß ein Geldbetrag von 300,- € bewegt wurde.

Definition

Sei x eine reelle Zahl. Wir verstehen unter dem **Betrag von x** :

$$|x| := \begin{cases} x & , \text{für } x \geq 0 \\ -x & , \text{für } x < 0 \end{cases}$$

Für das Rechnen mit Beträgen gelten die folgenden Regeln:

Rechenregeln

1) $|-x| = |x|$

2) $|xy| = |x| \cdot |y|$

3) $|x+y| \leq |x| + |y|$

4) $|x-y| \geq |x| - |y|$.

Beispiel

Welche reellen Zahlen erfüllen die Ungleichung

$$|x+3| > 5\,?$$

Lösung

Es sind zwei Fälle zu unterscheiden:

1. Fall: $(x + 3) \geq 0$.
   Wir erhalten: $x + 3 > 5$ und somit: $x > 2$.

2. Fall: $(x + 3) < 0$.
   Es ergibt sich: $-(x + 3) > 5,$
   $\Rightarrow \quad -x - 3 > 5, \quad | +3$
   $\Rightarrow \quad x < -8.$

Wir erhalten als Lösungsmenge **L**:

$$\mathbf{L} = \{x \in \mathbf{R} \mid [(x + 3) \geq 0 \text{ und } x > 2] \text{ oder } [(x + 3) < 0 \text{ und } x < -8]\}$$

$$= \{x \in \mathbf{R} \mid x > 2 \text{ oder } x < -8\}.$$

2.5 Zahlendarstellung

Mit einer gewissen Selbstverständlichkeit benutzen wir die Ziffern bzw. Zahlen 0, 1, 2, 3, 4, 5, 6, 7, 8 und 9 zur Darstellung der reellen Zahlen. Dieses System bezeichnen wir als **Dezimalsystem**. Stellen wir uns die Frage, warum gerade diese Darstellung von uns gewählt wurde bzw. benutzt wird, so könnte man dies als reine Willkür vermuten. Man könnte natürlich auch argumentieren, daß wir zehn Zeichen nutzen, weil wir etwa zehn Finger zur Verfügung haben. Man könnte ebenso die Überzeugung äußern, daß ausschließlich mit zehn Zeichen unser Zahlensystem darstellbar ist.

Es bleibt somit die Frage zu beantworten, ob es überhaupt eine Möglichkeit gibt, unser Zahlensystem durch weniger als 10 Zeichen darzustellen. Dazu betrachten wir folgende Darstellung, etwa für die Zahl 216, als Ausgangsüberlegung:

$$216 = 2 \cdot 10^2 + 1 \cdot 10^1 + 6 \cdot 10^0.$$

Indem wir die Multiplikatoren der einzelnen Potenzen zur Basis 10 betrachten, sehen wir, welche Bedeutung die einzelnen Ziffern besitzen. So ist die 2 der Faktor für die Zahl 100, die 1 der Faktor für die Zahl 10 und die 6 der Faktor für die Zahl 1.

Mit dieser Grundüberlegung kehren wir zu unserer Frage zurück. Gehen wir die Fragestellung systematisch an, so könnten wir zunächst versuchen, mit lediglich zwei Zeichen auszukommen. Dazu bilden wir die verschiedenen Potenzen zur Basis 2 und betrachten die folgenden Gleichungen:

$$0 = 0 \cdot 2^0$$

$$1 = 1 \cdot 2^0$$

$$2 = 1 \cdot 2^1 + 0 \cdot 2^0$$

$$3 = 1 \cdot 2^1 + 1 \cdot 2^0$$

...

...

...

...

$$11 = 1 \cdot 2^3 + 0 \cdot 2^2 + 1 \cdot 2^1 + 1 \cdot 2^0$$

$$63 = 1 \cdot 2^5 + 1 \cdot 2^4 + 1 \cdot 2^3 + 1 \cdot 2^2 + 1 \cdot 2^1 + 1 \cdot 2^0.$$

Indem wir die Faktoren der einzelnen Potenzen zur Basis 2 betrachten, erhalten wir die von uns angestrebte Darstellung, die lediglich zwei Symbole, in unserem Fall 0 und 1, benötigt.

$0 \approx 0$

$1 \approx 1$

$2 \approx 1\,0$

$3 \approx 1\,1$

...

...

...

...

$11 \approx 1\,0\,1\,1$

$63 \approx 1\,1\,1\,1\,1\,1$

Die Bedeutung einer solchen Möglichkeit der Zahlendarstellung, des **Binärsystems**, liegt insbesondere in der EDV, da wir auf diese Weise die zwei möglichen Zustände ausnutzen:

1: Strom fließt 0: Strom fließt nicht.

Zwei weitere Zahlensysteme spielen ebenfalls eine große Rolle in der Informatik: das **Oktal**- und das **Hexadezimalsystem**: Im Oktalsystem wählen wir als Basis die Zahl 8. Dies bedeutet für unsere Beispiele:

$0 = 0 \cdot 8^0$

$1 = 1 \cdot 8^0$

$2 = 2 \cdot 8^0$

...

...

...

...

$11 = 1 \cdot 8^1 + 3 \cdot 8^0$

$63 = 7 \cdot 8^1 + 7 \cdot 8^0$

Es ergibt sich folgende Darstellung:

$0 \approx 0$

$1 \approx 1$

$2 \approx 2$

...

...

...

...

$11 \approx 1\,3$

$63 \approx 7\,7$

Fürs Hexadezimalsystem wählen wir als Basis die Zahl 16 und erhalten:

$0 = 0 \cdot 16^0$

$1 = 1 \cdot 16^0$

$2 = 2 \cdot 16^0$

...

...

...

...

$11 = 11 \cdot 16^0$

$63 = 3 \cdot 16^1 + 15 \cdot 16^0$

Also erhalten wir folgende Darstellung, wobei zu beachten ist, daß die Ziffern 10, 11, 12, 13, 14 und 15 zwecks eindeutiger Darstellung und um Verwechslungen zu vermeiden, durch die Buchstaben A, B, C, D, E und F ersetzt werden:

$0 \approx 0$

$1 \approx 1$

$2 \approx 2$

...

...

...

...

$11 \approx B$

$63 \approx 3\,F$

Man beachte, daß die hier vorgestellten, vom Dezimalsystem abweichenden Zahlendarstellungen alle eine Potenz der Zahl 2 darstellen.

2.6 Übungen

Aufgabe 2.1

Gegeben sind die Mengen $X = \{4, 5, 6, 7\}$, $Y = \{\{4\}, 5, \{6, 7\}\}$ und $Z = \{4, 5, 8\}$. Bestimmen Sie die folgenden Mengen:

$$X \cap Y, X \cap Z, Y \cup Z, Y \cap Z, X \cup Y, X \setminus Z \text{ und } X \times Z.$$

Aufgabe 2.2

Stellen Sie fest, welche der folgenden Aussagen für $A = \{1, \{2, 3\}, 4\}$ falsch sind:

$$A_1 : \{2, 3\} \subset A$$

$$A_2 : \{2, 3\} \in A$$

$$A_3 : \{\{2, 3\}\} \subset A$$

$$A_4 : \{\ \} \subset A$$

Aufgabe 2.3

Es seien $N = \{ (x, y) \}$, $M = \{y, z, u\}$ und $R = \{x\}$. Man bestimme:

a) $(R \times M) \setminus N$

b) $N \times M$

c) $\wp(M)$

Aufgabe 2.4

Gegeben sind die Mengen

$$X = \{ x \mid x \in \mathbf{R} \text{ und } \sqrt{9-x} = 2 \}$$

und

$$Y = \{ y \mid y \in \mathbf{R} \text{ und } y^2 - 9y + 20 = 0 \}.$$

Zeigen Sie, daß die Menge X in der Menge Y enthalten ist.

Aufgabe 2.5

Gegeben sind die Mengen:

$$X = \{ x \mid x \in \mathbf{R} \text{ und } \sqrt{13-x} = 1 - x \}$$

und

$$Y = \{ y \mid y \in \mathbf{R} \text{ und } y^2 - y - 12 = 0 \}.$$

Zeigen Sie:

$$X \subset Y.$$

Aufgabe 2.6

Bestimmen Sie innerhalb der Menge der reellen Zahlen die Lösungsmenge der Ungleichung:

$$|x-3| < |x|.$$

Aufgabe 2.7

Für welche reellen Zahlen x gilt:

$$|x-3| < |x| + 2\,?$$

Aufgabe 2.8

Welche reellen Zahlen x erfüllen die Ungleichungen:

$$|x-3| < |x| + 2 \leq |4+x|\,?$$

Aufgabe 2.9

Lösen Sie folgende Gleichungen:

1.) $-x^2 - \frac{9}{2}x - 2 = 0$

2.) $4x^2 - 20x + 25 = 0$

3.) $\sqrt{3}\,x^2 - 2x - \sqrt{3} = 0$

4.) $\frac{4x+13}{x+3} - \frac{5x-4}{2x+2} = \frac{x+4}{x+1}$

5.) $\frac{1}{3}x^3 - 2x^2 + 3x = 0$

6.) $x^3 - x^2 - 4 = 0$

Vereinfachen Sie die folgenden Terme:

7.) $\dfrac{x^2 - y^2}{\sqrt{x} + \sqrt{y}}$

8.) $m^b - m^{b+3} - m^{b-1}$

3 Relationen

"Das Recht auf Dummheit wird von der Verfassung geschützt. Es gehört zur Garantie der freien Entfaltung der Persönlichkeit."

(Mark Twain)

Ein Fußballtrainer steht am Ende der Saison vor der Aufgabe, seinem Manager eine Liste von fünf Spielern zu präsentieren, um damit die Mannschaft in der nächsten Saison zu verstärken. Als Realist geht er davon aus, daß in der Regel nicht alle "Wunschkandidaten" auf dem Transfermarkt zu verpflichten sind, weil Ablösesummen bzw. Vertragsvorstellungen zu weit auseinanderliegen. Also stellt er eine Liste mit 10 Spielern auf. Auf dieser Liste macht er deutlich, daß er Spieler A dem Spieler B für die Position im defensiven Mittelfeld vorzieht. Im Sturm würde er lieber Spieler C verpflichten als Spieler D. Der Sportlehrer hat die denkbaren Verpflichtungen verglichen und seine persönlichen Präferenzen zum Ausdruck gebracht. Er gibt nicht mehr nur eine Liste von Namen ab, sondern hat für diese Namen eine Rangfolge erstellt.

In der Betriebswirtschaftslehre begegnen wir **Relationen** in der Entscheidungstheorie. Aber auch im Bereich Operations Research und in der Informatik (Stichwort: relationale Datenbank) stoßen wir auf den Begriff der Relation, wie die folgende Darstellung verdeutlichen wird.

3.1 Binäre Relationen

Mehrere Familien treten einer Versicherung bei. Das Unternehmen erfaßt die Namen der einzelnen Familienmitglieder über eine Datenverarbeitungsanlage und legt folgende Datensätze in einer Datei an:

Gerd Müller
Dieter Müller
Bernd Schuster
Dirk Schuster
Dieter Schuster

Bei dem Versuch, Speicherplatz zu sparen, wird schnell deutlich, daß die Nachnamen Müller und Schuster mehrfach auftauchen. Das gleiche gilt für den Vornamen Dieter. Deshalb werden zwei Dateien aufgebaut; in der einen Datei werden die Vornamen und in der zweiten Datei die Nachnamen abgelegt:

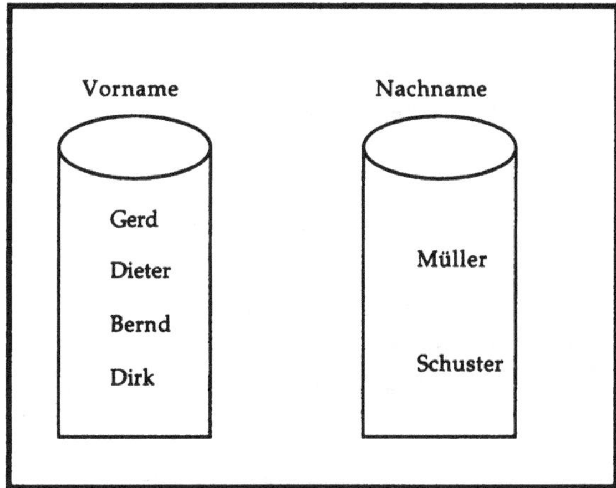

In einem nächsten Schritt machen wir deutlich, welcher Vorname zu welchem Nachnamen gehört, um so die relevanten Namen zu erhalten:

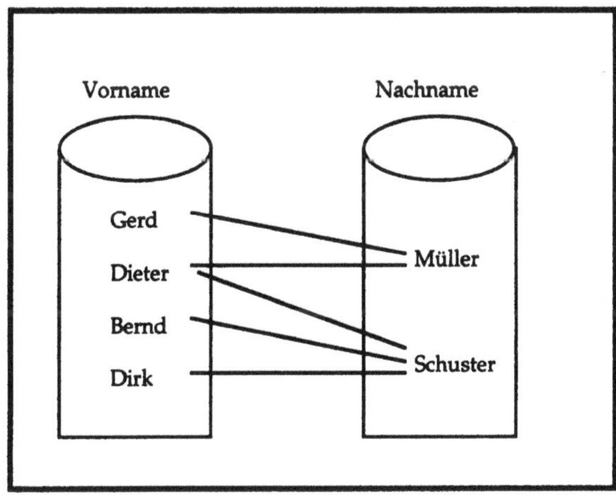

In der letzten Graphik ist mit Hilfe von Linien eindeutig festgelegt, welcher Vorname welchem Nachnamen zugeordnet wird. Wir haben die mehrfache Abspeicherung eines gleichen Namens vermieden, somit Speicherplatz gespart, und trotzdem können alle Namen eindeutig aufgerufen werden.

Eine graphische Darstellung im Fall von vier Namen ist sehr anschaulich, aber schon bei hundert Namen wird die Darstellung unübersichtlich.

Deshalb erinnern wir uns an den Begriff des kartesischen Produktes und definieren:

Definition

Eine **binäre** (zweistellige) **Relation** R zwischen Elementen einer Menge A und Elementen einer Menge B ist eine Teilmenge des kartesischen Produktes von A und B: $R \subseteq A \times B$. Statt $(a,b) \in R$ schreibt man häufig aRb.

Beispiel

1) Sei A die Menge der Studierenden einer Fachhochschule. Alle Studierenden werden gefragt, mit wem sie in einer Zweier-Gruppe das bevorstehende DV-Praktikum bestreiten möchten.

   Die Menge der Paare (a,b), bei denen der Studierende a angibt, er möchte mit dem Studierenden b zusammenarbeiten, ist eine zweistellige (binäre) Relation auf A.

2) Sei A eine Menge von erwachsenen Personen. Die Relation R sei definiert durch "ist Onkel von".

   R ist die Menge aller Paare (a,b), bei denen jeweils Person a der Onkel von Person b ist.

Bei einer Relation sind die folgenden Eigenschaften von besonderer Bedeutung:

Definition

Eine Relation R auf A (d.h. $R \subseteq A \times A$) heißt

(a) **reflexiv** genau dann, wenn

$$\forall x \in A: \quad xRx;$$

(b) **symmetrisch** genau dann, wenn

$$\forall x\, \forall y \in A: \quad xRy \Leftrightarrow yRx;$$

(c) **antisymmetrisch** genau dann, wenn

$$\forall x\, \forall y \in A: \quad xRy \wedge yRx \Rightarrow x = y;$$

(d) **transitiv** genau dann, wenn

$$\forall x\, \forall y\, \forall z \in A: \quad xRy \wedge yRz \Rightarrow xRz;$$

(e) **vollständig** genau dann, wenn

$$\forall x \, \forall y \in A: \qquad xRy \vee yRx.$$

Beispiele

1) Wir untersuchen die Menge A = {3, 4, 5} und die Relation R

$$R = \{(3,3), (4,4), (5,5), (4,5), (5,4)\}.$$

Diese Relation R ist reflexiv, symmetrisch und transitiv, aber nicht vollständig und antisymmetrisch.

2) Sei A die Menge der Fußballmannschaften der Bundesliga. Wir betrachten die Relation R, die sich aus der Formulierung "*spielt gegen*" ergibt.

Diese Relation ist weder reflexiv noch antisymmetrisch, aber symmetrisch.

3) Wir betrachten wieder die Mannschaften einer Sport-Liga. Aber jetzt sei R definiert durch "*spielt zu Hause gegen*".

Diese Relation ist antisymmetrisch und nicht reflexiv. Im Gegensatz zu der unter Punkt 2) betrachteten Relation ist diese Relation aber auch nicht symmetrisch.

4) Sei R die Kleiner-Gleich-Relation $\leq$ auf der Menge der reellen Zahlen **R**, d.h.

$$xRy \text{ genau dann, wenn } x \leq y.$$

R ist reflexiv: $x \leq x$,

R ist transitiv: $x \leq y$ und $y \leq z$, dann auch $x \leq z$,

R ist antisymmetrisch: $x \leq y$ und $y \leq x$, dann: $x = y$,

R ist vollständig, denn für die Relation R gilt: xRy oder yRx.

5) Die "$\geq$"-Relation auf **R** ist reflexiv, da für jedes a aus **R** gilt: $a \geq a$.

Betrachten wir dagegen die "$>$"-Relation, so können wir feststellen, daß diese nicht reflexiv ist.

6) Sei M eine Menge von Frauen und die Relation R auf M sei durch "*ist Schwester von*" definiert. R ist eine symmetrische Relation.

   Erweitert man die Menge M auf eine beliebige Menge von Personen, dann ist R im allgemeinen nicht symmetrisch, da zwar aRb (a ist Schwester von b) gelten mag, aber wenn b ein Mann ist, gilt nicht bRa.

3.2 Ordnungen und Äquivalenzrelationen

Mit der nächsten Definition fassen wir einzelne Eigenschaften einer Relation auf einer Menge A zu einem Oberbegriff zusammen:

Definition

Eine reflexive und transitive Relation auf A heißt **Präordnung** (oder auch **Quasi-Ordnung**).

Eine reflexive, transitive und antisymmetrische Relation auf A heißt **Ordnung** (oder auch nur **Halbordnung**).

Gilt zusätzlich noch, daß die Ordnung vollständig ist, so spricht man von einer **vollständigen Ordnung**.

Ist R eine Ordnung auf einer Menge A, so heißt das Paar (A, R) **geordnete Menge**.

Eine reflexive, symmetrische und transitive Relation auf A heißt **Äquivalenzrelation**.

Beispiele

1) Wir betrachten auf der Menge der reellen Zahlen die Relation "*ist gleich*", d.h. zwei reelle Zahlen stehen in Relation, wenn gilt: a = b.

   (a) R ist reflexiv, denn für alle reelle Zahlen gilt: a = a,

   (b) R ist symmetrisch, da für beliebige reelle Zahlen gilt:

   $$a = b \Leftrightarrow b = a,$$

   (c) R ist transitiv, denn falls gilt: a = b und b = c, dann gilt auch:

   $$a = c.$$

   Somit ist R eine Äquivalenzrelation.

2) Sei die Menge M ein Mengensystem, also eine Menge von Mengen, und R sei definiert durch "*ist Teilmenge von*".

   Diese Relation ist transitiv, denn aus $A \subseteq B$ und $B \subseteq C$ folgt auch $A \subseteq C$. Die Relation ist reflexiv, da für eine beliebige Menge A gilt: $A \subseteq A$.

   Sie ist im allgemeinen nicht vollständig, denn es gibt Mengen, für die weder $A \subseteq B$ noch $B \subseteq A$ gilt.

   Die Relation ist auch nicht symmetrisch, da $A \subseteq B$ nicht zwangsläufig impliziert, daß auch $B \subseteq A$ gilt.

   Somit erfüllt diese Relation, da sie auch antisymmetrisch ist, lediglich die Eigenschaften einer Ordnung.

Mit dem Begriff der Äquivalenzrelation hängt eng der Begriff der **Zerlegung** zusammen. Man stellt fest, daß eine Äquivalenzrelation die Elemente der Menge A so in Teilmengen zerlegt, daß innerhalb jeder Teilmenge alle Elemente zueinander in der Relation R stehen und kein Element einer Teilmenge in Relation zu irgendeinem Element einer anderen Teilmenge steht. Dies führt zu der fundamentalen Aussage:

Theorem

Eine Äquivalenzrelation auf der Menge A bewirkt eine Zerlegung von A in disjunkte nichtleere Teilmengen derart, daß je zwei Elemente ein und derselben Teilmenge äquivalent, je zwei Elemente verschiedener Teilmengen aber nicht äquivalent sind.
Die so entstandenen Teilmengen heißen **Äquivalenzklassen**.

Beispiel

1) Sei die Menge $A = \{1, 2, 3\}$. Es gibt die folgenden möglichen Zerlegungen:

$$Z_1 = \{\{1\}, \{2\}, \{3\}\}$$

$$Z_2 = \{\{1\}, \{2, 3\}\}$$

$$Z_3 = \{\{2\}, \{1, 3\}\}$$

$$Z_4 = \{\{3\}, \{1, 2\}\}$$

$$Z_5 = \{\{1, 2, 3\}\}$$

2) M sei die Menge der Schüler einer Schule und R sei durch "*geht in dieselbe Klasse wie*" definiert. Man prüft leicht nach, daß durch R eine Äquivalenzrelation festgelegt wird.

   Durch diese Relation wird die Menge M in disjunkte Teilmengen zerlegt, denn alle Schüler, die zueinander in Relation stehen, gehen in dieselbe Klasse. Die entstehenden Äquivalenzklassen sind die üblichen Schulklassen.

Im Falle von endlichen Grundmengen gibt es mehrere Möglichkeiten der graphischen bzw. tabellarischen Veranschaulichung von binären Relationen. Bei der **graphentheoretischen** Darstellung werden die Elemente der in Frage stehenden Mengen durch Punkte in der Ebene dargestellt. Wenn aRb gilt, wird ein Pfeil von Punkt a nach Punkt b eingezeichnet.

Beispiel

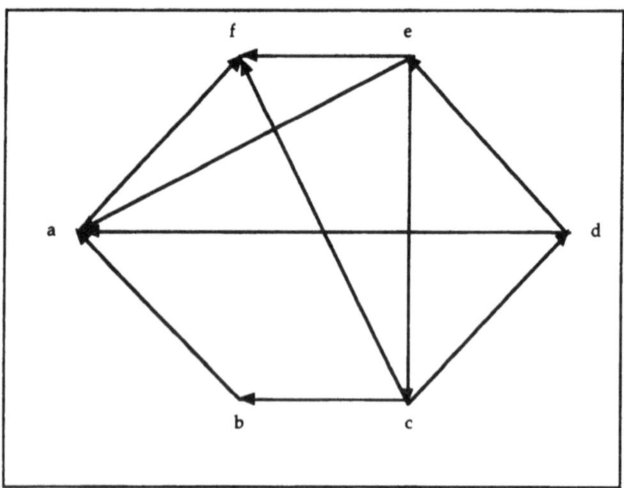

Betrachten wir diesen Graphen, so gilt:

aRf, eRf, dRe, cRd, cRb, bRa, dRa, eRa, eRc, cRf

bzw.

R = {(a,f), (e,f), (d,e), (c,d), (c,b), (b,a), (d,a), (e,a), (e,c), (c,f)}.

Die Lexikographische Ordnung

Jeder von uns hat bereits einmal den Namen einer Person im Telefonbuch gesucht. Warum es uns überhaupt gelingt, in kurzer Zeit einen bestimmten Namen in mehr als hundert Seiten zu finden, muß im ersten Moment überraschen. Wie also ist unser Telefonbuch aufgebaut?

Definition

Die Relation L heißt **lexikographisch** im $\mathbf{R}^2$, wenn für die Tupel (a,b) und (c,d) gilt:

(a,b)L(c,d) genau dann, wenn

$$a < c$$

oder

$$a = c \text{ und } b \leq d.$$

Satz

Die lexikographische Relation im $\mathbf{R}^2$ ist eine vollständige Ordnung.

Die Überprüfung der obigen Aussage überlassen wir als Aufgabe dem Leser.

3.3 Übungen

Aufgabe 3.1

Überprüfen Sie folgende Relation R auf $\mathbf{R}\setminus\{0\} \times \mathbf{R}\setminus\{0\}$ auf Reflexivität, Transitivität und Vollständigkeit:

$$(x',y')R(x'',y'') \quad \text{gdw.} \quad \frac{x'+y'}{x'\cdot y'} \leq \frac{x''+y''}{x''\cdot y''}$$

Aufgabe 3.2

Betrachten Sie die Menge $M := \{1, 2, 3, ..., 36\}$ mit der Äquivalenzrelation

$$x\,R\,y \quad \text{gdw.}$$

$$6 \text{ ist Teiler von } |x - y|.$$

Geben Sie die zugehörige Zerlegung in Äquivalenzklassen an.

Aufgabe 3.3

Betrachten Sie die Menge $M := \{1, 2, 3, ..., 16\}$ mit der Relation

$$x\,R\,y \quad \text{gdw.}$$

$$4 \text{ ist Teiler von } |x - y|.$$

Untersuchen Sie, ob die Relation reflexiv, symmetrisch und antisymmetrisch ist.

Aufgabe 3.4

Überprüfen Sie die lexikographische Ordnung im $\mathbf{R}^2$ auf Vollständigkeit, Reflexivität, Symmetrie, Antisymmetrie und Transitivität.

4 Beweistechniken

"Alles was sich zu lange hinschleppt, ehe es zu etwas nur irgend Sichtbarem wird, verliert an Interesse."

(Wilhelm v. Humboldt)

Im Zusammenhang mit einer Studie über die Situation der Studierenden der Hochschule für Angewandte Wissenschaften Hamburg werden wir mit der folgenden Aussage A konfrontiert: Jeder Student besitzt einen PC. Dies kann wahr oder falsch sein. Um nachzuweisen, daß die Aussage zutrifft, müßten wir **jede** Person befragen und als Auskunft erhalten, daß man einen Computer besitzt. Sobald nur **eine** Person erklärt, keinen PC zu besitzen, können wir unsere Befragung abbrechen, und müssen die Aussage als falsch bezeichnen. Es ist in diesem Beispiel relativ einfach, eine Untersuchung auf Richtigkeit der Aussage durchzuführen, da wir es mit einer endlichen Menge zu tun haben. Betrachten wir aber nur die Menge der natürlichen Zahlen, so ist diese nicht mehr endlich, und wir müssen uns andere Arbeitstechniken überlegen, um herauszufinden, ob eine Aussage stimmt, denn die **Allgemeingültigkeit einer Aussage** kann nur durch einen **Beweis** gezeigt werden.

Richard Dedekind (1831 - 1916) forderte deshalb im Jahre 1887:

"Was beweisbar ist, soll in der Wissenschaft nicht ohne Beweis geglaubt werden."

Beweise spielen in der Mathematik eine entscheidende Rolle und das Führen von Beweisen ist die Hauptttätigkeit eines Mathematikers. Da Wirtschaftswissenschaftler als "Abnehmer der Ware Mathematik" mehr an gültigen bzw. zutreffenden Aussagen und deren Anwendung interessiert sind als am Nachweis ihrer Gültigkeit, wollen wir nur kurz auf dieses Gebiet eingehen.

Die drei wichtigsten Beweistechniken sind:

- der direkte Beweis,
- der indirekte Beweis,
- die vollständige Induktion.

Um die Grundideen des direkten und indirekten Beweises zu verstehen, müssen wir an das Kapitel Aussagenlogik erinnern. Einen größeren Raum wird der Abschnitt "Vollständige Induktion" einnehmen, da er nützlich sein wird, um etwa Aussagen aus der Kombinatorik im Rahmen der Statistik zu beweisen und unser Verständnis von der Menge der natürlichen Zahlen zu schärfen.

4.1 Der direkte Beweis

Beim **direkten Beweis** wird ausgehend von den Voraussetzungen durch korrekte Folgerungen unmittelbar auf die zu behauptende Aussage geschlossen. Als Beispiel wählen wir die Aussage:

Satz

Für natürliche Zahlen n und k gilt:

$$\binom{n}{k} + \binom{n}{k-1} = \binom{n+1}{k}.$$

Beweis

In diesem Fall gehen wir von der linken Seite der zu beweisenden Gleichung aus und formen sie so lange um, bis wir die rechte Seite der Gleichung erreicht haben:

$$\begin{aligned}\binom{n}{k} + \binom{n}{k-1} &= \frac{n!}{k!\,(n-k)!} + \frac{n!}{(k-1)!\,(n-k+1)!} \\ &= \frac{n! \cdot (n-k+1) + n! \cdot k}{k! \cdot (n-k+1)!} \\ &= \frac{n! \cdot (n-k+1+k)}{k! \cdot (n-k+1)!} \\ &= \frac{n! \cdot (n+1)}{k! \cdot (n-k+1)!} \\ &= \frac{(n+1)!}{k! \cdot (n-k+1)!} = \binom{n+1}{k}\end{aligned}$$

Satz

Das Quadrat einer geraden natürlichen Zahl ist gerade.

Beweis

Da x eine beliebige gerade und natürliche Zahl ist, gibt es eine natürliche Zahl n mit:

$$x = 2n.$$

Mit dieser Darstellung erhalten wir:

$$\begin{aligned} x^2 &= (2n)^2 \\ &= 2(2n^2). \end{aligned}$$

Dies zeigt aber, daß x^2 gerade ist, da wir eine Darstellung für x^2 gefunden haben, aus der ersichtlich wird, daß x^2 wieder ein Vielfaches der Zahl 2 ist. Dies ist charakterisierend dafür, daß eine Zahl gerade ist.

4.2 Der indirekte Beweis

Beim indirekten Beweis wird gezeigt, daß die gegenteilige Annahme der zu beweisenden Aussage zu einem Widerspruch (Kontradiktion) führt, daß also die Annahme falsch ist. Grundlage dafür sind die beiden Sätze:

Satz (Beweis durch Kontraposition der Implikation)

P und Q seien Aussagen. Dann ist

$$(P \Rightarrow Q) \Leftrightarrow (\neg Q \Rightarrow \neg P)$$

eine Tautologie.

Beweis

Wir führen den Beweis mit Hilfe einer Wahrheitstafel:

P	Q	$P \Rightarrow Q$	$\neg Q \Rightarrow \neg P$	$(P \Rightarrow Q) \Leftrightarrow (\neg Q \Rightarrow \neg P)$
1	1	1	1	1
1	0	0	0	1
0	1	1	1	1
0	0	1	1	1

Satz (Beweis durch Widerspruch)

Seien P, Q und R Aussagen. Dann ist

$$(P \Rightarrow Q) \Leftrightarrow [(P \wedge \neg Q) \Rightarrow (R \wedge \neg R)]$$

eine Tautologie.

Beweis

Wieder dient uns eine Wahrheitstafel als Hilfsmittel zur Überprüfung der Aussage:

P	Q	$P \Rightarrow Q$	$\Leftrightarrow$	$P \wedge \neg Q$	$R \wedge \neg R$	$(P \wedge \neg Q) \Rightarrow (R \wedge \neg R)$
1	1	1	1	0	0	1
1	0	0	1	1	0	0
0	1	1	1	0	0	1
0	0	1	1	0	0	1

Sisters of Mercy

All the sisters of mercy
they are not departed or gone,
they were waiting for me
when I thought that I just can't go on
And they brought me their comfort
and later they brought me this song
Oh I hope you run into them
you who 've been travelling so long.

You who must leave everything
that you cannot control
it begins with your family
but soon it comes round to your soul
I've been where you're hanging
I think I can see how you're pinned
When you're not feeling holy
your loneliness tells you you 've sinned.

They lay down beside me
I made my confession to them
They touched both my eyes
and I touched the dew on their hem
If your life is a leaf
that the seasons tear off and condemn
they will bind you with love
that is graceful and green as a stem

When I left they were sleeping
I hope you run into them soon
Don't turn on the light
You can read their address by the moon
And you won't make me jealous
if I hear that they sweetened your night
We weren't lovers like that
and beside it would still be all right.

Leonhard Cohen (1967)

4.3 Der induktive Beweis (Induktionsprinzip)

Die dritte Beweistechnik ist der Beweis durch **vollständige Induktion** und geht auf Blaise Pascal (1623 - 1662) zurück. Das Prinzip der vollständigen Induktion kann immer benutzt werden, wenn eine Aussage zu beweisen ist, die von einer natürlichen Zahl abhängt. Sie vollzieht sich in drei Schritten:

1) **Induktionsanfang**

   Es wird gezeigt, daß die Aussage für ein kleinstes n_0 gilt.

2) **Induktionsvoraussetzung**

   Es wird unterstellt, die Aussage gelte für eine natürliche Zahl n mit $n \geq n_0$.

3) **Induktionsschluß**

   Man versucht, die Gültigkeit der Aussage für (n + 1) unter Ausnutzung der Induktionsvoraussetzung zu zeigen.

Satz

Sei a eine beliebige, von 1 verschiedene, reelle Zahl.

Es gilt:

$$\sum_{j=0}^{n} a^j = \frac{1 - a^{n+1}}{1 - a} .$$

Beweis

n = 0:

Es wird gezeigt, daß die Behauptung für n = 0 richtig ist. Die linke Seite ergibt:

$$\sum_{j=0}^{0} a^j = a^0 = 1$$

und die rechte Seite:

$$\frac{1-a}{1-a} = 1,$$

somit sind rechte und linke Seite gleich und die Behauptung für n = 0 gezeigt.

$n \to n+1$:

$$\sum_{j=0}^{n+1} a^j = \sum_{j=0}^{n} a^j + a^{n+1}$$

$$= \frac{1-a^{n+1}}{1-a} + a^{n+1}$$

$$= \frac{1-a^{n+1}}{1-a} + \frac{a^{n+1} - a^{n+2}}{1-a}$$

$$= \frac{1-a^{n+2}}{1-a}$$

Man beachte, daß die zweite Gleichung aus der Induktionsvoraussetzung abgeleitet ist.

Das Gegenbeispiel zu einer Behauptung

Sobald zu einer Behauptung sich auch nur ein einziges Gegenbeispiel finden läßt, kann die Behauptung nicht generell wahr sein.

Beispiel

Wir betrachten die Aussage:

Jede ungerade Zahl ist eine Primzahl.

Die Aussage trifft zwar für die Zahlen 3, 5 und 7 zu, aber bereits für die Zahl 9 gilt, daß es sich als Quadrat der Zahl 3 darstellen läßt.

Somit haben wir mit der Zahl 9 ein Gegenbeispiel gefunden und die Aussage ist widerlegt.

Mr. Tambourine Man

Hey! Mr. Tambourine Man, play a song for me,
I'm not sleepy and there is no place I'm going to.
Hey! Mr. Tambourine Man, play a song for me,
In the jingle jangle morning I'll come followin' you.

Take me on a trip upon your magic swirlin' ship,
My senses have been stripped, my hands can't feel to grip,
My toes too numb to step, wait only for my boot heels to be wanderin',
I'm ready to go anywhere, I'm ready for to fade
Into my own parade, cast your dancing spell my way,
I promise to go under it.

Bob Dylan (1967)

4.4 Übungen

Aufgabe 4.1

Zeigen Sie durch einen direkten Beweis, daß für alle reellen Zahlen $x > 0$ gilt:

$$x + \frac{4}{x} \geq 4 \ .$$

Aufgabe 4.2

Zeigen Sie, daß für alle reellen Zahlen x und y mit $x \neq 0$ gilt:

$$\frac{y}{x} \leq \frac{1 + 4x^2y^2}{4x^2} \ .$$

Aufgabe 4.3

Zeigen Sie, daß für beliebige natürliche Zahlen n und N mit $n \leq N$ gilt:

1) $$\binom{N}{n+1} = \frac{N-n}{n+1} \cdot \binom{N}{n}$$

2) $$\binom{N+1}{n} = \frac{N+1}{N+1-n} \cdot \binom{N}{n}$$

3) $$\binom{N+1}{n+1} = \frac{N+1}{n+1} \cdot \binom{N}{n}$$

4) $$\binom{N}{n} + \binom{N}{n+1} = \binom{N+1}{n+1}$$

5) $$\binom{N}{n} + \binom{N}{n-1} = \binom{N+1}{n}$$

6) $$\binom{N}{n+1} + 2\binom{N}{n} + \binom{N}{n-1} = \binom{N+2}{n+1}$$

7) $$\sum_{i=0}^{n} \binom{N+i}{i} = \binom{N+n+1}{n}$$

Aufgabe 4.4

Beweisen Sie durch vollständige Induktion die Richtigkeit der Gleichung:

$$\sum_{k=1}^{n} k = \frac{n(n+1)}{2} .$$

Aufgabe 4.5

Beweisen Sie durch vollständige Induktion die Richtigkeit der Gleichung:

$$\sum_{k=1}^{n} 2^{k-1} = 2^n - 1 .$$

Aufgabe 4.6

Beweisen Sie durch vollständige Induktion:

$$\sum_{i=1}^{n} \frac{i}{2^i} = 2 - \frac{n+2}{2^n} .$$

Aufgabe 4.7

Beweisen Sie durch vollständige Induktion:

$$\sum_{i=1}^{n} i^3 = \frac{n^2 \cdot (n+1)^2}{4} .$$

Aufgabe 4.8

Beweisen Sie durch vollständige Induktion, daß für jede natürliche Zahl n und jede reelle Zahl $x > 1$ gilt:

$$(1+x)^n \geq 1 + nx .$$

Aufgabe 4.9

Ermitteln Sie die kleinste natürliche Zahl n° derart, daß für jede natürliche Zahl $n \geq n°$ gilt:

$$2^n > n^3 .$$

Beweisen Sie diese Aussage durch vollständige Induktion.

Aufgabe 4.10

Beweisen Sie durch vollständige Induktion die Richtigkeit der Gleichung:

$$\sum_{k=1}^{n} k \cdot 2^{k-1} = (n-1) \cdot 2^n + 1 .$$

Aufgabe 4.11

Beweisen Sie durch vollständige Induktion die Richtigkeit der Gleichung:

$$\sum_{k=1}^{n} \frac{1}{2^{2k-1}} = \frac{2}{3} \cdot \frac{4^n - 1}{4^n} .$$

Aufgabe 4.12

Beweisen Sie durch vollständige Induktion, daß für jede natürliche Zahl n gilt:

$$\sum_{k=1}^{n} (-1)^{k-1} \cdot k^2 = (-1)^{n-1} \left(\frac{n(n+1)}{2} \right) .$$

Aufgabe 4.13

Beweisen Sie mittels vollständiger Induktion, daß für alle natürlichen Zahlen n die Ungleichung

$$n^n \geq n!$$

gilt, wobei $n! := 1 \cdot 2 \cdot 3 \cdot \ldots \cdot n$ ist.

Aufgabe 4.14

Beweisen Sie durch vollständige Induktion, daß für alle natürlichen Zahlen n gilt:

$$\sum_{k=1}^{n} (2k-1) = n^2 .$$

Aufgabe 4.15

Zeigen Sie, daß für alle natürlichen Zahlen $n \geq 4$ gilt:

$$2^n \geq n^2 .$$

Aufgabe 4.16

Beweisen Sie mittels vollständiger Induktion, daß gilt:

$$\sum_{k=1}^{n} k^2 = \frac{1}{6} \cdot n \cdot (n+1) \cdot (2n+1) .$$

Aufgabe 4.17

Beweisen Sie mittels vollständiger Induktion:

$$\sum_{k=1}^{n} k \cdot 5^k = \frac{5 + (4n-1) \cdot 5^{n+1}}{16} .$$

Aufgabe 4.18

Beweisen Sie mittels vollständiger Induktion, daß für jede natürliche Zahl n gilt:

$$2^n \geq 1 + n .$$

Aufgabe 4.19

Beweisen Sie, daß für alle natürlichen Zahlen n, $n \geq 4$, gilt:

$$2^n < n!$$

Aufgabe 4.20

Zeigen Sie, daß für jede reelle Zahl $q \neq 1$ und jede natürliche Zahl n inklusive der Null gilt:

$$\sum_{k=0}^{n} q^k = \frac{1-q^{n+1}}{1-q} .$$

Die Summe wird auch als **endliche geometrische Reihe** bezeichnet.

Aufgabe 4.21

Beweisen Sie mittels vollständiger Induktion, daß für alle natürlichen Zahlen n mit $n \geq 3$ gilt:

$$n^2 > 2n + 1 .$$

Aufgabe 4.22

Zeigen Sie, daß für alle natürlichen Zahlen $n \geq 2$ gilt:

$$\sum_{k=2}^{n} 2^k = 2^{n+1} - 4 .$$

Aufgabe 4.23

Zeigen Sie durch vollständige Induktion, daß für jede natürliche Zahl n gilt:

$$\sum_{k=1}^{n} k \cdot (k+3) = \frac{1}{3} \cdot n \cdot (n+1) \cdot (n+5) .$$

Aufgabe 4.24

Es seien x und y reelle Zahlen mit $x \neq y$. Beweisen Sie mittels vollständiger Induktion:

$$\sum_{k=1}^{n} x^{n-k} \cdot y^{k-1} = \frac{x^n - y^n}{x-y} .$$

Aufgabe 4.25

Zeigen Sie durch vollständige Induktion, daß für jede natürliche Zahl n gilt:

$$\sum_{k=1}^{n} \frac{1}{(2k-1)\cdot(2k+1)} = \frac{n}{2n+1} .$$

Aufgabe 4.26

Beweisen Sie mittels vollständiger Induktion, daß gilt:

$$\sum_{k=1}^{n} k > \frac{n^2}{2} .$$

Aufgabe 4.27

Beweisen Sie mittels vollständiger Induktion, daß für alle natürlichen Zahlen mit $n > 2$ gilt:

$$n + \sqrt{n} < n \cdot \sqrt{n} .$$

Aufgabe 4.28

Beweisen Sie mittels vollständiger Induktion:

$$\sum_{k=1}^{n} \frac{1}{(3k-2)\cdot(3k+1)} = \frac{n}{3n+1} .$$

5 Funktion einer Veränderlichen

"Holzhacken ist deshalb so beliebt, weil man bei dieser Tätigkeit den Erfolg sofort sieht."

(Albert Einstein)

Ein Betrieb mit erheblichen Verlusten in den letzten Jahren ist gezwungen, die verschiedenen Etats neu zu überdenken. Beim Marketing-Etat stellt sich die Frage, ob eine Verringerung des Etats zu geringeren Umsätzen führt.

Aus den Beobachtungen der letzten Jahre kennt man folgenden Zusammenhang, wobei die Werte in Millionen € zu verstehen sind:

Etat	50	60	70	80	90	110	120
Umsatz	200	220	240	260	280	320	340

Bei genauerer Betrachtung könnte man den Zusammenhang so ausdrücken:

$$\text{Umsatz} = 100 + 2 \cdot \text{Etat}\,.$$

Um solch einfache, aber auch wesentlich komplexere Zusammenhänge zu untersuchen, hat man sich aus der Mathematik an den Begriff der **Funktion** erinnert, um mit Hilfe der umfassenden Theorie Zusammenhänge in ökonomischen Fragestellungen aufzudecken.

Gottfried Leibniz (1646 - 1716) hat den Begriff der Funktion eingeführt. Funktionen sind von großer Bedeutung in der reinen und der angewandten Mathematik. In der Wirtschaftstheorie bedient man sich unter anderem der Produktionsfunktion, der Nachfragefunktion, der Kostenfunktion und der Verbrauchsfunktion.

5.1 Darstellung von Funktionen

Definition

Es seien X und Y Mengen.

Eine **Abbildung** bzw. **Funktion** f von X nach Y ordnet **jedem** Element x aus X **genau ein** Element y aus Y zu.

Man schreibt:

$$f: X \to Y,$$

$$f: x \to f(x).$$

X heißt **Definitionsbereich (Urbild)** und Y **Bildbereich (Bild, Wertebereich)** von f.

Zur Untersuchung und Darstellung von Funktionen unterscheiden wir folgende Möglichkeiten:

- Analytische Darstellung

$$y = f(x) = 200 + 50x$$

- Tabellarische Darstellung mit Hilfe einer Wertetabelle
- Graphische Darstellung:

  Die Werte x und y = f(x) werden als Punkte (x,y) im Koordinatensystem dargestellt.

Beispiel

Ein Artikel wird mit fixen Kosten von 200 € und variablen Kosten von 50 € pro Stück produziert. Der Verkaufspreis beträgt 90 € pro Stück.

Wir ordnen der Anzahl x von produzierten Artikeln die Kosten bzw. den Erlös zu. Die Kostenfunktion bezeichnen wir mit dem Symbol K und die Erlösfunktion mit E.

Die Gleichungen lauten:

$$K(x) = 200 + 50x,$$

$$E(x) = 90x.$$

Folgende Größen könnte man ebenso auf ihren funktionalen Zusammenhang untersuchen:

- Nachfrage und Preis,
- Werbemitteleinsatz und Umsatz,
- Konsum und Volkseinkommen,
- Anzahl der Autos und Anzahl der Reifen,
- Baualternativen und Baukosten.

Mit den nächsten Beispielen soll deutlich werden, daß nicht jede Zuordnung eine Funktion ist und eine Funktion nicht notwendigerweise zwischen Zahlen erklärt sein muß.

Beispiel

1) Wir betrachten die Zuordnung:

$$\{A, B, C\} \to \{B, C, D\}$$

$$\text{mit: } B \to C \text{ und } C \to D.$$

Dies ist keine Abbildung (Funktion), da wir A keinen Punkt im Bildbereich zugeordnet haben.

2) Sei: $\{A, B, C\} \to \{B, C, D\}$

$$\text{mit: } B \to C, C \to D, A \to B \text{ und } A \to C.$$

Auch dieses ist keine Abbildung (Funktion), da wir hier A auf B und C abbilden.

3) Wir untersuchen die Darstellung

$$\{A, B, C\} \to \{B, C, D\}$$

$$\text{und } B \to C, C \to D, A \to C.$$

Dies ist eine Abbildung (Funktion), denn jedem Punkt aus dem Definitionsbereich wird genau ein Element aus dem Bildbereich zugeordnet. Es ist kein Widerspruch zur Definition, daß der Punkt C zweimal "getroffen" wird.

Sehr häufig wird eine Funktion in einem geschlossenen Ausdruck angegeben:

Beispiel

Seien a und b reelle Zahlen und D eine Teilmenge der reellen Zahlen. Jede Zuordnung der Form

$$f: D \to \mathbf{R},$$

mit

$$f(x) = a + bx$$

heißt eine **lineare Funktion.**

Wir können von einer Funktion sprechen, da die rechte Seite der Gleichung für jedes Element x, das wir aus der Menge D ausgewählt haben, ein und genau ein Element produziert. Um zu verdeutlichen, warum dieser Typ von Funktionen linear genannt wird, betrachten wir die Funktion

$$f: \mathbf{R} \to \mathbf{R},$$

mit

$$f(x) = 2 + 1x$$

und zeichnen den Graphen dieser Abbildung. Da alle Punkte im Koordinatensystem auf einer Linie liegen, sprechen wir von einer **linearen Abbildung.**

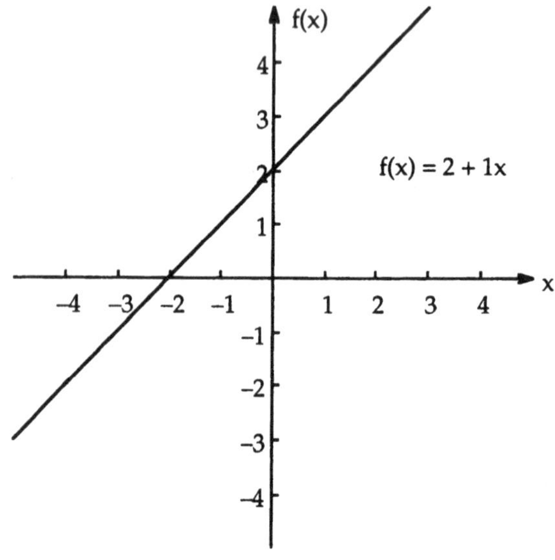

Aus einer linearen Funktion kann man unmittelbar zwei Eigenschaften der Abbildung ablesen:

(1) Betrachten wir den Punkt $x = 0$, so gilt:

$$f(0) = a + b \cdot 0 = a.$$

Der Punkt a ist der **Schnittpunkt** mit der y-Achse.

(2) Der Wert b gibt die **Steigung** an:

Es gilt:

$$f(x) = a + bx$$

und

$$f(x + 1) = a + b(x + 1) = a + bx + b.$$

Somit führt eine Veränderung um **eine** Einheit im Definitionsbereich zu einer Verschiebung im Bildbereich um den Wert b.

Häufig wird der geschlossene Ausdruck f(x) für unterschiedliche Bereiche im Definitionsbereich aufgesplittet:

Beispiel

Wir betrachten die Abbildung

$$f: \mathbf{N} \to \mathbf{N},$$

die ein Element x auf 1 abbildet, falls x ungerade ist, und ein Element x auf $\frac{1}{2}x$ abbildet, falls x gerade ist, kurz:

$$f(x) = \begin{cases} 1 & \text{für x ungerade} \\ \frac{1}{2}x & \text{für x gerade} \end{cases}$$

Bei der Definition von Funktionen haben wir gefordert, daß **jedem** Element aus dem Definitionsbereich genau ein Element im Bildbereich zugeordnet wird. Häufig wird diese Forderung deshalb verletzt, weil nicht überprüft wird, ob für einzelne Elemente aus dem Urbild die Funktionsvorschrift durchführbar ist.

Beispiel

Wir betrachten folgende Funktionsvorschrift f mit:

$$f(x) = \frac{x^2 - 2x - 3}{x^3 - 5x^2 - 4x + 20}$$

und interessieren uns für die Abbildungsvorschrift.

Diese Funktion hat für den Nennerbereich Nullstellen in den Punkten:

$$x_1 = 2,$$

$$x_2 = 5$$

und

$$x_3 = -2.$$

Somit muß die Abbildungsvorschrift korrekt lauten:

$$f: \mathbf{R} \setminus \{2, 5, -2\} \rightarrow \mathbf{R}.$$

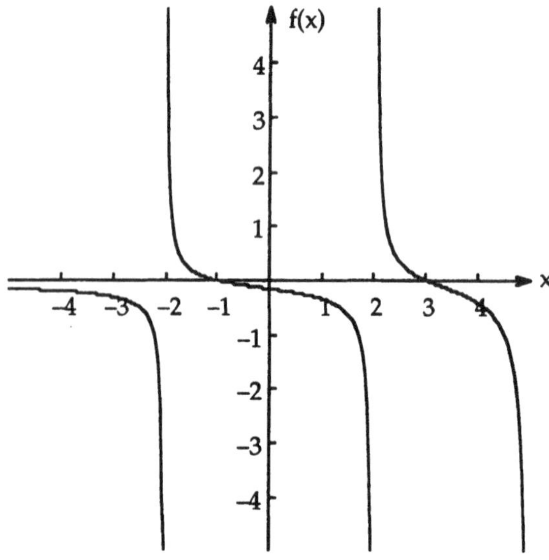

Die Tatsache, daß Funktionen häufig in Gleichungsform vermittelt werden, bedeutet nicht, daß jede Gleichung eine Funktion darstellt:

Beispiel

Seien X und Y Teilmengen der reellen Zahlen mit $x \in X$ und $y \in Y$.

1) Wir betrachten die Gleichung:

$$y^2 = 1 - x^2.$$

Dies ist **keine** Funktion von X nach Y:

Betrachten wir den Punkt $x = 0$, so erhalten wir -1 und +1 für y als Werte, die die Ausgangsgleichung erfüllen. Dies widerspricht aber unserer Definition einer Funktion, da jedem x nur **ein** y zugeordnet werden darf.

2) Wir untersuchen die Gleichung:

$$y^2 - x = 0$$

für den Punkt $x = 1$.

Wieder erfüllen zwei Punkte, nämlich

$$y_1 = +1$$

und

$$y_2 = -1$$

die Gleichung und wir haben gegen die Definition einer Abbildung verstoßen.

5.2 Verknüpfung von Funktionen

Wir erinnern uns an die Ertragsfunktion E(x) und die Kostenfunktion K(x) eines Betriebes. Um die Frage nach der Profitfunktion zu beantworten, bilden wir:

$$P(x) = E(x) - K(x).$$

Aus mathematischer Sicht haben wir aus zwei bereits bekannten Funktionen (in diesem Fall E(x) und K(x)) eine neue Funktion P(x) gebildet. Wir haben im Prinzip nichts Neues kennengelernt. Auch im Zusammenhang mit Mengen oder Aussagen haben wir aus Vorhandenem, wie etwa Aussagen oder Mengen, neue Gebilde, sprich neue Aussagen und neue Mengen, konstruiert.

Wir formalisieren dieses Vorgehen im kommenden Abschnitt für Funktionen.

Definition

Sei D eine Teilmenge der reellen Zahlen und seien f und g Funktionen mit:

$$f, g: D \to \mathbf{R}.$$

Wir definieren für jede reelle Zahl x aus D:

$f + g : D \to \mathbf{R}$

$$\text{mit } (f + g)(x) := f(x) + g(x),$$

$f - g : D \to \mathbf{R}$

$$\text{mit } (f - g)(x) := f(x) - g(x),$$

$f \cdot g : D \to \mathbf{R}$

$$\text{mit } (f \cdot g)(x) := f(x) \cdot g(x),$$

$f / g : D \to \mathbf{R}$

$$\text{mit } \left(\frac{f}{g}\right)(x) := \frac{f(x)}{g(x)} \text{ mit } g(x) \neq 0.$$

Beispiel

Seien die Funktionen f: **R** → **R** und g: $\mathbf{R}_+$ → **R** mit

$$f(x) = x^3 + 1$$

und

$$g(x) = \sqrt{x+1} \text{ gegeben.}$$

Als neue Funktionen erkennen wir:

$f + g : \mathbf{R}_+ \to \mathbf{R}$

$$\text{mit } (f+g)(x) := x^3 + 1 + \sqrt{x+1}\,,$$

$f - g : \mathbf{R}_+ \to \mathbf{R}$

$$\text{mit } (f-g)(x) := x^3 + 1 - \sqrt{x+1}\,,$$

$f \cdot g : \mathbf{R}_+ \to \mathbf{R}$

$$\text{mit } (f \cdot g)(x) := (x^3 + 1) \cdot (\sqrt{x+1}\,) = x^3\sqrt{x+1} + \sqrt{x+1}\,,$$

$f / g : \mathbf{R}_+ \to \mathbf{R}$

$$\text{mit } (f / g)(x) := (x^3 + 1) / (\sqrt{x+1}\,) = \frac{x^3+1}{\sqrt{x+1}}.$$

Bislang wurden zwei Funktionen durch algebraische Operationen wie Addition, Subtraktion, Multiplikation oder Division miteinander kombiniert. Die Definitionsbereiche oder die Bildbereiche der beiden Ausgangsfunktionen stimmten dabei überein. Als Ausgangspunkt einer weiteren Verknüpfung ist der Definitionsbereich der einen Funktion ganz im Wertebereich der zweiten Funktion enthalten:

Definition

Seien f und g Funktionen mit $f\colon A \to B$ und $g\colon f(B) \to C$.
Es sei

$$(g \circ f)(x) := g(f(x)).$$

$g \circ f$ ist eine Abbildung von $A \to C$, und $g \circ f$ heißt **zusammengesetzte Funktion** oder auch **Komposition**.

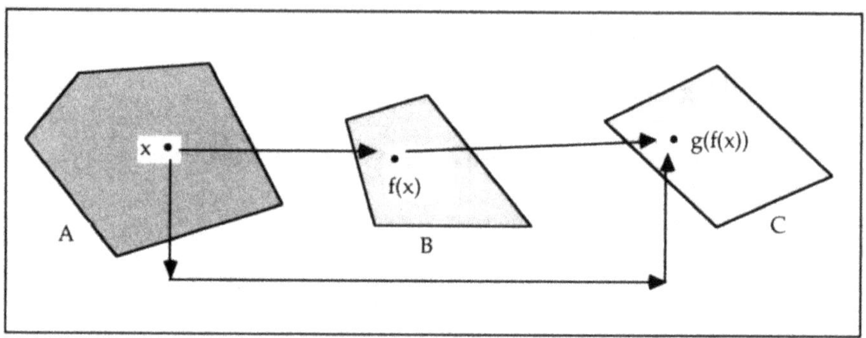

Beispiel

Wir betrachten die Funktionen

$$f\colon \{A, B, C\} \to \{1, 2\}$$

mit

$$f(A) = 1,\ f(B) = 1,\ f(C) = 2$$

und

$$g\colon \{1, 2\} \to \{D, E, F\}$$

mit

$$g(1) = D,\ g(2) = F.$$

Als Komposition ergibt sich:

$$g \circ f\colon \{A, B, C\} \to \{D, E, F\}$$

mit

$$(g \circ f)(A) = D,\ (g \circ f)(B) = D,\ (g \circ f)(C) = F.$$

5.3 Eigenschaften von Funktionen

In diesem Abschnitt betrachten wir eingehend den Definitionsbereich und den Bildbereich einer Funktion.

Definition

Sei f eine Funktion f: $A \to B$,

(1) f heißt **surjektiv** oder eine Abbildung von **A auf B**, falls gilt:

Für alle Elemente b aus B existiert ein a aus A mit:

$$f(a) = b.$$

(2) f heißt **injektiv** oder **eineindeutig**, falls gilt:

$$a \neq a' \Rightarrow f(a) \neq f(a').$$

Mit der angegebenen Eigenschaft gleichbedeutend ist:

$$f(a) = f(a') \Rightarrow a = a'.$$

(3) f heißt **bijektiv**, falls f injektiv und surjektiv ist.

Wir wollen auf die eben eingeführten und vielleicht abstrakt wirkenden Begriffe noch einmal näher eingehen:

Surjektivität:

Jeder Punkt in B wird durch die Funktion erreicht. Jeder Punkt in B wird auch als Bildpunkt angenommen.

Injektivität:

Verschiedene Punkte in A gehen auf verschiedene Punkte in B.

Am Beispiel der Normalparabel soll verdeutlicht werden, wie die Begriffe Injektivität und Surjektivität vom Definitionsbereich und Bildbereich abhängen:

Beispiel

Wir betrachten die Funktion:

$$f: A \to B,$$

mit

$$f(x) = x^2.$$

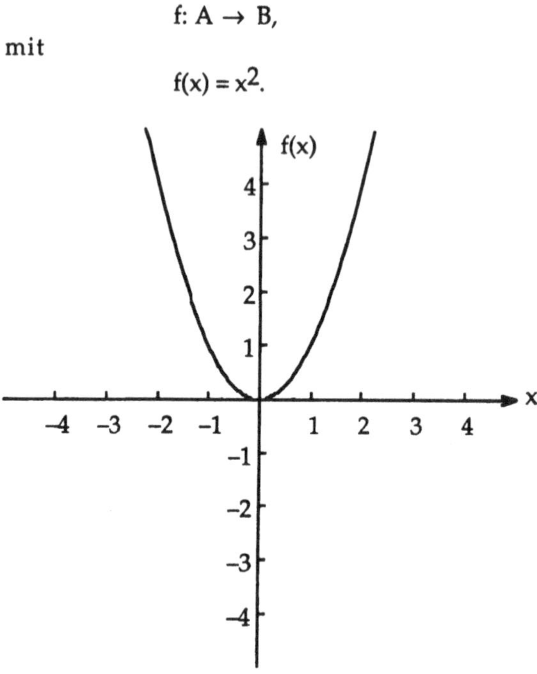

1) Sei $A = B = \mathbf{R}$; f ist weder injektiv noch surjektiv.

2) Sei $A = \mathbf{R}$ und $B = \mathbf{R}_+$. f ist surjektiv, aber nicht injektiv, man betrachte etwa die Punkte

$$x = 1 \text{ und } x' = -1,$$

die beide unter f auf 1 abgebildet werden.

3) Sei $A = \mathbf{R}_+$ und $B = \mathbf{R}$. f ist injektiv, aber nicht surjektiv, da wir für den Punkt -4 keinen Punkt x im Definitionsbereich finden mit:

$$f(x) = x^2 = -4.$$

4) Sei $A = B = \mathbf{R}_+$; f ist sowohl injektiv als auch surjektiv, somit also bijektiv.

Aus den Punkten 1.) bis 4.) wird deutlich, daß eine Funktion nicht allein durch die Funktionsvorschrift festgelegt wird. Entscheidend zur Beschreibung einer Funktion trägt auch die Angabe von Definitions- und Bildbereich bei.

Beispiel

Ist die Funktion f

$$f: \mathbf{R}_+ \to \mathbf{R},$$

mit

$$f(x) = x$$

injektiv, surjektiv und bijektiv?

Die Abbildung ist nicht surjektiv, da wir z. B. für y = -2 kein x finden mit:

$$f(x) = -2.$$

Die Abbildung ist injektiv, denn allgemein erhalten wir:

$$f(a) = f(b) \Leftrightarrow a = b.$$

Somit ist die Abbildung zwar injektiv, aber nicht surjektiv und somit auch nicht bijektiv.

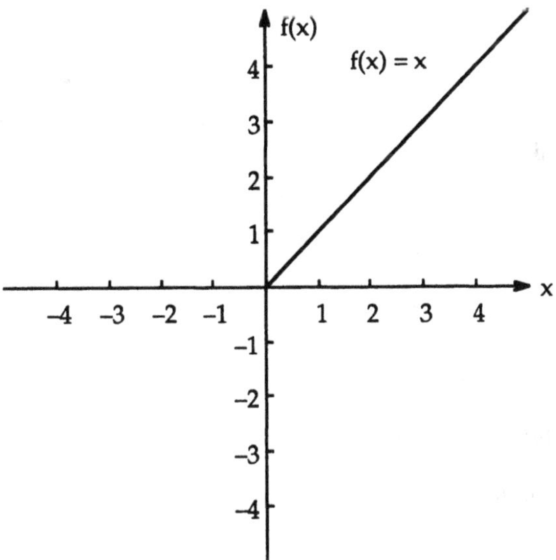

Bislang haben wir von einer Ausgangsgröße x auf den Funktionswert f(x) = y geschlossen. Vom Marketing-Etat konnten wir etwa auf die Umsatzzahlen schließen.

Eine Fragestellung könnte lauten: Gibt es einen funktionalen Zusammenhang zwischen Umsatzzahlen und Marketing-Etat? Es wäre von großer Hilfe, einen geschlossenen Ausdruck zu betrachten, bei dem y unsere Ausgangsgröße ist.

Definition

Es sei f eine bijektive Abbildung von X auf Y. Dann heißt die durch

$$f^{-1}(y) = x \Leftrightarrow y = f(x)$$

definierte Abbildung f^{-1} von Y auf X die **Umkehrabbildung**, bzw. **Umkehrfunktion** oder die **Inverse** von f.

Man beachte, daß wir in der obigen Definition f als bijektive Abbildung vorausgesetzt haben.

Beispiel

Wir betrachten die Funktion

$$f\colon \mathbf{R} \to \mathbf{R}$$

mit

$$f(x) = (x - 1)^3 + 5.$$

Zuerst zeigen wir, daß f eine bijektive Abbildung ist: Sei f(a) = f(b). Dies ist gleichbedeutend mit:

$$(a - 1)^3 + 5 = (b - 1)^3 + 5$$

$$\Rightarrow \quad (a - 1)^3 = (b - 1)^3$$

$$\Rightarrow \quad (a - 1) = (b - 1)$$

$$\Rightarrow \quad a = b,$$

und somit ist gezeigt, daß f injektiv ist.

Durch elementare Umformungen erhalten wir für beliebiges y aus Y:

$$y = (x - 1)^3 + 5$$

$$\Leftrightarrow \quad y - 5 = (x - 1)^3$$

$$\Leftrightarrow \quad \sqrt[3]{y-5} = x - 1$$

$$\Leftrightarrow \quad \sqrt[3]{y-5} + 1 = x,$$

also ist f auch surjektiv und wir erhalten als Umkehrfunktion:

$$f^{-1}(y) = 1 + \sqrt[3]{y-5} \;.$$

Beispiel

Wir betrachten ein weiteres Mal die Funktion

$$f: \mathbf{R} \to \mathbf{R}$$

mit

$$f(x) = x^2.$$

Dies ist eine Funktion **ohne** eine Umkehrfunktion. Von einem y kann nicht auf das eine x zurückgeschlossen werden, denn es gilt:

$$(-x)^2 = y$$

oder

$$(+x)^2 = y,$$

also hat f keine Umkehrfunktion.

Schränken wir allerdings den Definitionsbereich ein $0 \le x \le 2$, so erhalten wir für den Wertebereich $0 \le y \le 4$. Die Umkehrfunktion lautet dann:
$x = f^{-1}(y) = +\sqrt{y}$ mit Definitionsbereich $0 \le y \le 4$ und Wertebereich $0 \le x \le 2$.

Definition

Seien A und B Teilmengen der reellen Zahlen. Sei f eine Funktion f: $A \to B$. Die Funktion f heißt **streng monoton wachsend** bzw. **steigend** [bzw. **monoton wachsend** oder **monoton steigend**] genau dann, wenn für alle x', x'' aus A mit x' < x'' folgt :

$$f(x') < [\text{bzw.} \le] \; f(x'').$$

Die analoge Definition gilt, falls die Funktion **streng monoton fallend** bzw. **monoton fallend** sein soll.

Definition

Seien A und B Teilmengen der reellen Zahlen. Sei f eine Funktion $f: A \to B$.

Die Funktion f heißt **nach oben beschränkt** genau dann, wenn es eine reelle Zahl S gibt, so daß für alle x aus A gilt:

$$f(x) \le S.$$

Die Zahl S heißt **obere Schranke.**

Die Funktion f heißt **nach unten beschränkt** genau dann, wenn es eine reelle Zahl s gibt, so daß für alle x aus A gilt:

$$f(x) \ge s.$$

Die Zahl s heißt dann **untere Schranke.**

Die Funktion f heißt **beschränkt** genau dann, wenn sie nach unten **und** nach oben beschränkt ist, d.h. es existiert eine reelle Zahl r, so daß für alle x aus A gilt:

$$|f(x)| \le r.$$

Die Funktion f heißt **unbeschränkt**, wenn es keine untere oder keine obere Schranke gibt.

Am Ende dieses Abschnitts werden wir den Begriff der **Konvexität** bzw. den der **Konkavität** vorstellen. Dieser Begriff wird unter anderem im Zusammenhang mit Fragestellungen aus dem Bereich des Operations Research von Bedeutung sein.

Definition

Seien A und B Teilmengen der reellen Zahlen. Sei f eine Funktion $f: A \to B$.

Die Funktion f heißt **konvex** bzw. **konkav**, wenn

für alle $x', x'' \in A$ und $\lambda \in [0,1]$ gilt:

$$f(\lambda x' + (1 - \lambda)x'') \le \lambda\, f(x') + (1 - \lambda)\, f(x'') \qquad \text{(konvex)}$$

bzw.

$$f(\lambda x' + (1 - \lambda)x'') \ge \lambda\, f(x') + (1 - \lambda)\, f(x''). \qquad \text{(konkav)}$$

Beispiel

Die Funktion $f: \mathbf{R} \to \mathbf{R}_+$

mit $f(x) = e^x$ ist konvex:

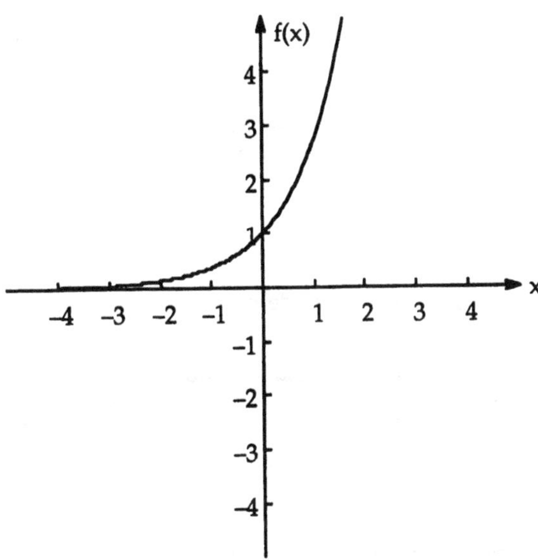

Der natürliche Logarithmus $f: \mathbf{R}_+ \to \mathbf{R}$

mit $f(x) = \ln x$ ist konkav:

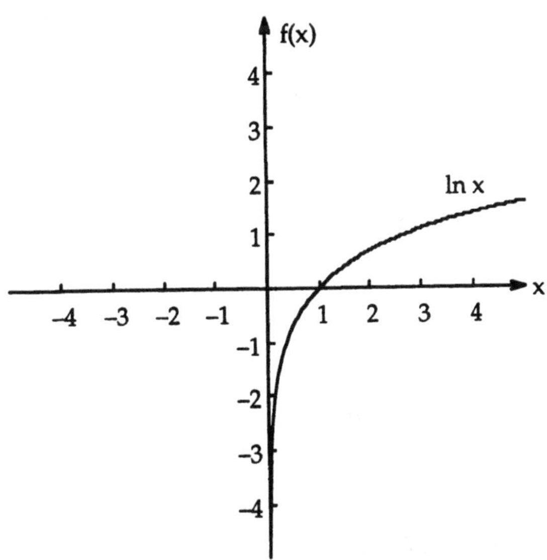

5.4 Übungen

Aufgabe 5.1

Eine Druckerei berechnet 12 Cent pro Seite, falls der Druckauftrag nicht 100 Seiten übersteigt. Die Seite kostet 10 Cent, falls mehr als 100 Seiten zum Druck gegeben werden. Die Funktion P(x) beschreibt den Preis beim Druck von x Seiten.
Bestimmen Sie P(80), P(150) und geben Sie die Funktionsvorschrift von P explizit an.

Aufgabe 5.2

Ein Transportunternehmen berechnet seine Preise nach den zurückgelegten Entfernungen in km:

Preis pro km in €	Entfernung in km
2,00	$0 < x \le 150$
1,50	$150 < x \le 400$
1,25	$400 < x$

Beschreiben Sie die Preise mit Hilfe einer Funktionsvorschrift und bestimmen Sie die Preise für eine Entfernung von 130, 210, 350 und 500 km.

Aufgabe 5.3

Betrachten Sie die Funktion

$$f: \{-2, -1, 0, 1, 2, 3, 4\} \to W$$

mit

$$f(x) = 3 - 2x.$$

Geben Sie den Wertebereich W der Funktion f explizit so an, daß die Funktion surjektiv ist.

Aufgabe 5.4

Betrachten Sie die Funktion

$$g: \mathbf{R} \to \mathbf{R}$$

mit

$$g(x) = 4x - x^2.$$

Seien a und h reelle Zahlen. Ermitteln Sie g(3), g(a) und g(a + h).

Aufgabe 5.5

Geben Sie den maximalen Definitionsbereich D und Wertebereich W der folgenden Funktionen f: D → W an.

a) $f(x) = x^2$

b) $f(x) = \sqrt{6-x}$

c) $f(x) = \sqrt{2x^2 + 5x - 12}$

d) $f(x) = \frac{1}{x+3}$

Aufgabe 5.6

Bilden Sie für folgende Funktionen f und g die Komposition f ∘ g und untersuchen Sie f ∘ g auf Injektivität, Surjektivität und Bijektivität:

a) $f: \mathbf{R} \to \mathbf{R}_+ \setminus \{0\}, \quad f(x) = e^x$

$g: \mathbf{R}_+ \to \mathbf{R}_+, \quad g(x) = 2 + x^2$

b) $f: \mathbf{R}_+ \to \mathbf{R}, \quad f(x) = 3\sqrt{x}$

$g: [-1, 1] \to [0, 1], \quad g(x) = 4 - x^2.$

Aufgabe 5.7

Prüfen Sie, welche der folgenden Funktionen injektiv, surjektiv und bijektiv sind.

Geben Sie ggf. die Umkehrfunktion an.

$f_1: \mathbf{R} \to \mathbf{R}, \quad f_1(x) = 3x^3 - 2,$

$f_2: \mathbf{R} \to \mathbf{R}, \quad f_2(x) = x^4,$

$f_3: \mathbf{R}_+ \to \mathbf{R}_+, \quad f_3(x) = 16x^4,$

$$f_4: \mathbf{N} \to \mathbf{Z}, \quad f_4(n) = \begin{cases} \frac{1}{2}n & \text{, falls n gerade} \\ -\frac{1}{2}(n-1) & \text{, falls n ungerade} \end{cases}.$$

Aufgabe 5.8

Gegeben sei die Funktion $f: [-2, 4] \to B$ ($B \subseteq \mathbf{R}$) mit

$$f(x) = \begin{cases} \dfrac{x^3}{2} & \text{, falls } -2 \leq x < 0 \\ (x-2)^2 & \text{, falls } 0 \leq x \leq 4 \end{cases}$$

a) Bestimmen Sie B so, daß f surjektiv wird, und skizzieren Sie den Graphen von f.

b) Geben Sie ein Intervall $A \subseteq [-2, 4]$ so an, daß die Funktion

$$g: A \to B \text{ mit } g(x) = f(x)$$

bijektiv ist.

c) Bilden Sie die Umkehrfunktion von g.

Aufgabe 5.9

Betrachten Sie die Funktion

$$f: \mathbf{R} \to \mathbf{R} \text{ mit } f(x) = x^2 + 4.$$

a) Berechnen Sie f(0), f(-1), f(1), f(2) und f(-3).

b) Für welche reellen Zahlen x gilt: $f(x) = f(-x)$?

c) Für welche reellen Zahlen x gilt: $f(x + 1) = f(x) + f(1)$?

Aufgabe 5.10

Sei A eine Teilmenge der reellen Zahlen und sei $f: A \to \mathbf{R}$ eine Funktion. f heißt **isoton (monoton wachsend)**, wenn für alle $x, x' \in A$ gilt:

$$x \leq x' \Rightarrow f(x) \leq f(x').$$

Ist die Funktion

$$f: \mathbf{R}_+ \to \mathbf{R} \text{ mit } f(x) = x^2 - x$$

isoton?

Aufgabe 5.11

Die Kosten K zur Produktion von x Einheiten eines Gutes A werden durch die Vorschrift

$$K(x) = 100 + 30x + x^2$$

beschrieben.

a) Berechnen Sie K(0), K(5) und K(10).

b) Berechnen Sie K(x + 1) - K(x) und erläutern Sie die Differenz.

Aufgabe 5.12

Eine Funktion f heißt **additiv**, falls für beliebige reelle Zahlen a und b gilt:

$$f(a + b) = f(a) + f(b).$$

Überprüfen Sie, ob für die folgenden Funktionsvorschriften f gilt:

$$f(2 + 1) = f(2) + f(1).$$

a) $f(x) = 2x^2$

b) $f(x) = 4x$

c) $f(x) = \sqrt{x}$

Aufgabe 5.13

Untersuchen Sie die folgenden Funktionen auf Injektivität, Surjektivität und Bijektivität:

$$f: \mathbf{R}\setminus\{-2\} \to \mathbf{R}, \quad f(x) = \frac{x}{x+2},$$

$$g: \mathbf{R} \to \mathbf{R}, \quad g(x) = x - 2,$$

$$h: \mathbf{R} \to \mathbf{R}, \quad h(x) = 3^x,$$

Aufgabe 5.14

Gegeben sei die Funktion $f: \mathbf{R} \to \mathbf{R}$ mit $f(x) := ax + b$.
Man bestimme die reellen Zahlen a und b so, daß gilt:

$$f(1) = 2 \text{ und } f(3) = 5.$$

6 Folgen und Reihen

"Wenn du eine weise Antwort verlangst, mußt du vernünftig fragen."
(Johann Wolfgang von Goethe)

Im Jahre 1985 wird ein Unternehmen zum Vertrieb von Scannern gegründet. Wir beobachten über einen Zeitraum von 9 Jahren die Verkaufszahlen der Produktion, wobei wir folgende Werte ermittelt haben:

Jahr	1985	1986	1987	1988	1989	1990	1991	1992	1993
Firmenjahr	1	2	3	4	5	6	7	8	9
Anz. Scanner	100	110	120	130	140	150	160	170	180

In der Tabelle haben wir jedem Firmenjahr eine Verkaufszahl zugeordnet. Sprechen wir von Zuordnung, so erinnern wir uns an die Definition des Begriffs *Funktion*. In diesem Fall bildet das Firmenjahr den Definitionsbereich und die Anzahl der Scanner den Wertebereich. Als Besonderheit für unsere Funktion a haben wir ausschließlich natürliche Zahlen als Elemente des Definitionsbereichs:

$$a: \{1, 2, 3, 4, 5, 6, 7, 8, 9\} \to \mathbf{R},$$

mit:

$$a(1) = 100, a(2) = 110, a(3) = 120,$$

$$a(4) = 130, a(5) = 140, a(6) = 150,$$

$$a(7) = 160, a(8) = 170, a(9) = 180.$$

In unserem Beispiel haben wir lediglich 9 Jahre betrachtet. Betrachten wir aber Prozesse, wo die Anzahl der Beobachtungen sehr groß wird, so kann jeder natürlichen Zahl ein Beobachtungswert zugeteilt werden.

Sollen wir die kumulierten Verkaufszahlen für den Zeitraum 1985 bis 1993 ermitteln, so müssen wir die Verkaufszahlen der einzelnen Jahre addieren. Dies ist in diesem Fall noch sehr leicht, da es sich nur um 9 Werte handelt. Hätten wir aber keine jährlichen, sondern tägliche Verkaufszahlen erhalten, so hätten wir die mühsame und zeitaufwendige Aufgabe, über 3.000 Werte zu addieren.

6.1 Grenzwerte von Folgen

Zahlenfolgen sind ein spezieller Typ von Funktionen, deren Besonderheit es ist, daß der Definitionsbereich mit der Menge der natürlichen Zahlen **N** übereinstimmt. In der Funktion wird das Bildungsgesetz der Folge ausgedrückt, deren Werte die Glieder der Folge sind.

Definition

Eine Funktion, die jeder natürlichen Zahl n aus **N** eine reelle Zahl a_n aus **R** zuordnet, heißt eine **Folge** und man schreibt: (a_n), wobei der Index n die Verbindung zu der Menge der natürlichen Zahlen herstellt.

Die reellen Zahlen $a_1, a_2, ..., a_n \in \mathbf{R}$ heißen die **Glieder der Folge** mit a_n als dem allgemeinen Glied.

Beispiel

Es gelte:

$$a_1 = -1, a_2 = +1, a_3 = -1, a_4 = +1, \ldots .$$

Dies bedeutet:

$$a_n = \begin{cases} -1 & \text{, falls n ungerade} \\ +1 & \text{, falls n gerade} \end{cases} ;$$

oder

$$a_n = (-1)^n .$$

Beispiel

Die Folgenglieder

$$a_1 = 1, a_2 = \frac{1}{2}, a_3 = \frac{1}{3}, a_4 = \frac{1}{4}, \ldots$$

kann man allgemein beschreiben:

$$a_n = \frac{1}{n} .$$

Häufig ist die Beschreibung einer Folge durch eine sogenannte **rekursive** Definition gegeben:

Beispiel

Als erstes Glied der Folge gilt $a_0 = 1$ und für $n \geq 1$ das Bildungsgesetz:

$$a_n = \frac{1}{2}\left(a_{n-1} + \frac{2}{a_{n-1}}\right).$$

Als erste Folgenglieder ermitteln wir: $a_1 = \frac{3}{2}$ und $a_2 = \frac{17}{12}$.

Beispiel

Eine sehr berühmte Folge ist die **Fibonacci-Folge**. Die Anfangswerte sind gegeben durch:

$$a_1 = a_2 = 1$$

und die zugehörige Vorschrift lautet:

$$a_n = a_{n-1} + a_{n-2} \quad \text{für } n \geq 3.$$

Es ergibt sich:

$$a_3 = 2, a_4 = 3, a_5 = 5, a_6 = 8.$$

Es ist häufig sinnvoll und notwendig, die Folge (a_n) von der Menge ihrer Glieder $\{a_n\}$ zu unterscheiden. Bei der Folge ist, im Gegensatz zur Menge, immer eine Ordnung impliziert; im Gegensatz zu einer Menge können sich bei einer Zahlenfolge die Elemente wiederholen.

Beispiel

Die Zahlenfolge $(a_n) = [0{,}25\,(n + (-1)^n \cdot n)]$ lautet für alle natürlichen Zahlen n:

$$0, 1, 0, 2, 0, 3, ...$$

die Menge der Glieder ist jedoch:

$$\{a_n\} = \{0, 1, 2, 3, ...\}.$$

Um das Verhalten von Folgen für immer größeres n zu beschreiben, werden uns die folgenden Definitionen von Nutzen sein:

Definition

Sei A eine Zahlenmenge aus **R**; es gebe ferner ein $m \in \mathbf{R}$, so daß für alle Elemente a aus A gilt:

(1) $|a| \le m$, dann heißt die Menge **beschränkt,**

(2) $m \le a$, dann heißt die Menge **von unten beschränkt,**

(3) $a \le m$, dann heißt die Menge **von oben beschränkt.**

Definition

Eine Folge (a_n) heißt

(1) **monoton abnehmend (fallend)**, falls

$$a_n \ge a_{n+1},$$

(2) **streng monoton abnehmend (fallend)**, falls

$$a_n > a_{n+1},$$

(3) **monoton wachsend (steigend)**, falls

$$a_n \le a_{n+1},$$

(4) **streng monoton wachsend (steigend)**, falls

$$a_n < a_{n+1},$$

für alle natürlichen Zahlen n gilt.

Beispiel

Die Folge (a_n) mit $a_n = \frac{1}{n}$ ist streng monoton fallend. Denn es gilt:

$$1 > \frac{1}{2} > \frac{1}{3} > \frac{1}{4} > \dots .$$

Definition

Eine Folge (a_n) heißt von **unten beschränkt**, falls es für alle natürlichen Zahlen n eine Zahl a^* gibt mit:

$$a_n \geq a^*,$$

und von **oben beschränkt**, falls es eine Zahl $a°$ gibt mit:

$$a_n \leq a°.$$

Wir nennen a^* eine **untere Schranke** und $a°$ eine **obere Schranke.**

Beispiel

Für die Folge (a_n) mit $a_n = \frac{1}{n}$ ist die Zahl 1 eine mögliche obere Schranke und die Zahl 0 eine untere Schranke. Selbstverständlich ist auch etwa die Zahl -5 eine untere Schranke und die Zahl +15 eine obere Schranke.

Um zu klären, wann man davon sprechen kann, daß in der Nähe eines Punktes "viele" Punkte liegen, definieren wir zunächst den **Umgebungsbegriff**:

Definition

Sei a eine reelle Zahl. Für beliebiges $\varepsilon > 0$ heißt

$$U_\varepsilon(a) := \{x \in \mathbf{R} \mid |x - a| < \varepsilon\}$$

die **ε-Umgebung** des Punktes a.

Definition

Ein Punkt a heißt **Häufungspunkt** einer unendlichen Zahlenfolge (a_n), wenn in jeder beliebig kleinen ε-Umgebung des Punktes a unendlich viele Glieder der Folge liegen.

Beispiel

Wir betrachten die Folge (a_n) mit $a_n = \frac{1}{n}$.

Als Häufungspunkt erhalten wir den Punkt 0.

Beispiel

Die Folge (a_n) sei definiert durch $a_n = (-1)^n$.
Für diese Folge erhalten wir die zwei Häufungspunkte + 1 und - 1.

Definition

Eine Zahl a heißt **Grenzwert** (oder **Limes**) einer Folge (a_n), wenn es zu jedem beliebig kleinen $\varepsilon > 0$ eine natürliche Zahl N existiert, so daß für allei $\geq$ N gilt:

$$|a_i - a| < \varepsilon.$$

Man schreibt:

$$\text{limes } a_n = a \text{ oder } a_n \to a \text{ für } n \to \infty \text{ oder } \lim_{n \to \infty} a_n = a.$$

Eine Folge, für die ein Grenzwert existiert, heißt **konvergent**, ansonsten heißt sie **divergent**.

Beispiel

1) Wir untersuchen die Folge (a_n) mit $a_n = \frac{1}{n}$ auf Konvergenz.

   Als Grenzwert dieser Folge erhalten wir die Zahl Null. Man bezeichnet Folgen, die gegen Null konvergieren, auch als **Nullfolgen**.

2) Für eine beliebige natürliche Zahl k sei die Folge (a_n) durch

$$a_n = \left(\frac{1}{n}\right)^k \text{ gegeben.}$$

   Hier erhalten wir als Grenzwert Null.

Rechenregeln für Folgen

Sei a der Grenzwert der Folge (a_n) und b der Grenzwert der Folge (b_n). Sei ferner c eine beliebige reelle Zahl. Dann ist:

der Grenzwert der Folge $(a_n \pm c)$: $a \pm c$,

der Grenzwert der Folge $(c \cdot a_n)$: $c \cdot a$,

der Grenzwert der Folge $(a_n \pm b_n)$: $a \pm b$,

der Grenzwert der Folge $(a_n \cdot b_n)$: $a \cdot b$,

der Grenzwert der Folge $\left(\frac{a_n}{b_n}\right)$: $\left(\frac{a}{b}\right)$ für $b \neq 0$.

Beispiel

Für die Folge (a_n) mit

$$a_n = \frac{n^3 - 6n^2}{2n^3 + 4n^2}$$

erhalten wir, indem wir einige elementare Umformungen vornehmen und die Rechenregeln für Folgen anwenden:

$$\begin{aligned} a_n &= \frac{n^3 - 6n^2}{2n^3 + 4n^2} \\ &= \frac{n^3\left(1 - 6 \cdot \frac{1}{n}\right)}{n^3\left(2 + 4 \cdot \frac{1}{n}\right)} \\ &= \frac{1 - 6 \cdot \frac{1}{n}}{2 + 4 \cdot \frac{1}{n}} \to \frac{1}{2} \quad \text{für } n \to \infty . \end{aligned}$$

Als nächstes lernen wir Kriterien kennen, um zu entscheiden, ob eine Folge konvergiert, divergiert oder einen oder mehrere Häufungspunkte besitzt.

Satz

Die Folge (a_n) ist konvergent genau dann, wenn die Folge beschränkt ist und genau einen Häufungspunkt besitzt.

Satz

Jede beschränkte Folge hat zumindest einen Häufungspunkt.

Die beiden eben betrachteten Sätze liefern üblicherweise den Nachweis über Konvergenz oder Divergenz einer Folge.

Beispiel

Wir betrachten die Folge (a_n) mit

$$a_n = (-1)^n.$$

Die Folge ist beschränkt, aber, da sie die zwei Häufungspunkte -1 und +1 besitzt, nicht konvergent.

Ein weiteres wichtiges Kriterium, um zu belegen, daß eine Folge konvergiert, ist die folgende Aussage:

Satz

Jede monotone, beschränkte Folge ist konvergent.

6.2 Grenzwerte von Reihen

Betrachten wir die einzelnen Folgenglieder nicht mehr isoliert, sondern addieren sie auf, so erhalten wir eine neue Folge: die Folge der Partialsummen.

Definition

Sei (a_i) eine Folge. Die Folge der n-ten Teilsummen

$$s_n = \sum_{k=1}^{n} a_k$$

heißt **Reihe**.

Definition

Sei (a_i) eine Folge.

Konvergiert die Folge der Teilsummen $s_n = \sum_{k=1}^{n} a_k$ gegen eine reelle Zahl a, so bezeichnet man a als den **Grenzwert der Reihe** und man schreibt

$$a = \sum_{k=1}^{\infty} a_k,$$

und die Reihe heißt **konvergent**. Existiert dieser Grenzwert nicht, so heißt die Reihe **divergent**.

Definition

Sei (a_i) eine Folge. Falls die Summe

$$s_n = \sum_{k=1}^{n} |a_k|$$

konvergent ist, heißt die Reihe **absolut konvergent**.

Rechenregeln

Es seien $\sum\limits_{k=1}^{\infty} a_k$ und $\sum\limits_{k=1}^{\infty} b_k$ konvergente Reihen.

Dann gilt:

$$\sum_{k=1}^{\infty} c \cdot a_k = c \cdot \sum_{k=1}^{\infty} a_k \quad \forall c \in \mathbf{R},$$

$$\sum_{k=1}^{\infty} \left(a_k + b_k\right) = \sum_{k=1}^{\infty} a_k + \sum_{k=1}^{\infty} b_k$$

Der folgende Satz liefert uns eine **notwendige** und **hinreichende** Bedingung für die Konvergenz einer Reihe:

Satz

Eine Reihe mit nichtnegativen Gliedern a_n, d.h. $a_n \geq 0$, konvergiert genau dann, wenn die Folge der Teilsummen s_n nach oben beschränkt ist.

Beispiel

Die **harmonische Reihe** $s_n = \sum\limits_{k=1}^{n} \frac{1}{k}$ ist divergent, denn wir können schreiben:

$$s_n = \frac{1}{1} + \frac{1}{2} + \frac{1}{3} + \frac{1}{4} + \frac{1}{5} + \frac{1}{6} + \frac{1}{7} + \frac{1}{8} + \ldots + \frac{1}{2^{k-1}+1} + \ldots + \frac{1}{2^k} \quad \text{für } n = 2^k$$

$$= \left(\frac{1}{1} + \frac{1}{2}\right) + \left(\frac{1}{3} + \frac{1}{4}\right) + \left(\frac{1}{5} + \frac{1}{6} + \frac{1}{7} + \frac{1}{8}\right) + \ldots + \left(\frac{1}{2^{k-1}+1} + \ldots + \frac{1}{2^k}\right),$$

dann gilt aber folgende Abschätzung, indem wir die Anzahl der Folgenglieder und das kleinste Element in den einzelnen Klammern betrachten:

$$s_n > \frac{3}{2} + 2 \cdot \left(\frac{1}{4}\right) + 4 \cdot \left(\frac{1}{8}\right) + \ldots + 2^{k-1} \cdot \left(\frac{1}{2^k}\right)$$

$$= \frac{3}{2} + \frac{1}{2} + \frac{1}{2} + \frac{1}{2} \dots + \frac{1}{2} \to \infty \qquad \text{für } n \to \infty .$$

Beispiel

Die Reihe $\sum_{k=1}^{n} \frac{1}{k^2}$ ist konvergent, denn hier können wir zeigen, daß sie beschränkt ist:

$$s_n = \frac{1}{1^2} + \frac{1}{2^2} + \frac{1}{3^2} + \frac{1}{4^2} + \dots + \frac{1}{n^2}$$

$$< \frac{1}{1^2} + \left(\frac{1}{1 \cdot 2} + \frac{1}{2 \cdot 3} + \frac{1}{3 \cdot 4} + \dots + \frac{1}{(n-1) \cdot n}\right)$$

$$= 1 + \left(1 - \frac{1}{n}\right)$$

$$< 2.$$

Damit wäre bewiesen, daß die Reihe konvergiert, da die Folge der Teilsummen etwa durch die Zahl 2 beschränkt ist. Allerdings bleibt noch zu zeigen, wie die letzte Gleichung zu erklären ist. Hier werden wir erkennen, wie nützlich die Beweistechnik der vollständigen Induktion ist.

Wir **zeigen** gewissermaßen als Erinnerung:

$$\sum_{i=1}^{n} \frac{1}{i \cdot (i+1)} = 1 - \frac{1}{n+1}$$

$n = 1$:

$$\sum_{i=1}^{1} \frac{1}{i \cdot (i+1)} = \frac{1}{2} = 1 - \frac{1}{2} = 1 - \frac{1}{1+1}$$

$n \to n+1$:

$$\sum_{i=1}^{n+1} \frac{1}{i \cdot (i+1)} = \sum_{i=1}^{n} \frac{1}{i \cdot (i+1)} + \frac{1}{(n+1) \cdot (n+2)}$$

$$= 1 - \frac{1}{n+1} + \frac{1}{(n+1) \cdot (n+2)}$$

$$= 1 - \frac{n+2}{(n+1)\cdot(n+2)} + \frac{1}{(n+1)\cdot(n+2)}$$

$$= 1 - \frac{n+1}{(n+1)\cdot(n+2)}$$

$$= 1 - \frac{1}{(n+2)}$$

Somit ist auch die letzte Gleichung gezeigt und der Nachweis der Konvergenz abgeschlossen.

Beispiel

Die Reihe $\sum\limits_{k=1}^{n} \frac{1}{k\cdot(k+1)}$ ist konvergent.

Wir erkennen aus der folgenden Gleichungskette, daß die Folge der Teilsummen beschränkt ist:

$$s_n = \frac{1}{1\cdot 2} + \frac{1}{2\cdot 3} + \frac{1}{3\cdot 4} + \ldots + \frac{1}{(n-1)\cdot n}$$

$$= (1 - \frac{1}{2}) + (\frac{1}{2} - \frac{1}{3}) + (\frac{1}{3} - \frac{1}{4}) + \ldots + (\frac{1}{n} - \frac{1}{n+1})$$

$$= 1 - \frac{1}{n+1}$$

$$< 1\,.$$

Um Reihen auf Konvergenz zu untersuchen, ist es sinnvoll, die zu untersuchenden Reihen mit bereits bekannten Reihen zu vergleichen. Speziell mit solchen Reihen, von denen man bereits weiß, ob sie konvergieren oder divergieren.

Satz

Sei $\sum_{k=1}^{\infty} a_k$ konvergent. Falls es eine natürliche Zahl N gibt, so daß

$$|b_k| \leq a_k \ \forall k \geq N,$$

so ist $\sum_{k=1}^{\infty} b_k$ absolut konvergent.

Umgekehrt gilt der folgende Satz:

Satz

Es seien $\sum_{k=1}^{\infty} a_k$ und $\sum_{k=1}^{\infty} b_k$ Reihen mit nichtnegativen Gliedern. Sei ferner $\sum_{k=1}^{\infty} a_k$ divergent. Gibt es eine natürliche Zahl N mit

$$b_k \geq a_k \ \forall k \geq N,$$

so divergiert $\sum_{k=1}^{\infty} b_k$.

Beispiel

Die Reihe $\sum_{k=1}^{n} \frac{k!}{k^k}$ ist konvergent. Für die Teilsummen

$$s_n = \frac{1}{1} + \frac{1 \cdot 2}{2 \cdot 2} + \frac{1 \cdot 2 \cdot 3}{3 \cdot 3 \cdot 3} + \frac{1 \cdot 2 \cdot 3 \cdot 4}{4 \cdot 4 \cdot 4 \cdot 4} + \ldots + \frac{1 \cdot 2 \cdot 3 \cdot 4 \cdot \ldots \cdot n}{n \cdot n \cdot n \cdot n \cdot \ldots \cdot n}$$

gilt:

$$\frac{k!}{k^k} = \frac{1 \cdot 2}{k^2} \cdot \frac{3 \cdot 4 \cdot 5 \cdot \ldots \cdot k}{k \cdot k \cdot k \cdot \ldots \cdot k} \leq \frac{1 \cdot 2}{k^2} \text{ für } k \geq 3.$$

Wir haben bereits gezeigt, daß die Reihe $\sum_{k=1}^{n} \frac{1}{k^2}$ konvergent ist.

Mit Hilfe der Rechenregeln für Reihen gilt dann, daß die Reihe

$$\sum_{k=1}^{n} \frac{2}{k^2}$$

konvergiert.

Also ist die konvergente Reihe $\sum\limits_{k=1}^{n} \frac{2}{k^2}$ eine obere Schranke für die Reihe

$\sum\limits_{k=1}^{n} \frac{k!}{k^k}$, womit gezeigt ist, daß auch diese Reihe konvergent ist.

Beispiel

Sei q eine reelle Zahl mit $q > 1$.

Dann ist die Reihe

$$\sum_{k=1}^{n} \frac{q^k}{\sqrt{k}}$$

divergent, denn eine Abschätzung durch die harmonische Reihe ergibt:

$$\frac{q^j}{\sqrt{j}} \geq \frac{1}{\sqrt{j}} \geq \frac{1}{j} \text{ für } q > 1.$$

Damit ist die divergierende harmonische Reihe eine untere Schranke.

Die bislang vorgestellten Überlegungen zur Untersuchung von Reihen auf Konvergenz sind in der Regel recht mühsam und trickreich. Dagegen lassen sich das **Quotientenkriterium** und das **Wurzelkriterium** in der Regel einfach anwenden. Gleichzeitig können wir unser Wissen über die Konvergenz von Folgen einbringen. Zunächst wird das Quotientenkriterium vorgestellt.

Satz (Quotientenkriterium)

Besitzt die Folge $\left|\frac{a_{n+1}}{a_n}\right|$ einen Grenzwert a, dann folgt:

(1) die Reihe $\sum\limits_{k=1}^{\infty} a_k$ ist konvergent, falls $a < 1$ gilt,

(2) die Reihe $\sum\limits_{k=1}^{\infty} a_k$ ist divergent, falls $a > 1$ gilt.

Für $a = 1$ ist keine Entscheidung möglich.

Satz (Wurzelkriterium)

Besitzt die Folge $\left(\sqrt[n]{|a_n|}\right)$ einen Grenzwert a, so gilt:

(1) die Reihe $\sum_{k=1}^{\infty} a_k$ ist konvergent für $a < 1$,

(2) die Reihe $\sum_{k=1}^{\infty} a_k$ ist divergent für $a > 1$.

Für a = 1 ist keine Entscheidung möglich.

Die folgenden Beispiele sollen die unterschiedlichen Entscheidungskriterien verdeutlichen:

Beispiel

Die Reihe

$$\sum_{k=1}^{n} \frac{k}{2^k}$$

ist nach dem Quotientenkriterium konvergent, denn:

$$\left|\frac{a_{n+1}}{a_n}\right| = \frac{\frac{n+1}{2^{n+1}}}{\frac{n}{2^n}} = \frac{n+1}{2^{n+1}} \cdot \frac{2^n}{n} = \frac{1}{2} \cdot \frac{n+1}{n} \rightarrow \frac{1}{2} \text{ für } n \rightarrow \infty .$$

Beispiel

Die Reihe

$$\sum_{k=1}^{n} \left(\frac{3}{k}\right)^k$$

ist nach dem Wurzelkriterium konvergent, da:

$$\sqrt[n]{|a_n|} = \sqrt[n]{\left|\left(\frac{3}{n}\right)^n\right|} = \frac{3}{n} \rightarrow 0 \text{ für } n \rightarrow \infty .$$

Beispiel

Für die Reihe

$$\sum_{k=1}^{n} \frac{1}{k}$$

ist mit dem Quotientenkriterium keine Entscheidung möglich, da wir für den Quotienten erhalten:

$$\left|\frac{a_{n+1}}{a_n}\right| = \frac{\frac{1}{n+1}}{\frac{1}{n}} = \frac{n}{n+1} \to 1 \text{ für } n \to \infty .$$

Beispiel

Sei c eine beliebige reelle Zahl. Die Reihe

$$\sum_{k=1}^{n} \left(\frac{c}{k}\right)^k$$

ist nach dem Wurzelkriterium für alle reellen Zahlen c konvergent, denn:

$$\sqrt[n]{|a_n|} = \sqrt[n]{\left|\left(\frac{c}{n}\right)^n\right|} = \frac{c}{n} \to 0 \text{ für } n \to \infty .$$

Beispiel

Sei q eine beliebige reelle Zahl. Die Reihe

$$\sum_{k=1}^{n} \frac{q^k}{k!}$$

ist konvergent.

Für den Sonderfall q = 1 erhalten wir die Eulersche Zahl e = 2,71828.. .

Der **Nachweis** der **Konvergenz** folgt mit Hilfe des Quotientenkriteriums:

$$\left|\frac{a_{n+1}}{a_n}\right| = \left|\frac{\frac{q^{n+1}}{(n+1)!}}{\frac{q^n}{n!}}\right| = \left|\frac{q^{n+1}}{(n+1)!} \cdot \frac{n!}{q^n}\right|$$

$$= |q| \cdot \frac{n!}{(n+1)!} = \frac{|q|}{(n+1)} \to 0 \text{ für } n \to \infty .$$

6.3 Finanzmathematik

Spätestens zu diesem Zeitpunkt ist beim Leser einmal die Frage nach dem Sinn und praktischen Hintergrund der bislang betriebenen Theorie aufgetaucht. In diesem Abschnitt wird eine Aussage aus dem Bereich der Finanzmathematik formal hergeleitet, wobei wir auf unsere bislang gewonnenen Erkenntnisse zurückgreifen. In einer Vorüberlegung zeigen wir die folgende Aussage:

Satz

Für jede reelle Zahl $a \neq 1$ gilt:

$$\sum_{k=0}^{n} a^k = \frac{1-a^{n+1}}{1-a} .$$

Beweis

Wir beweisen die Aussage durch vollständige Induktion:

$n = 0$:

$$\sum_{k=0}^{0} a^k = 1 = \frac{1-a}{1-a} = \frac{1-a^{0+1}}{1-a}$$

$n \to n+1$:

$$\begin{aligned}\sum_{k=0}^{n+1} a^k &= \sum_{k=0}^{n} a^k + a^{n+1} \\ &= \frac{1-a^{n+1}}{1-a} + a^{n+1} \\ &= \frac{1-a^{n+1}}{1-a} + \frac{a^{n+1}-a^{n+2}}{1-a} \\ &= \frac{1-a^{n+2}}{1-a} .\end{aligned}$$

Wir sind jetzt in der Lage, die folgende wichtige Aussage für **geometrische Reihen** zu zeigen:

Satz

Für jede reelle Zahl $a \neq 1$ gilt:

$$\sum_{k=0}^{\infty} a^k = \frac{1}{1-a} < \infty \Leftrightarrow |a| < 1.$$

Beweis

Zum Nachweis der Aussage benutzen wir den soeben bewiesenen Satz:

$$\sum_{k=0}^{n} a^k = \frac{1-a^{n+1}}{1-a}. \qquad (*)$$

Offensichtlich sind für eine beliebige reelle Zahl a drei Fälle zu unterscheiden:

1. Fall: $|a| < 1$

In diesem Fall wird der Term a^{n+1} beliebig klein für $n \to \infty$ und ist daher zu vernachlässigen. Somit erhalten wir aus (*) die gewünschte Abschätzung

$$\sum_{k=0}^{\infty} a^k = \frac{1}{1-a}$$

2. Fall: $|a| > 1$

Gilt $|a| > 1$, so wächst für $n \to \infty$ der Ausdruck a^{n+1} über alle Grenzen und somit auch der Term $\frac{1-a^{n+1}}{1-a}$.

Mit der Darstellung (*) erkennen wir, daß die Reihe divergiert.

3. Fall: $|a| = 1$

Hier sind zwei weitere Fälle zu unterscheiden: a = 1 bzw. a = -1.

Beginnen wir mit a = 1, so ergibt sich:

$$\sum_{k=0}^{\infty} a^k = \sum_{k=0}^{\infty} 1^k = 1 + 1 + 1 + \ldots .$$

Diese Reihe überschreitet jede denkbare Schranke und ist somit divergent.

Für a = -1 erhalten wir:

$$\sum_{k=0}^{\infty} a^k = \sum_{k=0}^{\infty} (-1)^k = 1 - 1 + 1 - 1 + 1 \ldots .$$

Diese Reihe springt offensichtlich ständig zwischen den Werten 1 und 0 hin und her und ist somit auch divergent.

Beispiel

Wir bestimmen die Summe

$$1 + \frac{1}{3} + \frac{1}{9} + \frac{1}{27} + \ldots .$$

Der obige Ausdruck kann allgemein so geschrieben werden:

$$\sum_{k=0}^{\infty} \left(\frac{1}{3}\right)^k .$$

Dies ist eine geometrische Reihe mit $a = \frac{1}{3}$. Damit ergibt sich als Grenzwert:

$$\frac{1}{1 - \frac{1}{3}} = \frac{1}{\frac{2}{3}} = \frac{3}{2} .$$

Um das nächste Beispiel besser verstehen zu können, benötigen wir die folgende Gleichung:

Satz

$$\sum_{k=1}^{n} a^{k-1} = \frac{1 - a^n}{1 - a}$$

Beweis

Es gilt die Gleichung

$$\sum_{k=0}^{n} a^k = \frac{1-a^{n+1}}{1-a}$$

und somit auch

$$\sum_{k=1}^{n} a^k = \frac{1-a^{n+1}}{1-a} - 1$$

Unsere Aussage erhalten wir über folgende Umformungen:

$$\sum_{k=1}^{n} a^k = \frac{1-a^{n+1}}{1-a} - 1$$

$$\Leftrightarrow a + a^2 + a^3 + \ldots + a^n = \frac{1-a^{n+1}}{1-a} - 1$$

$$\Leftrightarrow 1 + a + a^2 + a^3 + \ldots + a^{n-1} + a^n = \frac{1-a^{n+1}}{1-a}$$

$$\Leftrightarrow 1 + a + a^2 + a^3 + \ldots + a^{n-1} = \frac{1-a^{n+1}}{1-a} - a^n$$

$$\Leftrightarrow 1 + a + a^2 + a^3 + \ldots + a^{n-1} = \frac{1-a^{n+1}}{1-a} - \frac{a^n - a^{n+1}}{1-a}$$

$$\Leftrightarrow 1 + a + a^2 + \ldots + a^{n-1} = \frac{1-a^n}{1-a}$$

$$\Leftrightarrow \sum_{k=1}^{n} a^{k-1} = \frac{1-a^n}{1-a}\ .$$

Selbstverständlich hätten wir die obige Gleichung auch mit Hilfe der vollständigen Induktion zeigen können:

Beweis

Wir beweisen die Aussage durch vollständige Induktion:

$n = 1$:

$$\sum_{k=1}^{1} a^{k-1} = a^0 = 1 = \frac{1-a}{1-a} = \frac{1-a^1}{1-a}$$

$n \to n+1$:

$$\sum_{k=1}^{n+1} a^{k-1} = \sum_{k=1}^{n} a^{k-1} + a^n$$

$$= \frac{1-a^n}{1-a} + a^n$$

$$= \frac{1-a^n}{1-a} + \frac{a^n - a^{n+1}}{1-a}$$

$$= \frac{1-a^{n+1}}{1-a} \,.$$

Zinsrechnung

Sei K ein Anfangskapital, p ein Zinssatz, A eine konstante Auszahlung am Ende jeder Anlageperiode i, K_i das Kapital am Ende der Periode i nach der Auszahlung von A. Dann ergibt sich für die einzelnen Perioden i folgendes Kapital K_i:

$i = 1$:

$$K_1 = K + K \cdot p - A = K \cdot (1+p) - A$$

$i = 2$:

$$K_2 = K_1 + K_1 \cdot p - A$$

$$= K \cdot (1+p) - A + [K \cdot (1+p) - A] \cdot p - A$$

$$= K \cdot (1+p) - A + K \cdot (1+p) \cdot p - A \cdot p - A$$

$$= K \cdot (1+p)^2 - A \cdot (1+p) - A$$

$i = n$:

Betrachten wir die Darstellung für das Kapital in Periode 1 und in Periode 2 genauer, so vermuten wir folgendes Bildungsgesetz für die Periode n:

$$K_n = K_{n-1} + K_{n-1} \cdot p - A$$

$$= K \cdot (1+p)^n - A \cdot (1+p)^{n-1} - A \cdot (1+p)^{n-2} - \ldots - A.$$

Dies können wir auch kürzer schreiben in der Form:

$$K_n = K \cdot (1+p)^n - \sum_{k=1}^{n} A \cdot (1+p)^{k-1}$$

oder auch:

$$K_n = K \cdot (1+p)^n - A \cdot \sum_{k=1}^{n} (1+p)^{k-1}$$

Mit $a = (1 + p)$ und der soeben bewiesenen Gleichung:

$$\sum_{k=1}^{n} a^{k-1} = \frac{1-a^n}{1-a}$$

folgt dann für unsere Gleichung:

$$K_n = K \cdot (1+p)^n - A \cdot \left[\frac{1-(1+p)^n}{1-(1+p)}\right]$$

$$= K \cdot (1+p)^n - A \cdot \left[\frac{1-(1+p)^n}{-p}\right]$$

$$= K \cdot (1+p)^n - A \cdot \left[\frac{-1+(1+p)^n}{p}\right]$$

$$= K \cdot (1+p)^n - A \cdot \left[\frac{(1+p)^n - 1}{p}\right]$$

Man bezeichnet $(1 + p)$ als Zinsfaktor oder Aufzinsungsfaktor. Am Ende dieses Abschnitts sind in einer Tabelle die Werte für ausgewählte Prozentsätze und Laufzeiten berechnet.

Beispiel

Als Beispiel betrachten wir die folgenden Werte:

K = 100.000 €; p = 0,08 (8% Zinsen p.a.), n = 30 Jahre;

sei $K_n = 0$ (am Ende soll nichts übrigbleiben), dann ist A bestimmt durch:

$$K \cdot (1+p)^n = \frac{A \cdot [(1+p)^n - 1]}{p},$$

d.h. :

$$A = p \cdot \frac{K \cdot (1+p)^n}{[(1+p)^n - 1]}$$

$$= 0{,}08 \cdot \frac{100.000 \cdot (1+0{,}08)^{30}}{[(1+0{,}08)^{30} - 1]}$$

$$= \frac{8.000 \cdot (1{,}08)^{30}}{(1{,}08)^{30} - 1}$$

$$= \frac{8.000 \cdot 10{,}06}{10{,}06 - 1}$$

$$= \frac{80.480}{9{,}06}$$

$$= 8.883 \text{ €}$$

Aufzinsungsfaktoren

n\p	3,5%	4,0%	4,5%	5,0%	5,5%	6,0%	7,0%
1	1,03500	1,0400	1,04500	1,0500	1,0550	1,0600	1,07000
2	1,07125	1,0816	1,09203	1,1025	1,11303	1,1236	1,14490
3	1,10872	1,12486	1,14117	1,15763	1,17424	1,19102	1,22504
4	1,14752	1,16986	1,19252	1,21551	1,23882	1,26248	1,31080
5	1,18769	1,21665	1,24618	1,27628	1,30696	1,33823	1,40255
6	1,22926	1,26532	1,30226	1,34010	1,37884	1,41852	1,50073
7	1,27228	1,31593	1,36086	1,40710	1,45468	1,50363	1,60578
8	1,31681	1,36857	1,42210	1,47746	1,53469	1,59385	1,71819
9	1,36290	1,42331	1,48610	1,55133	1,61909	1,68948	1,83846
10	1,41060	1,48024	1,55297	1,62889	1,70814	1,79085	1,96715
11	1,45997	1,53945	1,62285	1,71034	1,80209	1,89830	2,10485
12	1,51107	1,60103	1,69588	1,79586	1,90121	2,01220	2,25219
13	1,56396	1,66507	1,77220	1,88565	2,00577	2,13293	2,40985
14	1,61869	1,73168	1,85194	1,97993	2,11609	2,26090	2,57853
15	1,67535	1,80094	1,93528	2,07893	2,23248	2,39656	2,75903
16	1,73399	1,87298	2,02237	2,18287	2,35526	2,54035	2,95216
17	1,79468	1,94790	2,11338	2,29202	2,48480	2,69277	3,15882
18	1,85749	2,02582	2,20848	2,40662	2,62147	2,85434	3,37993
19	1,92250	2,10685	2,30786	2,52695	2,76565	3,02560	3,61653
20	1,98979	2,19112	2,41171	2,65330	2,91776	3,20714	3,86968
21	2,05943	2,27877	2,52024	2,78596	3,07823	3,39956	4,14056
22	2,13151	2,36992	2,63365	2,92526	3,24754	3,60354	4,43040
23	2,20611	2,46472	2,75217	3,07152	3,42615	3,81975	4,74053
24	2,28333	2,56633	2,87601	3,22510	3,61459	4,04893	5,07237
25	2,36324	2,66584	3,00543	3,38635	3,81339	4,29187	5,42743
26	2,44596	2,77247	3,14068	3,55567	4,02313	4,54938	5,80735
27	2,53157	2,88337	3,28201	3,73346	4,24440	4,82235	6,21387
28	2,62017	2,99870	3,42970	3,92013	4,47784	5,11169	6,64884
29	2,71188	3,11865	3,58404	4,11614	4,72412	5,41839	7,11426

Tilgungsrechnung

Bei der Aufnahme eines Kredits muß der Kreditnehmer berücksichtigen, daß der Kredit innerhalb eines bestimmten Zeitraumes einschließlich der Gebühren und der Zinsen zurückzuzahlen ist. Dieser zurückzuzahlende Betrag setzt sich aus zwei Teilen zusammen:

- der Tilgung (T), das ist der Betrag, der zur Verminderung der Schuldsumme dient,
- den Zinsen (Z).

Aus den zwei Größen Tilgung und Zinsen ergibt sich die Annuität (A):

$$A = T + Z.$$

Gehen wir von einer Tilgung in mehreren Beträgen aus, so kann man zwei Tilgungsarten unterscheiden:

Die Tilgungsrate ist konstant (gleiche Tilgungsquote)

Beispiel

Zum Erwerb eines Hauses benötigt eine Person ein Darlehen in Höhe von 100.000 €. Er bekommt dieses Darlehen zu 6% Zinsen, wobei es in fünf gleich großen Raten in fünf Jahren zurückzuzahlen ist.

Wie sieht der Tilgungsplan aus?

Die Tilgungsquote ergibt sich als Quotient aus Darlehenssumme und der Anzahl der Tilgungsquoten:

$$\text{Tilgungsquote} = \frac{\text{Darlehenssumme}}{\text{Anzahl der Tilgungsraten}}$$

Für unser Beispiel bedeutet dies:

$$\text{Tilgungsquote} = \frac{100.000}{5} = 20.000\ €$$

Als Zinsen erhalten wir, abhängig von dem jeweiligen Jahr:

1. Jahr: $\frac{100.000 \cdot 6}{100} = 6.000,\text{- €}$

2. Jahr: $\frac{80.000 \cdot 6}{100} = 4.800,\text{- €}$

3. Jahr: $\frac{60.000 \cdot 6}{100} = 3.600,\text{- €}$

4. Jahr: $\frac{40.000 \cdot 6}{100} = 2.400,\text{- €}$

5. Jahr: $\frac{20.000 \cdot 6}{100} = 1.200,\text{- €}$

Dies ergibt folgenden Tilgungsplan:

Jahre	Zinsen	Tilgung	Annuität	Restschuld
1	6.000	20.000	26.000	80.000
2	4.800	20.000	24.800	60.000
3	3.600	20.000	23.600	40.000
4	2.400	20.000	22.400	20.000
5	1.200	20.000	21.200	0

Betrachten wir den Tilgungsplan genauer, so erkennen wir, daß, wie vorgegeben und gewünscht, die Tilgungsrate konstant ist (20.000,- €), daß aber die Annuitäten eine fallende Folge darstellen. Dies impliziert, daß der Darlehensnehmer ungleiche Zahlungen zu tätigen hat, die ihn in den ersten Jahren ungleich stärker als in den nachfolgenden Jahren belasten.

Häufig entscheidet man sich deshalb in der Praxis für gleiche Annuitäten.

Gleiche Annuitäten

Die gleichgroße jährliche Annuität A berechnet sich aus der Gleichung

$$A = K_0 \cdot V_n^p,$$

wobei V_n^p für den Annuitätenfaktor steht und K_0 die ursprünglich aufgenommene Darlehenssumme (Schuldsumme) beziffert.

Der Annuitätenfaktor V_n^p ergibt sich aus der Gleichung

$$V_n^p = p^n \cdot \frac{p-1}{p^n - 1},$$

wobei n für die Anzahl der Jahre steht und p den Zinssatz des Darlehens beziffert.

$$A = 100.000 \cdot 1{,}06^5 \cdot \frac{1{,}06 - 1}{1{,}06^5 - 1}$$

$$= 100.000 \cdot 1{,}338 \cdot \frac{0{,}06}{1{,}338 - 1}$$

$$= 100.000 \cdot 1{,}338 \cdot 0{,}1775$$

$$= 23.739{,}64 \text{ €}$$

Für diesen Fall hat der Tilgungsplan folgendes Aussehen:

Jahre	Zinsen	Tilgung	Annuität	Restschuld
1	6.000,00	17.739,64	23.739,64	82.260,36
2	4.935,62	18.804,02	23.739,64	63.456,34
3	3.807,38	19.932,26	23.739,64	43.524,08
4	2.611,44	21.128,20	23.739,64	22.395,88
5	1.343,75	22.395,89	23.739,64	0,00
Σ		100.000		

6.4 Übungen

Aufgabe 6.1

Überprüfen Sie die Folgen auf Konvergenz und geben Sie, falls vorhanden, den Grenzwert an :

a) $(a_n) = \frac{n^2 + n + 1}{3n^2 + 1}$

b) $(a_n) = \frac{1}{n^n}$

Aufgabe 6.2

Bestimmen Sie, soweit vorhanden, die Grenzwerte der Folgen (a_n), $n \in \mathbf{N}$:

(1) $(a_n) = \frac{(n+3)^2}{5n}$

(2) $(a_n) = \frac{(n+3)^2}{5n^2}$

(3) $(a_n) = \frac{(n+3)^2}{5n^3}$

(4) $(a_n) = \frac{n^2 + 4}{n + 100}$

(5) $(a_n) = \frac{n + 100}{n^2 + 4}$

Aufgabe 6.3

Berechnen Sie

a) $\sum_{i=1}^{5} (2i + 8)$

b) $$\sum_{i=1}^{4} (-8i+6)$$

c) $$\sum_{i=1}^{4} 3(2^i)$$

d) $$\sum_{i=1}^{4} \frac{4}{3} \cdot (3^i)$$

Aufgabe 6.4

Untersuchen Sie die folgenden Reihen auf Konvergenz:

a) $$\sum_{k=0}^{n} \frac{1}{4^k}$$

b) $$\sum_{k=0}^{n} \frac{7^k}{5^k}$$

c) $$\sum_{k=1}^{n} \frac{k}{5^k}$$

d) $$\sum_{k=1}^{n} \frac{k+2}{k!}$$

e) $$\sum_{k=1}^{n} \frac{k!}{k \cdot e^k}$$

7 Stetigkeit

"Lernen ist wie Rudern gegen den Strom. Sobald man aufhört, treibt man zurück."

(Benjamin Britten)

Das Wort *stetig (kontinuierlich)* ist ein fester Bestandteil unserer Sprache, um zum Ausdruck zu bringen, daß Veränderungen nicht plötzlich und explosionsartig, sondern langsam und in kleinen Abstufungen geschehen:

Geringe Veränderungen bei der Inputmenge eines Produktionsprozesses führen zu geringen Veränderungen im Outputbereich.

Bei der mathematischen Formulierung des Begriffes Stetigkeit spielt die Grenzwertbildung eine entscheidende Rolle. Ebenfalls wäre die Differential- und Integralrechnung ohne dieses grundlegende Konzept nicht denkbar.

7.1 Grenzwerte von Funktionen

Bei der Betrachtung von Funktionen könnten wir auf folgende Situation treffen: Wir interessieren uns für die Funktionswerte f(x), falls wir x immer größer oder immer kleiner werden lassen. Ebenso kann es möglich sein, daß eine Funktion in einem bestimmten Punkt nicht definiert ist, wir uns aber dafür interessieren, wie die Funktion in der "Nähe" dieses Punktes aussieht.

Beispiel

Wir betrachten die Funktion $f\colon \mathbf{R}\setminus\{0\} \to \mathbf{R}$ mit

$$f(x) = \frac{-2x+4}{x} .$$

Dann erhalten wir folgende Wertetabelle und erkennen, daß sich bei wachsendem x der Funktionswert immer stärker -2 nähert:

x	1	2	10	100	1000
f(x)	2	0	-1,6	-1,96	-1,996

Der im Beispiel betrachtete Zusammenhang wird allgemein durch folgende Definition beschrieben:

Definition

Seien A und B Teilmengen der reellen Zahlen. Sei f eine Funktion f: $A \to B$. Eine reelle Zahl L heißt **Grenzwert (Limes) der Funktion f für x gegen positiv unendlich**, wenn es zu jedem $\varepsilon > 0$ ein x_0 gibt, so daß für alle $x > x_0$ gilt:

$$|f(x) - L| < \varepsilon.$$

Wir schreiben:

$$\lim f(x) = L \text{ für } x \to \infty$$

oder

$$\lim_{x \to \infty} f(x) = L.$$

Im einführenden Beispiel wurde der betrachtete x-Wert immer größer. Für die gleiche Funktion f untersuchen wir das Verhalten für immer kleiner werdende Werte im Definitionsbereich.

Beispiel

Wir greifen ein zweites Mal auf die Funktion

$$f: \mathbf{R} \setminus \{0\} \to \mathbf{R}$$

mit

$$f(x) = \frac{-2x + 4}{x}$$

zurück.

Dann erhalten wir, indem x immer kleiner wird, folgende Wertetabelle:

x	-1	-2	-10	-100	-1000
f(x)	-6	-4	-2,4	-2,04	-2,004

Offensichtlich nähert sich die Funktion wieder dem Wert -2.

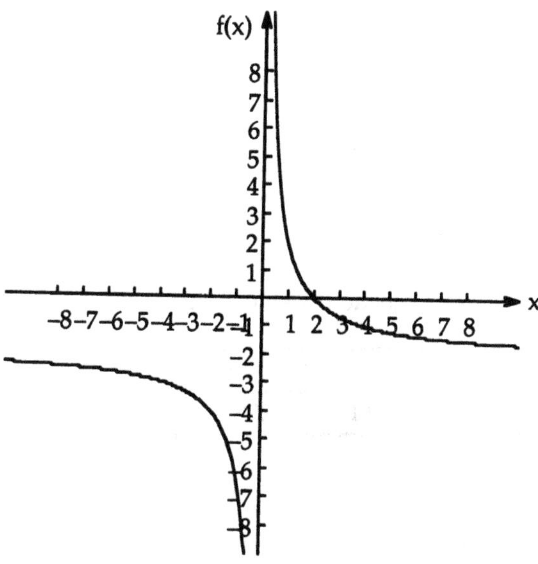

Definition

Seien A und B Teilmengen der reellen Zahlen. Sei f eine Funktion f: A → B.

Eine reelle Zahl L heißt **Grenzwert (Limes) der Funktion f für x gegen negativ unendlich**, wenn es zu jedem $\varepsilon > 0$ ein x_0 gibt, so daß für alle $x < x_0$ gilt:

$$|f(x) - L| < \varepsilon.$$

Wir schreiben:

$$\lim f(x) = L \text{ für } x \to -\infty$$

oder

$$\lim_{x \to -\infty} f(x) = L.$$

Beispiel

Für die Funktion

$$f: \mathbf{R} \to \mathbf{R}$$

mit

$$f(x) = x^2$$

erhalten wir folgende Wertetabelle für eine Annäherung an 2 von links:

x	1,9	1,99	1,999
f(x)	3,61	3,9601	3,996001

Für eine Annäherung von rechts ergibt sich:

x	2,1	2,01	2,001
f(x)	4,41	4,0401	4,004001

Man kann sagen: f(x) unterscheidet sich unwesentlich von 4, wenn x sich 2 genügend nähert.

Definition

Seien A und B Teilmengen der reellen Zahlen. Sei f eine Funktion f: A → B.

Eine reelle Zahl L heißt **Grenzwert (Limes) der Funktion f bei Annäherung an a**, wenn es zu jedem $\varepsilon > 0$ ein $\delta > 0$ gibt, so daß für alle $|x - a| < \delta$ gilt:

$$|f(x) - L| < \varepsilon.$$

Wir schreiben:

$$\lim f(x) = L \text{ für } x \to a$$

oder

$$\lim_{x \to a} f(x) = L.$$

7.2 Stetige Funktionen

Um den Begriff der Stetigkeit zu motivieren, wollen wir folgendes Beispiel betrachten:

Beispiel

Sei f eine Funktion mit f: **R** → **R** und

$$f(x) = \begin{cases} 1 & \text{, für } x \leq 0 \\ 2 + x & \text{, für } x > 0 \end{cases}$$

Dann hat diese Funktion folgendes graphisches Aussehen:

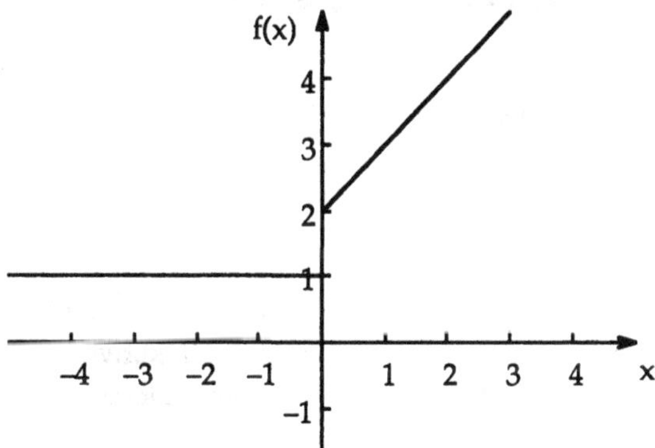

Offensichtlich hat diese Funktion im Punkt $x_0 = 0$ eine "**Sprungstelle**" in dem Sinne, daß wir, falls wir uns von links der Null nähern, Funktionswerte f(x) erhalten, die immer den Wert 1 besitzen. Nähern wir uns dem Wert Null dagegen von rechts, so erhalten wir Funktionswerte, die gegen den Wert 2 streben.

Mit der folgenden Definition werden wir exakt formulieren, wann Sprungstellen für eine Funktion ausgeschlossen werden. Dabei wird uns der Begriff des Grenzwertes von großer Hilfe sein.

Definition

Sei A ein Intervall in der Menge der reellen Zahlen. Wir betrachten eine Funktion f: A → **R** und eine reelle Zahl a aus dem Intervall A. Die Funktion f heißt **stetig im Punkt a**, falls gilt:

$$\lim_{x \to a} f(x) = f(a).$$

Der Begriff der Folge wird uns bei der Untersuchung von Funktionen auf Stetigkeit behilflich sein, denn es gilt:

Satz

Sei A ein Intervall in der Menge der reellen Zahlen. Wir betrachten eine Funktion f: $A \to \mathbf{R}$ und eine reelle Zahl a aus dem Intervall A.

Die Funktion f ist stetig im Punkt a, falls für **jede** Folge mit $(a_n) \to a$ gilt:

$$f(a_n) \to f(a).$$

Beispiel

Wir erinnern an die Funktion f mit f: $\mathbf{R} \to \mathbf{R}$ und

$$f(x) = \begin{cases} 1 & \text{, für } x \le 0 \\ 2 + x & \text{, für } x > 0 \end{cases}$$

und betrachten die Funktion f im Punkt $x_0 = 0$.

Mit Hilfe der Definition zeigen wir, daß die Funktion im Punkt x_0 **nicht** stetig ist. Für jede Folge (a_n), die gegen den Punkt Null konvergiert, muß auch gelten, daß die Bildpunkte der Folge gegen f(0) konvergieren.

Da dies für jede Folge gelten muß, betrachten wir die beiden Folgen

$$(a_n) \text{ mit } a_n = \frac{1}{n}$$

und

$$(b_n) \text{ mit } b_n = -\frac{1}{n}.$$

Beide Folgen konvergieren gegen Null. Betrachten wir die zwei Folgen unter der Abbildung f, dann gilt:

$$f(a_n) \to 2 \text{ und } f(b_n) \to 1.$$

Somit haben wir eine Folge (a_n) mit $a_n = \frac{1}{n}$ gefunden, die zwar gegen Null konvergiert, die aber unter f nicht gegen f(0) = 1 konvergiert, sondern gegen 2.

Dies widerspricht der Definition der Stetigkeit und somit ist die Funktion f im Punkt $x_0 = 0$ nicht stetig.

Beispiel

Wir betrachten die Funktion f: **R** → **R** mit

$$f(x) = \begin{cases} 3 & \text{, für } x \geq 1 \\ 2 & \text{, für } x < 1 \end{cases}.$$

Wir untersuchen die Funktion f im Punkt x = 1.

Dann gilt für die Folge (a_n) mit $a_n = 1 - \frac{1}{n}$, daß sie gegen den Wert 1 konvergiert.

Die Folge (a_n) unter der Abbildung f konvergiert gegen 2, während für den Punkt 1 gilt

$$f(1) = 3.$$

Somit ist f nicht stetig im Punkt x = 1, da der Grenzwert der Folge nicht mit dem Funktionswert von f im Punkt x = 1 übereinstimmt.

Folgende Aussage wird Grundlage für unsere weiteren Betrachtungen sein.

Satz

Polynome sind stetig.

Wir haben algebraische Operationen wie Addition, Subtraktion und Multiplikation kennengelernt, um neue Funktionen zu bilden. Wenn zusätzlich die Ausgangsfunktionen stetig sind, ist zu fragen, ob die neu gebildeten Funktionen auch wieder stetig sind.

Satz

Seien f und g stetige Funktionen mit f, g: **R** → **R**. Dann sind auch

$$f + g,$$

$$f - g,$$

$$f \cdot g$$

stetige Funktionen.

Satz

Seien f und g stetige Funktionen mit f, g: $\mathbf{R} \to \mathbf{R}$, dann sind auch

$$f \circ g$$

und

$$g \circ f$$

stetige Funktionen.

Dem interessierten Leser wird aufgefallen sein, daß wir bei den Verknüpfungen von Funktionen die Division nicht aufgeführt haben. Dieses wird in diesem Abschnitt nachgeholt, da wir hier eine Situation näher betrachten müssen:

Satz

Seien g und h Funktionen mit g, h: $\mathbf{R} \to \mathbf{R}$. Wir bilden die Funktion

$$f: \mathbf{R} \to \mathbf{R}$$

mit

$$f(x) := \frac{g(x)}{h(x)}.$$

Sind g und h stetige Funktionen, dann ist auch f eine stetige Funktion mit Ausnahme der Punkte, in denen $h(x) = 0$ gilt.

Die Punkte $h(x) = 0$ heißen **Polstellen** der Funktion f.

Definition

Rationale Funktionen sind Funktionen, die als Brüche von Polynomen definiert sind, d.h.

$$f(x) := \frac{g(x)}{h(x)},$$

wobei g(x) und h(x) Polynome sind.

Bemerkung

Rationale Funktionen sind mit der (möglichen) Ausnahme ihrer Polstellen ebenfalls stetig.

Definition

Falls in rationalen Funktionen die Nullstelle des Polynoms im Nenner zu keiner Unstetigkeit führt, spricht man von **unechter Polstelle** oder **hebbarer Polstelle.**

Beispiel

Sei f die Funktion f: $\mathbf{R}\setminus\{1\} \to \mathbf{R}$ mit

$$f(x) = \frac{x^2 - 1}{x - 1}.$$

Allgemein gilt:

$$\frac{x^2 - 1}{x - 1} = \frac{(x-1)\cdot(x+1)}{x - 1} = x + 1.$$

Somit kann die Funktion f auf ganz **R** definiert werden, indem wir zu unserer ursprünglichen Funktionsvorschrift hinzufügen

$$f(1) = 2.$$

Vollständig heißt dann die Funktionsdarstellung

$$f: \mathbf{R} \to \mathbf{R}$$

mit

$$f(x) = \begin{cases} 2 & \text{, für } x = 1 \\ \dfrac{x^2 - 1}{x - 1} & \text{, sonst} \end{cases}$$

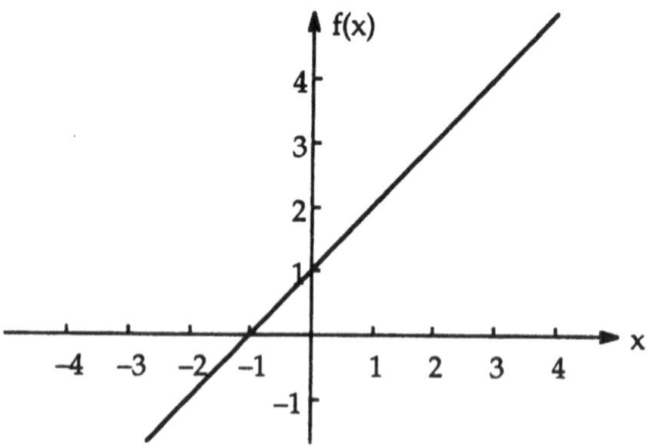

Satz

Sei I = [a,b] und sei f eine stetige Funktion I → **R**, dann nimmt f ihr **Maximum** und ihr **Minimum** an, d.h.

für das Maximum gilt:

es existiert ein c aus dem Intervall I mit

$$f(x) \leq f(c) \text{ für alle } x \text{ aus } I,$$

für das Minimum gilt:

es existiert ein d aus dem Intervall I mit

$$f(x) \geq f(d) \text{ für alle } x \text{ aus } I.$$

Satz

Sei I = [a,b] und sei f eine stetige Funktion f: I → **R**.

Falls es zwei reelle Zahlen α und β ($\alpha < \beta$) mit $a \leq \alpha$ und $\beta \leq b$ gibt, so daß

$$f(\alpha) < 0 < f(\beta)$$

gilt, dann gibt es mindestens eine Nullstelle γ, d.h. es gibt ein γ ($\alpha \leq \gamma \leq \beta$) mit

$$f(\gamma) = 0.$$

7.3 Übungen

Aufgabe 7.1

Seien a, b und c reelle Zahlen. Gegeben sei die Funktion f: $\mathbf{R}_+ \to \mathbf{R}$ mit

$$f(x) = \begin{cases} \dfrac{x^2-5x+6}{x^2-4} & \text{, falls } x < 2 \\ a & \text{, falls } x = 2 \\ \dfrac{b}{x-2} + cx & \text{, falls } x > 2 \end{cases}$$

Wie müssen die Werte a, b und c gewählt werden, damit f im gesamten Definitionsbereich stetig ist?

Aufgabe 7.2

Bestimmen Sie

$$\lim_{x \to 1} \frac{2x^4 - 6x^3 + x^2 + 3}{x - 1}\ .$$

Aufgabe 7.3

Bestimmen Sie

a) $\lim\limits_{x \to -5} \dfrac{x^2-25}{x+5}$

b) $\lim\limits_{x \to -1} (2x^2 + 3x + 5)$

c) $\lim\limits_{x \to 6} \dfrac{2x+5}{x-3}$

d) $\lim\limits_{x \to 8} \dfrac{x^2-64}{x-8}$

e) $\lim\limits_{x \to -4} \dfrac{2x^2+3x-20}{x+4}$

f) $\lim\limits_{x \to 16} \dfrac{\sqrt{x}-4}{x-16}$

g) $\lim\limits_{x \to 9} \dfrac{\sqrt{x}-3}{x-9}$

8 Differentialrechnung

"Wer fragt, irrt vielleicht einmal, wer nicht fragt, irrt gelegentlich, wer nie fragt, ewig."

(nach Wang-Wei)

Wir betrachten eine lineare Funktion, d.h. eine Funktion der Form

$$f: \mathbf{R} \to \mathbf{R},$$

mit

$$f(x) = ax + b,$$

wobei a und b reelle Zahlen sind.

Für diese Funktion gibt die Zahl a, wie wir bereits wissen, die **Steigung** der Funktion f an. Unter der Steigung einer Funktion verstehen wir, um wieviel Einheiten sie sich nach oben bzw. nach unten verändert, wenn man eine Einheit nach rechts geht.

Verlassen wir aber die Menge der linearen Funktionen und betrachten eine beliebige Funktion f: $\mathbf{R} \to \mathbf{R}$, so läßt sich die Steigung nicht mehr unmittelbar angeben. Der Quotient

$$\frac{f(x)}{x}$$

ist keine hinreichende Beschreibung. Offensichtlich ist die Steigung auch abhängig davon, in welchem Punkt wir die Funktion betrachten.

Eine ganz zentrale Bedeutung gewinnt die Differentialrechnung bei der Charakterisierung von Funktionen. Es wird auf diese Weise sichergestellt, die möglichen Maxima, Minima, Wendepunkte und Sattelpunkte einer beliebigen Funktion zu bestimmen.

Isaac Newton (1642 - 1727) und Gottfried Wilhelm Leibniz (1646 - 1716) haben voneinander unabhängig den überwiegenden Teil der Theorie entwickelt, der die Grundlagen der Differential- und Integralrechnung bildet.

8.1 Differenzen- und Differentialquotient

Wir interessieren uns für die "mittlere Steigung" zwischen zwei Werten einer Funktion. Dazu betrachten wir in einem ersten Schritt die Differenz zweier Funktionswerte und setzen sie ins Verhältnis zu ihren Ausgangswerten. Für das folgende Kapitel ist A ein Intervall in **R** oder aber gleich **R**.

Definition

Sei $A \subseteq \mathbf{R}$, $x, x_0 \in A$ mit $x \neq x_0$ und $f: A \to \mathbf{R}$;
Der Ausdruck

$$D(x) := \frac{f(x) - f(x_0)}{x - x_0}$$

heißt der **Differenzenquotient** der Funktion f.

In einem zweiten Schritt lassen wir die Länge des Intervalls $|x - x_0|$ gegen Null streben und erhalten so die Steigung der Funktion f im Punkt x_0.

Definition

Sei $A \subseteq \mathbf{R}$, $x, x_0 \in A$ mit $x \neq x_0$, $f: A \to \mathbf{R}$. Existiert der Grenzwert

$$\lim_{x \to x_0} D(x) = \lim_{x \to x_0} \frac{f(x) - f(x_0)}{x - x_0},$$

so heißt die Funktion f im **Punkt x_0 differenzierbar**; der Grenzwert heißt **Differentialquotient** oder **Ableitung von f** an der Stelle x_0 und wird mit $f'(x_0)$ oder mit $\frac{df}{dx}$ bzw. $\frac{dy}{dx}$ bezeichnet.

Die letzte Darstellung geht auf Leibniz zurück.

Wir bezeichnen f' auch als **1. Ableitung.** Ist die Funktion f in jedem Punkt differenzierbar, so heißt die Funktion **differenzierbar**.

Mit Hilfe der oben aufgeführten Definition bestimmen wir die Ableitungen einiger elementarer Funktionen:

Beispiel

Sei c eine beliebige reelle Zahl und

$$f: \mathbf{R} \to \mathbf{R}$$

mit

$$f(x) = c.$$

Dann gilt:

$$f'(x_0) = \lim_{x \to x_0} \frac{f(x) - f(x_0)}{x - x_0} = \lim_{x \to x_0} \frac{c - c}{x - x_0} = 0.$$

Beispiel

Wir untersuchen die Funktion

$$f: \mathbf{R} \to \mathbf{R}$$

mit

$$f(x) = x^2.$$

Als Differentialquotienten erkennen wir

$$f'(x_0) = \lim_{x \to x_0} \frac{x^2 - (x_0)^2}{x - x_0} = \lim_{x \to x_0} x + x_0 = 2x_0.$$

Beispiel

Wir betrachten die Funktion

$$f: \mathbf{R} \to \mathbf{R}$$

mit

$$f(x) = x^3.$$

Dann ergibt sich als 1. Ableitung

$$f'(x_0) = \lim_{x \to x_0} \frac{x^3 - (x_0)^3}{x - x_0} = \lim_{x \to x_0} x^2 + xx_0 + (x_0)^2 = 3(x_0)^2.$$

In der Einleitung dieses Kapitels hatten wir eine beliebige lineare Funktion

$$f(x) = ax + b$$

betrachtet und den Wert a als Steigung der Funktion bezeichnet. Wir wollen überprüfen, ob der von uns eingeführte Differentialquotient mit unseren bisherigen Überlegungen übereinstimmt:

Beispiel

Wir betrachten für die reellen Zahlen a und b die lineare Funktion

$$f: \mathbf{R} \rightarrow \mathbf{R}$$

mit

$$f(x) = ax + b.$$

Dann erhalten wir als erste Ableitung:

$$\begin{aligned} f'(x_0) &= \lim_{x \to x_0} \frac{ax + b - (ax_0 + b)}{x - x_0} \\ &= \lim_{x \to x_0} \frac{ax + b - ax_0 - b}{x - x_0} \\ &= \lim_{x \to x_0} \frac{ax - ax_0}{x - x_0} \\ &= \lim_{x \to x_0} \frac{a(x - x_0)}{x - x_0} \\ &= a. \end{aligned}$$

Mit dem nächsten Beispiel wird deutlich, daß der Differentialquotient und damit gleichbedeutend die Ableitung einer Funktion nicht unbedingt existieren muß.

Beispiel

Die **Betragsfunktion** ist gegeben durch

$$f: \mathbf{R} \to \mathbf{R}$$

mit

$$f(x) = |x|.$$

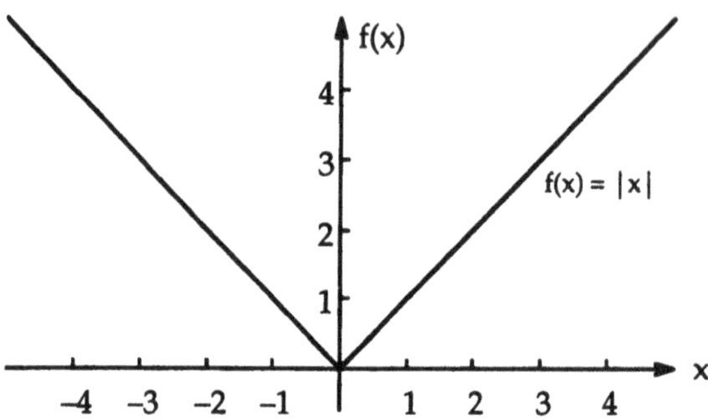

Wir untersuchen, ob die Funktion f im Punkt $x_0 = 0$ differenzierbar ist. Dazu betrachten wir den Differentialquotienten im Punkt 0. Falls wir uns **von links** der Null nähern, so erkennen wir:

$$\lim_{x \to x_0} \frac{f(x) - f(x_0)}{x - x_0} = \lim_{x \to x_0} \frac{x - 0}{-x - 0} = -1 .$$

Nähern wir uns **von rechts** der Null, so ergibt sich:

$$\lim_{x \to x_0} \frac{f(x) - f(x_0)}{x - x_0} = \lim_{x \to x_0} \frac{x - 0}{x - 0} = +1 .$$

Wir erhalten unterschiedliche Werte für unsere Grenzwertbetrachtung, abhängig davon, ob wir uns von links oder von rechts der Null nähern. Somit existiert der Grenzwert nicht, und die Funktion f ist nicht im Punkt Null differenzierbar.

Definition

Für eine beliebige Funktion f: **R** → **R** heißt der Ausdruck

$$Tf(x_0) := f(x_0) + f'(x_0)(x - x_0)$$

Tangente der Funktion f an der Stelle x_0.

Beispiel

Bei der Funktion f: **R** → **R** mit

$$f(x) = x^2 - 4x$$

interessieren wir uns für die Tangente in einzelnen Punkten x_0.

Als erstes differenzieren wir die Funktion und erkennen:

$$f'(x) = 2x - 4.$$

Als Tangente in den einzelnen Punkten ergibt sich:

$x_0 = 2$:

$f(x_0) = f(2) = -4$ und $f'(x_0) = 0$.

Also:

$$Tf(x_0) = f(x_0) + f'(x_0)(x - x_0) = -4 + 0(x - 2) = -4 .$$

$x_0 = 1$:

$f(x_0) = f(1) = -3$ und $f'(x_0) = -2$.

Also:

$$Tf(x_0) = f(x_0) + f'(x_0)(x - x_0) = -3 + (-2)(x - 1) = -3 - 2x + 2 = -2x - 1.$$

$x_0 = 0$:

$f(x_0) = f(0) = 0$ und $f'(x_0) = -4$.

Also:

$$Tf(x_0) = f(x_0) + f'(x_0)(x - x_0) = 0 + (-4)(x - 0) = -4x .$$

$x_0 = -1$:

$f(x_0) = f(-1) = 5$ und $f'(x_0) = -6$.

Also:

$$Tf(x_0) = f(x_0) + f'(x_0)(x - x_0) = 5 + (-6)(x + 1) = 5 - 6x - 6 = -6x - 1.$$

$x_0 = -2$:

$f(x_0) = f(-2) = 12$ und $f'(x_0) = -8$.

Also:

$$Tf(x_0) = f(x_0) + f'(x_0)(x - x_0) = 12 + (-8)(x + 2) = 12 - 8x - 16 = -8x - 4.$$

8.2 Ableitungsregeln

In diesem Abschnitt werden wir einige Ableitungsregeln vorstellen, wobei wir die Ergebnisse aus dem vorangegangenen Abschnitt einfließen lassen.

Einige spezielle Ableitungen:

Funktion f(x)	Ableitung f'(x)
$f: \mathbf{R} \to \mathbf{R}, f(x) = c$	$f'(x) = 0$
$f: \mathbf{R} \to \mathbf{R}, f(x) = x^n$	$f'(x) = nx^{n-1}$
$f: \mathbf{R} \to \mathbf{R}, f(x) = e^x$	$f'(x) = e^x$
$f: \mathbf{R} \to \mathbf{R}, f(x) = \sin x$	$f'(x) = \cos x$
$f: \mathbf{R} \to \mathbf{R}, f(x) = \cos x$	$f'(x) = -\sin x$
$f: \mathbf{R}_+ \to \mathbf{R}, f(x) = \ln x$	$f'(x) = \frac{1}{x}$

Satz

Jede differenzierbare Funktion ist stetig.

Bemerkung

Die Umkehrung des Satzes gilt nicht, wie die Betragsfunktion

$$f: \mathbf{R} \to \mathbf{R} \text{ mit } f(x) = |x|$$

zeigt; diese Funktion ist stetig, aber nicht differenzierbar im Punkt 0.

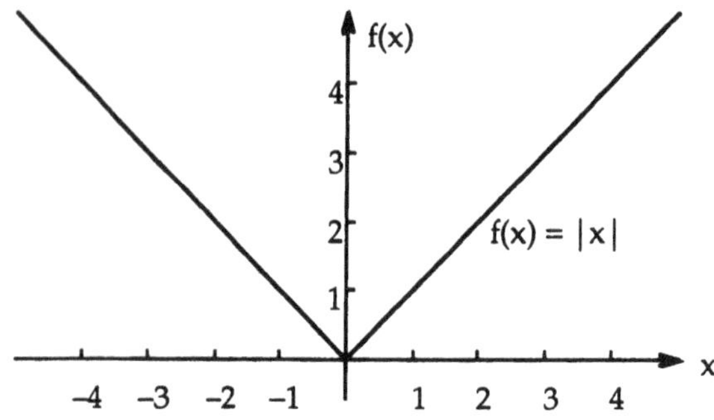

Es ist uns jetzt möglich, von einigen speziellen Funktionen die Ableitungen zu bilden. Dies wird im allgemeinen aber nicht ausreichen, um von beliebigen Funktionen die Ableitung zu bilden. Wir werden deshalb einige Rechenregeln zur Differenzierbarkeit vorstellen, die uns von großer Hilfe in diesem Zusammenhang sein werden.

Satz

Sei $A \subseteq \mathbf{R}$; h und g: $A \to \mathbf{R}$ seien differenzierbare Funktionen und α sei eine reelle Zahl. Dann sind auch

$$(\alpha \cdot g), (h + g), (h \cdot g), \left(\frac{h}{g}\right) \text{ und } (g \circ h)$$

differenzierbare Funktionen und es gilt:

1.) **Faktorregel**

$$(\alpha \cdot g)' = \alpha \cdot g'$$

2.) **Summenregel**

$$(h + g)' = h' + g'$$

3.) **Produktregel**

$$(h \cdot g)' = h' \cdot g + h \cdot g'$$

4.) **Quotientenregel**

$$\left(\frac{h}{g}\right)' = \frac{h' \cdot g - h \cdot g'}{g^2}$$

5.) **Kettenregel**

$$g(h(x))' = g'(h(x)) \cdot h'(x)$$

Beweis

1.) Sei $f = \alpha \cdot g$. Dann gilt:

$$f'(x) = \lim_{x \to x_0} \frac{\alpha \cdot g(x) - \alpha \cdot g(x_0)}{x - x_0} = \lim_{x \to x_0} \frac{\alpha(g(x) - g(x_0))}{x - x_0}$$

$$= \alpha \cdot \lim_{x \to x_0} \frac{g(x) - g(x_0)}{x - x_0} = \alpha \cdot g'(x)$$

2.) Sei f = h + g.

$$f'(x) = \lim_{x \to x_0} \frac{(h+g)(x) - (h+g)(x_0)}{x - x_0}$$

$$= \lim_{x \to x_0} \frac{h(x) + g(x) - [h(x_0) + g(x_0)]}{x - x_0}$$

$$= \lim_{x \to x_0} \frac{h(x) + g(x) - h(x_0) - g(x_0)}{x - x_0}$$

$$= \lim_{x \to x_0} \frac{h(x) - h(x_0) + g(x) - g(x_0)}{x - x_0}$$

$$= \lim_{x \to x_0} \frac{h(x) - h(x_0)}{x - x_0} + \lim_{x \to x_0} \frac{g(x) - g(x_0)}{x - x_0} = h'(x) + g'(x)$$

3.) Sei f = h · g.

$$f'(x) = \lim_{x \to x_0} \frac{(h \cdot g)(x) - (h \cdot g)(x_0)}{x - x_0} = \lim_{x \to x_0} \frac{h(x) \cdot g(x) - h(x_0) \cdot g(x_0)}{x - x_0}$$

$$= \lim_{x \to x_0} \frac{h(x) \cdot g(x) - h(x_0) \cdot g(x_0) - h(x) \cdot g(x_0) + h(x) \cdot g(x_0)}{x - x_0}$$

$$= \lim_{x \to x_0} \frac{h(x) \cdot g(x) - h(x) \cdot g(x_0) + h(x) \cdot g(x_0) - h(x_0) \cdot g(x_0)}{x - x_0}$$

$$= \lim_{x \to x_0} \frac{h(x) \cdot g(x) - h(x) \cdot g(x_0)}{x - x_0}$$

$$+ \lim_{x \to x_0} \frac{h(x) \cdot g(x_0) - h(x_0) \cdot g(x_0)}{x - x_0}$$

$$= \lim_{x \to x_0} \frac{h(x)[g(x) - g(x_0)]}{x - x_0} + \lim_{x \to x_0} \frac{[h(x) - h(x_0)]\, g(x_0)}{x - x_0}$$

$$= h(x) \cdot g'(x) + h'(x) \cdot g(x)$$

4.) Sei $f = \frac{h}{g}$.

$$f'(x) = \lim_{x \to x_0} \frac{(\frac{h}{g})(x) - (\frac{h}{g})(x_0)}{x - x_0} = \lim_{x \to x_0} \frac{\frac{h(x)}{g(x)} - \frac{h(x_0)}{g(x_0)}}{x - x_0}$$

$$= \lim_{x \to x_0} \frac{\frac{h(x)}{g(x)} - \frac{h(x_0)}{g(x_0)}}{x - x_0} \cdot \frac{g(x) \cdot g(x_0)}{g(x) \cdot g(x_0)}$$

$$= \lim_{x \to x_0} \frac{h(x) \cdot g(x_0) - h(x_0) \cdot g(x)}{(x - x_0) \cdot g(x) \cdot g(x_0)}$$

$$= \lim_{x \to x_0} \frac{h(x) \cdot g(x_0) - h(x_0) \cdot g(x) - h(x_0) \cdot g(x_0) + h(x_0) \cdot g(x_0)}{(x - x_0) \cdot g(x) \cdot g(x_0)}$$

$$= \lim_{x \to x_0} \frac{h(x) \cdot g(x_0) - h(x_0) \cdot g(x_0) - h(x_0) \cdot g(x) + h(x_0) \cdot g(x_0)}{(x - x_0) \cdot g(x) \cdot g(x_0)}$$

$$= \lim_{x \to x_0} \frac{h(x) \cdot g(x_0) - h(x_0) \cdot g(x_0)}{(x - x_0) \cdot g(x) \cdot g(x_0)} - \lim_{x \to x_0} \frac{h(x_0) \cdot g(x) - h(x_0) \cdot g(x_0)}{(x - x_0) \cdot g(x) \cdot g(x_0)}$$

$$= \lim_{x \to x_0} \frac{[h(x) - h(x_0)] \cdot g(x_0)}{(x - x_0) \cdot g(x) \cdot g(x_0)} - \lim_{x \to x_0} \frac{h(x_0) \cdot [g(x) - g(x_0)]}{(x - x_0) \cdot g(x) \cdot g(x_0)}$$

$$= \frac{h'(x) \cdot g(x)}{g(x) \cdot g(x)} - \frac{h(x) \cdot g'(x)}{g(x) \cdot g(x)} = \frac{g(x) \cdot h'(x) - h(x) \cdot g'(x)}{g^2(x)}$$

5.) Die Beweisführung für die Kettenregel überlassen wir dem Leser als Übung.

Beispiel

Wir bestimmen die Ableitung f' der Funktion f: **R** → **R** mit $f(x) = 2x \cdot e^x$.

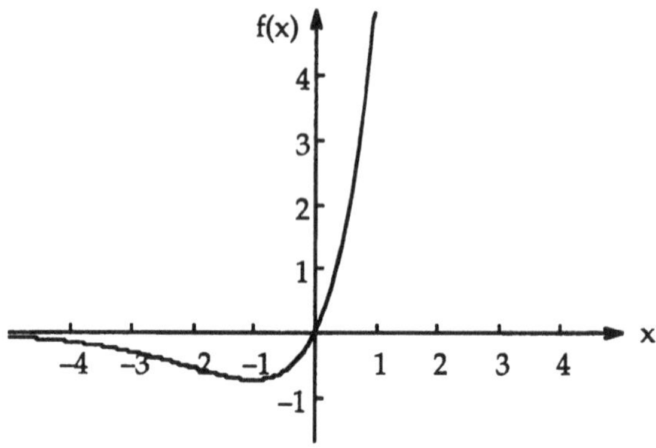

Mit der Produktregel und $g(x) = 2x$ und $h(x) = e^x$ gilt:

$$f'(x) = 2e^x + 2x \cdot e^x = 2e^x(1 + x).$$

Mit dem nächsten Beispiel wenden wir uns der ökonomischen Interpretation der Ableitung einer Funktion zu.

Beispiel

Die Kosten K (in €) für die Produktion von x Einheiten betrage:

$$K(x) = x^2 + 4x + 5.000.$$

Als Ableitung K' erhalten wir:

$$K'(x) = 2x + 4.$$

Mit K'(x) erhalten wir die **Grenzkosten**, d.h. den **Kostenzuwachs**, der durch eine Verschiebung von x auf (x + 1) Einheiten entsteht:

x	1	2	3	4
K(x)	5005	5012	5021	5032
K'(x)	6	8	10	12

Gleichzeitig macht dieses Beispiel deutlich, daß fixe Kosten, in diesem Beispiel in Höhe von 5.000 €, keine Auswirkung auf die Grenzkosten haben.

8.3 Höhere Ableitungen

Wir werden die Ableitungen einer Funktion benutzen, um den Verlauf und die spezifischen Punkte einer Kurve zu beschreiben. Dazu wird es aber nicht ausreichen, für eine Funktion nur die 1. Ableitung zu bilden.

Definition

Sei $A \subseteq \mathbf{R}$ und $f: A \to \mathbf{R}$ eine differenzierbare Funktion. Ist die 1. Ableitung wieder differenzierbar, so heißt f'' die 2. Ableitung von f. Dieses fortsetzend bezeichnen wir für n = 2, 3, 4, ... $f^{(n)}$ als **n-te Ableitung** von f.

Dieses setzt voraus, daß $f^{(n-1)}$ differenzierbar ist.

Als erstes wollen wir mit Hilfe der 1. Ableitung eine hinreichende Bedingung für die Monotonieeigenschaften einer Funktion angeben. Grundlage dafür sind die folgenden besonders wichtigen Aussagen:

Theorem (Rolle)

Sei I ein Intervall [a,b] und $f: I \to \mathbf{R}$ eine stetig differenzierbare Funktion.

Falls gilt: f(a) = f(b), dann existiert ein $c \in (a,b)$ mit:

$$f'(c) = 0.$$

Theorem (Mittelwertsatz der Differentialrechnung)

Sei I ein Intervall [a,b] und $f: I \to \mathbf{R}$ eine stetig differenzierbare Funktion.

Dann gibt es ein $c \in (a,b)$ mit:

$$f'(c) = \frac{f(b) - f(a)}{b - a}.$$

Beweis

Der Beweis erfolgt durch den Satz von Rolle. Man definiere eine Funktion h wie folgt:

$$h(x) := f(x) - \frac{f(b) - f(a)}{b - a}(x - a).$$

Für die Funktion h gilt die Voraussetzung aus dem Satz von Rolle mit

$$h(a) = f(a) = h(b).$$

Damit existiert ein Punkt $c \in (a,b)$ mit

$$h'(c) = 0.$$

Diese Gleichung ist aber gleichwertig zu:

$$f'(c) - \frac{f(b) - f(a)}{b - a} = 0.$$

Durch eine elementare Umformung erhalten wir die gewünschte Gleichung:

$$f'(c) = \frac{f(b) - f(a)}{b - a}.$$

Satz

Sei I ein Intervall (a,b) und $f: I \to \mathbf{R}$ eine differenzierbare Funktion.

(1) Falls für alle x aus dem Intervall I gilt: $f'(x) > 0$, so ist f streng monoton wachsend.

(2) Falls für alle x aus dem Intervall I gilt: $f'(x) < 0$, so ist f streng monoton fallend.

Beweis

Wir beschränken uns auf den ersten Teil des Satzes. Der Beweis für den zweiten Teil folgt völlig analog.

Um zu zeigen, daß eine Funktion f streng monoton wachsend ist, muß für beliebige Punkte x', x'' aus dem Intervall I mit $x' < x''$ folgen

$$f(x') < f(x'').$$

Wir wählen zwei beliebige Punkte x', x'' aus I mit $x' < x''$. Da die Punkte x' und x'' in I liegen, liegt auch das abgeschlossene Intervall [x', x''] in (a,b). Die differenzierbare Funktion ist insbesondere auch stetig auf dem Intervall [x',x''].

Mit dem Mittelwertsatz der Differentialrechnung wissen wir, daß es ein Element c aus dem Intervall (x',x") gibt mit:

$$f'(c) = \frac{f(x'') - f(x')}{x'' - x'}.$$

Wir hatten in (1) vorausgesetzt, daß für alle x aus dem Intervall I gilt: $f'(x) > 0$. Dies gilt dann natürlich auch für den Punkt c: $f'(c) > 0$ und somit auch

$$f'(c) = \frac{f(x'') - f(x')}{x'' - x'} > 0.$$

Wir hatten $x' < x''$ vorausgesetzt, also gilt: $x'' - x' > 0$; damit der gesamte Bruch positiv ist, muß gelten:

$$f(x'') - f(x') > 0.$$

Daraus folgt aber sofort die von uns zu beweisende Ungleichung:

$$f(x') < f(x'').$$

An dieser Stelle erinnern wir noch einmal an die Begriffe Nullstelle bzw. Maximum und Minimum einer Funktion:

Definition

Sei $A \subseteq \mathbf{R}$. Wir betrachten eine Funktion $f: A \to \mathbf{R}$. Gilt für $x_0 \in A$:

$$f(x_0) = 0,$$

dann heißt x_0 **Nullstelle** der Funktion f.

Definition

Sei $A \subseteq \mathbf{R}$. Die Funktion $f: A \to \mathbf{R}$ nimmt im Punkt a aus A ein **(globales) Maximum** an, wenn gilt:

$$f(a) \geq f(x) \text{ für alle x aus A,}$$

und ein **(globales) Minimum**, wenn gilt:

$$f(a) \leq f(x) \text{ für alle x aus A.}$$

Für Maximum oder Minimum sagen wir kurz **Extremum**. Gelten die obigen Eigenschaften nur für eine Umgebung U des Punktes a, so sprechen wir von einem **lokalen Extremum**.

Satz

Sei $A \subseteq \mathbf{R}$. Sei $f: A \to \mathbf{R}$ eine zweimal differenzierbare Funktion. Existiert ein Punkt x_e mit

$$f'(x_e) = 0 \text{ und } f''(x_e) > 0,$$

so liegt in x_e ein **lokales Minimum** vor.

Gibt es einen Punkt x_e mit

$$f'(x_e) = 0 \text{ und } f''(x_e) < 0,$$

so liegt in x_e ein **lokales Maximum** vor.

Beispiel

Sei f die Funktion $f: \mathbf{R} \to \mathbf{R}$ mit

$$f(x) = \frac{1}{3}x^3 + \frac{1}{2}x^2 - 56x.$$

Um die möglichen Extrema zu erkennen, betrachten wir die erste Ableitung f' und setzen diese gleich Null:

$$f'(x) = x^2 + x - 56 = 0.$$

Als Nullpunkte dieser Gleichung erhalten wir:

$$x_{e1} = 7 \text{ und } x_{e2} = -8.$$

Wir untersuchen, ob es sich um Maxima oder Minima handelt und bilden dazu die zweite Ableitung in diesen Punkten:

$$f''(7) = 14 + 1 > 0$$

$$f''(-8) = -16 + 1 < 0.$$

Somit ist $x_{e1} = 7$ ein Minimum und $x_{e2} = -8$ ein Maximum.

Definition

Sei $A \subseteq \mathbf{R}$. Sei f: $A \rightarrow \mathbf{R}$ eine zweimal differenzierbare Funktion. Falls für einen Punkt x_W gilt:

$$f''(x_W) = 0$$

und

$$f'' \text{ wechselt in } x_W \text{ das Vorzeichen,}$$

dann heißt x_W ein **Wendepunkt**.

Ist außerdem $f'(x_W) = 0$, dann heißt der Wendepunkt ein **Sattelpunkt**.

Beispiel

Ein weiteres Mal untersuchen wir die Funktion f: $\mathbf{R} \rightarrow \mathbf{R}$ mit

$$f(x) = \frac{1}{3}x^3 + \frac{1}{2}x^2 - 56x.$$

Für mögliche Wendepunkte müssen wir die 2. Ableitung bilden, also

$$f''(x) = 2x + 1.$$

Untersuchen wir $f''(x) = 0$, so erhalten wir als Wert $x_W = -0{,}5$.

Um zu erkennen, daß f in x_W das Vorzeichen wechselt, sei $\varepsilon > 0$.
Dann gilt:

$$f''(-0{,}5 + \varepsilon) = 2(-0{,}5 + \varepsilon) + 1 = 2\varepsilon > 0$$

$$f''(-0{,}5 - \varepsilon) = 2(-0{,}5 - \varepsilon) + 1 = -2\varepsilon < 0.$$

Also ist x_W ein Wendepunkt und kein Sattelpunkt, da gilt: $f'(-0{,}5) \neq 0$.

Es ist häufig sehr schwer, eine beliebige Funktion näher zu beschreiben. Bei Polynomen ist dieses in der Regel wesentlich einfacher. Es wäre also nützlich, beliebige Funktionen durch solche Polynome zu ersetzen, die der ursprünglichen Funktion stark ähneln. Dieses wird durch folgende Aussage ermöglicht:

Satz

Sei $A \subseteq \mathbf{R}$, $x_0 \in A$ und f: $A \to \mathbf{R}$ eine im Punkt x_0 (n + 1)-mal differenzierbare Funktion. Dann gilt:

$$f(x) = f(x_0) + \frac{f'(x_0)}{1!}(x - x_0) + \frac{f''(x_0)}{2!}(x - x_0)^2 + \dots + \frac{f^{(n)}(x_0)}{n!}(x - x_0)^n$$

$$+ R_{n,x_0}(x).$$

Das Polynom rechts des Gleichheitszeichens ohne den Term $R_{n,x_0}(x)$ wird als **Taylorpolynom** n-ten Grades bezeichnet. Für den Rest $R_{n,x_0}(x)$ gilt:

$$R_{n,x_0}(x) = \frac{f^{(n+1)}(t)}{n!}(x - x_0)^{n+1} \text{ für ein t im Intervall } (x_0,x)\,.$$

Beispiel

Für die Funktion f: $[0,1] \to \mathbf{R}$ mit

$$f(x) = \sqrt{x+36}$$

ist das Taylorpolynom 2-ten Grades im Punkt $x_0 = 0$ gesucht.

Zu diesem Zweck werden die folgenden Ableitungen gebildet:

$$f'(x) = \frac{1}{2\sqrt{x+36}}$$

$$f''(x) = -\frac{1}{4\sqrt{(x+36)^3}}$$

Es gilt:

$$\begin{aligned} f(x) &= \sqrt{x+36} \\ &= f(0) + \frac{1}{2\sqrt{0+36}} \cdot x - \frac{1}{8\sqrt{(0+36)^3}} \cdot x^2 \\ &= 6 + \frac{x}{12} - \frac{x^2}{8 \cdot 216} = 6 + \frac{x}{12} - \frac{x^2}{1728} \end{aligned}$$

Beispiel

Für die Funktion f: **R** → **R** mit

$$f(x) = e^x$$

ist das Taylorpolynom 2-ten Grades im Punkt $x_0 = 0$ gesucht.

Zu diesem Zweck bilden wir:

$$f'(x) = e^x$$

$$f''(x) = e^x$$

Es gilt:

$$\begin{aligned} f(x) &= e^x \\ &= f(0) + \frac{f'(0)}{1!}x + \frac{f''(0)}{2!}x^2 \\ &= 1 + x + \frac{1}{2}x^2 \end{aligned}$$

Kurvendiskussion

Mit den soeben vorgestellten Begriffen und Aussagen sind wir in der Lage, eine Funktion exakt zu beschreiben. In einer **Kurvendiskussion** werden folgende Informationen zusammengefaßt:

1. Definitionsbereich
2. Grenzwertverhalten für $x \to \pm\infty$
3. Nullstellen
4. Polstellen
5. Extremstellen
6. Wendepunkte und Sattelpunkte
7. Graph der Funktion

Beispiel

Wir betrachten die Funktion f: **R** → **R** mit $f(x) = x^3 - x^2 - 6x$.

In einem ersten Schritt bilden wir die erste und zweite Ableitung und erhalten:

$$f'(x) = 3x^2 - 2x - 6$$

$$f''(x) = 6x - 2\,.$$

1. *Definitionsbereich*

Polynome haben stets den Definitionsbereich D = **R**.

2. *Grenzwertverhalten für $x \to \pm\infty$*

Da allgemein das Grenzwertverhalten eines Polynoms von der höchsten Potenz bestimmt wird, gilt:

$$\lim_{x \to \pm\infty} f(x) = \pm\,\infty\,.$$

3. *Nullstellen*

Wir betrachten f(x) = 0 und erhalten unmittelbar als erste Nullstelle den Punkt $x_1 = 0$. Als weitere Nullstellen ergeben sich dann aus der quadratischen Gleichung:

$$x^2 - x - 6 = 0$$

die Punkte

$$x_2 = 3 \text{ und } x_3 = -2.$$

4. *Polstellen*

Polynome sind auf ganz **R** stetig.

5. *Extremstellen*

Wir betrachten f'(x) = 0 und erhalten als Kandidaten für Extrema die Punkte:

$$x_{e_1} = \frac{1+\sqrt{19}}{3} \text{ und } x_{e_2} = \frac{1-\sqrt{19}}{3}\,.$$

Zur Überprüfung auf Maximum oder Minimum untersuchen wir die Punkte unter der Abbildung f'':

$$f''(x_{e_1}) = f''(\frac{1+\sqrt{19}}{3}) = 6(\frac{1+\sqrt{19}}{3}) - 2 = 2\sqrt{19} > 0$$

$$f''(x_{e_2}) = f''(\frac{1-\sqrt{19}}{3}) = 6(\frac{1-\sqrt{19}}{3}) - 2 = -2\sqrt{19} < 0\,.$$

Somit ist der Punkt x_{e_1} ein Minimum und der Punkt x_{e_2} ein Maximum.

6. Wendepunkte und Sattelpunkte

Wir untersuchen die zweite Ableitung f'' auf Nullstellen und erhalten als Wert $x_W = \frac{1}{3}$. Wir klären, ob f'' in x_W das Vorzeichen wechselt, dazu sei $\varepsilon > 0$:

$$f''(\frac{1}{3} + \varepsilon) = 6(\frac{1}{3} + \varepsilon) - 2 = 2 + 6\varepsilon - 2 = 6\varepsilon > 0$$

$$f''(\frac{1}{3} - \varepsilon) = 6(\frac{1}{3} - \varepsilon) - 2 = 2 - 6\varepsilon - 2 = -6\varepsilon < 0 .$$

Somit ist der Punkt x_W ein Wendepunkt und kein Sattelpunkt, da gilt:

$$f'(\frac{1}{3}) \neq 0 .$$

7. Graph der Funktion

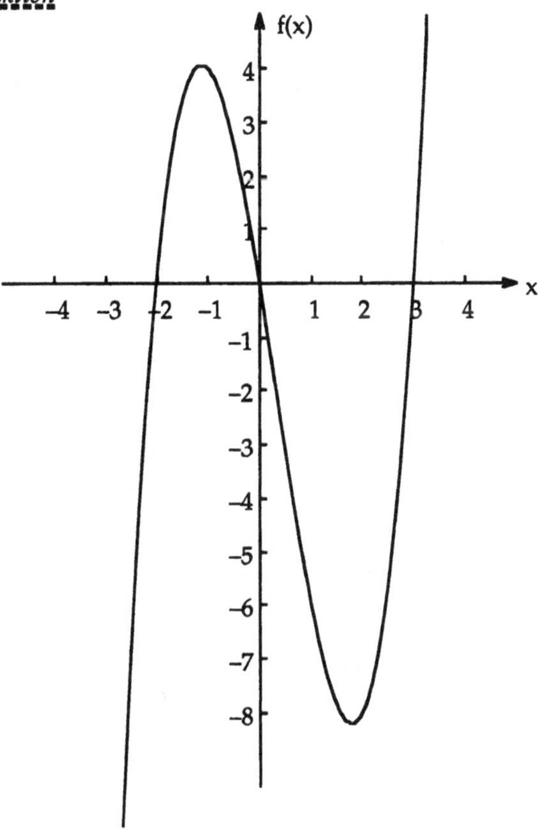

Beispiel

Wir diskutieren die Funktion f: **R** → **R** mit

$$f(x) = 3x^3 - 2x^2 - 5x.$$

In einem ersten Schritt bilden wir die erste und zweite Ableitung und erhalten:

$$f'(x) = 9x^2 - 4x - 5,$$

$$f''(x) = 18x - 4 .$$

1. *Definitionsbereich*

Definitionsbereich D = **R**.

2. *Grenzwertverhalten für x → ± ∞*

$$\lim_{x \to \pm\infty} f(x) = \pm \infty.$$

3. *Nullstellen*

Wir betrachten f(x) = 0 und erhalten unmittelbar als erste Nullstelle den Punkt

$$x_1 = 0.$$

Als weitere Nullstellen ergeben sich dann aus der quadratischen Gleichung:

$$3x^2 - 2x - 5 = 0$$

die Punkte

$$x_2 = \frac{5}{3} \text{ und } x_3 = -1.$$

4. *Polstellen*

Polynome sind auf ganz **R** stetig.

5. *Extremstellen*

Wir betrachten f'(x) = 0 und erhalten als Kandidaten für Extrema die Punkte

$$x_{e_1} = 1 \text{ und } x_{e_2} = -\frac{5}{9}.$$

Zur Überprüfung auf Maximum oder Minimum untersuchen wir die Punkte unter der Abbildung f'':

$$f''(x_{e_1}) = f''(1) = 18 - 4 = 14 > 0,$$

$$f''(x_{e2}) = f''(-\frac{5}{9}) = 18(-\frac{5}{9}) - 4 = -14 < 0 .$$

Somit ist der Punkt x_{e1} ein Minimum und der Punkt x_{e2} ein Maximum.

6. *Wendepunkte und Sattelpunkte*

Wir untersuchen die zweite Ableitung f'' auf Nullstellen und erhalten als Wert

$$x_W = \frac{2}{9} .$$

Wir prüfen, ob f'' in x_W das Vorzeichen wechselt, dazu sei $\varepsilon > 0$:

$$f''(\frac{2}{9} + \varepsilon) = 18(\frac{2}{9} + \varepsilon) - 4 = 4 + 18\varepsilon - 4 = 18\varepsilon > 0$$

$$f''(\frac{2}{9} - \varepsilon) = 18(\frac{2}{9} - \varepsilon) - 4 = 4 - 18\varepsilon - 4 = -18\varepsilon < 0.$$

Somit ist der Punkt x_W ein Wendepunkt, aber kein Sattelpunkt, da gilt:

$$f'(\frac{2}{9}) \neq 0 .$$

7. *Graph der Funktion*

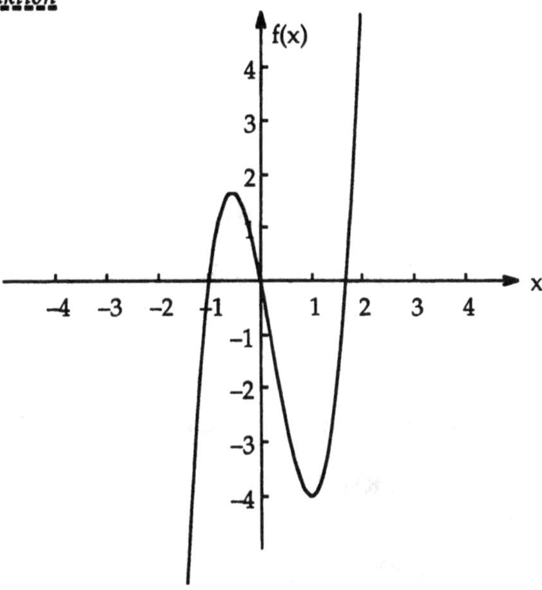

8.4 Übungen

Aufgabe 8.1

Bestimmen Sie die Ableitung der folgenden Funktionen $f_i: \mathbf{R}_+ \to \mathbf{R}, 1 \le i \le 9$:

$f_1(x) = 5$ $\qquad$ $f_2(x) = 3x$

$f_3(x) = 6x + 3$ $\qquad$ $f_4(x) = x^5 + 3x^4$

$f_5(x) = (2x^3 + 4x)(3x + 4)$ $\qquad$ $f_6(x) = \dfrac{4 + x}{2x^2 + 1}$

$f_7(x) = (x^3 + 2x + 4)^3$ $\qquad$ $f_8(x) = \sqrt{3x - 4}$

$f_9(x) = x \cdot \sqrt{7 - x}$

Aufgabe 8.2

Bestimmen Sie, soweit vorhanden, alle Nullstellen, lokalen und globalen Extrema, Wende- und Sattelpunkte der Funktion

$$f: [-3,\infty) \to \mathbf{R}$$

mit

$$f(x) = 0{,}2\, x^3 - 0{,}4\, x^2 - 3x.$$

Aufgabe 8.3

Bestimmen Sie alle möglichen lokalen Extrema, Wendepunkte und Sattelpunkte der Funktion

$$f: \mathbf{R} \to \mathbf{R}$$

mit

$$f(x) = x^4 - x^3 + 6x^2.$$

Aufgabe 8.4

Bestimmen Sie alle möglichen lokalen Extrema, Wendepunkte und Sattelpunkte der Funktion

$$f: \mathbf{R}\setminus\{-1\} \to \mathbf{R}$$

mit:

$$f(x) = \frac{x}{1 + x}.$$

9 Integralrechnung

"Bildung im 20. Jahrhundert erfordert vor allem und zunächst die instinktsichere Abwehr überzähliger Informationen."
(Hans Kasper)

Wir haben erkannt, daß die Ableitung einer Funktion als Grad der Veränderung aufgefaßt werden kann.

Die Kostenfunktion K(x) mit

$$K(x) = 10 \cdot x$$

erfaßt die Kosten einer Firma, die bei der Produktion von x Einheiten entstehen. Die Ableitung K'(x) beschreibt den Kostenzuwachs, der durch die Produktion einer weiteren Einheit des Gutes entsteht.

Sehr häufig ist die Ausgangssituation in ökonomischen Fragestellungen genau umgekehrt: Da die Kenntnis einer Funktion zur Beschreibung eines ökonomischen Zusammenhanges sehr viele Beobachtungen voraussetzt, die in der Regel nicht möglich sind, ist nicht die Funktion K(x) zur Beschreibung der absoluten Kosten bekannt, sondern lediglich die Veränderungen bei der Mehrproduktion einer weiteren Einheit.

Da wir wissen, daß die 1. Ableitung einer Funktion den Grad der Veränderung beschreibt, können wir den Prozeß umkehren: Wir schließen von der 1. Ableitung auf die Funktion, die die Kosten einer Firma beschreibt.

Dieses Verfahren können wir nicht nur auf Kostenfunktionen, sondern allgemein auf Funktionen anwenden:

P': Grenzproduktivität → P: Produktivität,

G': Grenzgewinn(funktion) → G: Gewinnfunktion,

K': Grenzkosten(funktion) → K: Kostenfunktion,

E': Grenzertrags(funktion) → E: Ertragsfunktion.

9.1 Das unbestimmte Integral

Wir betrachten eine Funktion f von einem Intervall I = [a,b] in die Menge der reellen Zahlen, d.h. eine Funktion

$$f: I \to \mathbf{R}.$$

Die Frage ist: gibt es eine Funktion F: I → **R** mit der Eigenschaft, daß die Ableitung dieser Funktion die Funktion f (F' = f) ergibt?
Als Beispiel betrachten wir die Funktion

$$f: [1,2] \to \mathbf{R} \text{ mit } f(x) = 2x - 3.$$

Durch Probieren stoßen wir etwa auf die Funktion F mit

$$F(x) = x^2 - 3x,$$

die die von uns gewünschte Eigenschaft besitzt, nämlich F'(x) = f(x). Verharren wir allerdings bei dieser Funktion F, so erkennen wir, daß auch die Funktion $G(x) = x^2 - 3x + 4$ die gewünschte Eigenschaft besitzt, denn es gilt:

$$G'(x) = f(x).$$

Allerdings haben die Funktionen F und G nur geringe "Abweichungen", nämlich die Konstante, in diesem Fall die Zahl 4. Wir halten die eben gewonnenen Erkenntnisse in der folgenden Definition fest:

Definition

Sei das Intervall I = [a,b] und die Funktion f: I → **R** gegeben.
Jede Funktion F, die als Ableitung die Funktion f ergibt, wird als **unbestimmtes Integral** oder als **Stammfunktion von f** bezeichnet und man schreibt:

$$\int f(x)\,dx := \{ F \mid F'(x) = f(x) \}.$$

Da die Stammfunktion bis auf eine Konstante c ∈ **R** eindeutig ist, gilt:

$$\int f(x)\,dx = F(x) + c.$$

Gibt es zu einer Funktion f eine Stammfunktion, so bezeichnet man f als **integrierbar**.

Beispiel

Für ein beliebiges Intervall I = [a,b] integrieren wir die Funktion

$$f: I \to \mathbf{R}$$

mit

$$f(x) = x^3 + 2x^2 + 3x + 4.$$

Es gilt, wobei c eine beliebige reelle Zahl ist:

$$\int f(x)\,dx = \frac{1}{4}x^4 + \frac{2}{3}x^3 + \frac{3}{2}x^2 + 4x + c\,.$$

Bislang haben wir nur solche Funktionen betrachtet, von denen wir sehr leicht erkennen konnten, wie eine Stammfunktion aussehen kann. Um den Kreis der Funktionen zu erweitern, von denen wir eine Stammfunktion bilden können, halten wir einige elementare Integrationsregeln fest, die wir aus unserem Wissen über differenzierbare Funktionen ableiten.

Satz

Sei c eine beliebige reelle Zahl. Dann gilt:

1) $\int 0\,dx = c$

2) $\int 1\,dx = x + c$

3) $\int x^n\,dx = \frac{1}{n+1}\,x^{n+1} + c$ für $n \neq -1$

4) $\int \frac{1}{x}\,dx = \ln|x| + c$

5) $\int e^x\,dx = e^x + c$

6) $\int \sin x\,dx = -\cos x + c$

7) $\int \cos x\,dx = \sin x + c\,.$

Ferner gelten folgende Regeln:

Satz

Für eine beliebige reelle Zahl a und beliebige stetige Funktionen f und g gilt:

1) $$\int a \cdot f(x)\,dx = a \int f(x)\,dx$$

2) $$\int [f(x) + g(x)]\,dx = \int f(x)\,dx + \int g(x)\,dx$$

Versuchen wir, eine beliebige Funktion zu integrieren, so wird dies in der Regel mit unseren bislang erworbenen Kenntnissen nicht gelingen. Wir müssen deshalb weitere Techniken zur Behandlung von Integralen entwickeln, die wir wiederum unmittelbar aus der Differentialrechnung ableiten werden.

Von großer Bedeutung sind die zwei Integrationsverfahren der **Substitution** und der **partiellen Integration**. Aus der Regel über die Ableitung des Produktes zweier Funktionen ergibt sich:

Satz über die partielle Integration

Sind die Funktionen f und g auf dem Intervall I differenzierbar, so gilt:

$$\int f(x) \cdot g'(x)\,dx = f(x) \cdot g(x) - \int f'(x) \cdot g(x)\,dx\,.$$

Beweis

Seien f und g differenzierbare Funktionen. Mit Hilfe der Produktregel gilt:

$$(f(x) \cdot g(x))' = f'(x) \cdot g(x) + f(x) \cdot g'(x).$$

Integrieren wir beide Seiten der Gleichung, so folgt:

$$f(x) \cdot g(x) = \int f'(x) \cdot g(x)\,dx + \int f(x) \cdot g'(x)\,dx\,,$$

und somit erhalten wir die gewünschte Aussage:

$$\int f(x) \cdot g'(x)\,dx = f(x) \cdot g(x) - \int f'(x) \cdot g(x)\,dx\,.$$

Warum kommt der soeben bewiesenen Aussage eine so große Bedeutung zu?

Ersetzen wir nicht ein Integral durch ein anderes Integral? Das folgende Beispiel wird deutlich machen, daß wir tatsächlich ein weiteres neues Integral betrachten, von dem wir aber die Stammfunktion kennen.

Beispiel

Es gilt für eine beliebige reelle Zahl c:

$$\begin{aligned}\int x \cdot \sin x\,dx &= x\,(-\cos x) - \int 1 \cdot (-\cos x)\,dx \\ &= -x \cos x + \int \cos x\,dx \\ &= -x \cos x + \sin x + c\end{aligned}$$

Die zweite wichtige Integrationsregel ist eine Folge der Kettenregel:

Satz (Substitutionsregel)

Sei I ein Intervall. Wir betrachten eine stetige Funktion $f\colon I \to \mathbf{R}$ und eine differenzierbare Funktion $g\colon [a,b] \to \mathbf{R}$ mit $g([a,b]) \subseteq I$.
Wir ersetzen $x = g(t)$.

Dann gilt:

$$\int f(x)\,dx = \int f(g(t))\,g'(t)\,dt\,.$$

Beweis

Als Ausgangspunkt wählen wir das Integral

$$\int f(g(t))\,g'(t)\,dt\,.$$

Wir setzen $x = g(t)$, dann gilt:

$$\frac{dx}{dt} = g'(t) \iff dx = g'(t)\,dt.$$

Aus dem Integral $\int f(g(t))\,g'(t)\,dt$ wird somit: $\int f(x)\,dx$.

Beispiel

Wir bestimmen das Integral $\int \frac{4}{4x+3}\,dx$.

Zu diesem Zweck substituieren wir

$$t = 4x + 3.$$

Dann gilt:

$$t - 3 = 4x \qquad \text{bzw.} \qquad x = g(t) = \frac{t-3}{4}.$$

Für die Ableitung von g folgt:

$$g'(t) = \frac{1}{4}.$$

Für das Integral gilt, wobei c eine beliebige reelle Zahl ist:

$$\begin{aligned}\int \frac{4}{4x+3}\,dx &= \int \frac{4}{t}\cdot\frac{1}{4}\,dt \\ &= \int \frac{1}{t}\,dt \\ &= \ln|t| + c \\ &= \ln|4x+3| + c.\end{aligned}$$

Mit dem folgenden Beispiel nehmen wir unsere ursprüngliche Fragestellung aus dem ökonomischen Kontext wieder auf:

Beispiel

Eine Firma erkennt, daß die Grenzkosten K' für die Produktion der x-ten Einheit eines Produktes durch die Funktion

$$K'(x) = 4x^3 + 2x$$

gegeben wird.

Wie lautet die Kostenfunktion K, falls die fixen Kosten sich auf 50,- € belaufen?

Sei c eine beliebige reelle Zahl. Es gilt:

$$K(x) = \int K'(x)\,dx$$

$$= \int 4x^3 + 2x\,dx$$

$$= x^4 + x^2 + c.$$

Aus der Angabe über die fixen Kosten ergibt sich

$$K(0) = 50,$$

also

$$c = 50.$$

Somit lautet die Kostenfunktion K vollständig:

$$K(x) = x^4 + x^2 + 50.$$

Forever Young

May God bless and keep you always,
May your wishes all come true,
May you always do for others,
And let others do for you.
May you build a ladder to the stars
And climb on every rung,
May you stay forever young,
Forever young, forever young,
May you stay forever young.

Bob Dylan

9.2 Das bestimmte Integral

Um die sehr anschauliche Interpretation des **bestimmten Integrals** zur Berechnung von Flächeninhalten zu verdeutlichen, betrachten wir folgendes Beispiel:

Beispiel

Sei die Funktion f: **R** → **R** mit

$$f(x) = 4$$

gegeben. Interessieren wir uns für die Fläche, die von der x-Achse und dem Graphen der Funktion zwischen den Punkten a = 1 und b = 4 eingeschlossen wird, so kann man sich daran erinnern, wie die Fläche eines Rechtecks berechnet wird.

Nach kurzer (oder auch längerer) Überlegung erkennt man, daß eine Seite des Rechtecks die Länge 3 und die andere Seite die Länge 4 besitzt, und wir als Flächeninhalt A den Wert 12 erhalten. Die folgende Abbildung mag zur Veranschaulichung dienen:

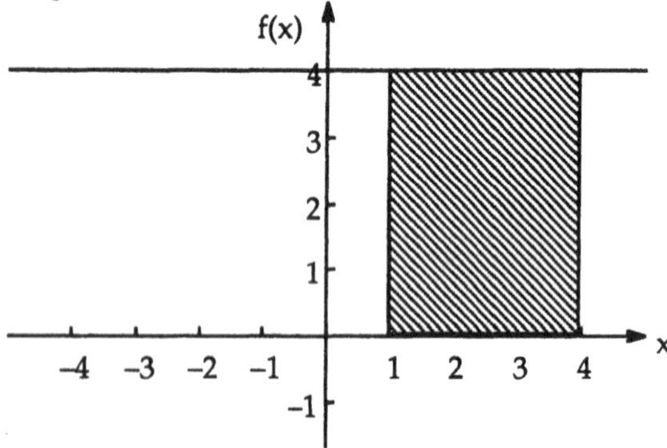

In einer zweiten Betrachtungsweise interessieren wir uns für die Stammfunktion von f und erhalten F(x) = 4x + c. Betrachten wir die Stammfunktion F in den Punkten x = 1 und x = 4, die gerade die Grenzen des Rechtecks auf der x-Achse bilden, und subtrahieren diese Werte voneinander, so erhalten wir:

$$F(4) - F(1) = 16 - 4 = 12.$$

Dies ist aber gerade der Flächeninhalt unseres Rechtecks. Man kann allgemein zeigen, daß wir auf diese Weise für jede beliebige stetige Funktion f, die oberhalb der x-Achse verläuft, den Flächeninhalt der von x-Achse, Graphen und den jeweiligen Intervallgrenzen gebildeten Fläche berechnen können.

Definition

Sei I ein Intervall I = [a,b]. Ferner sei f eine stetige Funktion f: I → **R** mit der Stammfunktion F. Dann wird

$$\int_a^b f(x)\,dx := F(b) - F(a)$$

als **bestimmtes Integral** bezeichnet, wobei b die **obere** und a die **untere Integrationsgrenze** ist.

Für die Differenz F(b) - F(a) schreiben wir kurz:

$$F(x)\Big|_a^b := F(b) - F(a)\,.$$

Beispiel

Wir bestimmen die Fläche unter dem Graphen der Parabel

$$f(x) = x^2$$

zwischen den Punkten 0 und 2:

$$\int_0^2 x^2\,dx = \frac{1}{3}x^3\Big|_0^2 = \frac{1}{3}(2^3 - 0^3) = \frac{8}{3}\,.$$

Folgende Rechenregeln für bestimmte Integrale sind zu beachten:

Satz

Sei I ein Intervall I = [a,b] und c eine reelle Zahl mit a ≤ c ≤ b. Ferner sei die Funktion f auf I integrierbar.
Dann gilt:

1) $\int_a^a f(x)\,dx = 0$

2) $\int_a^b f(x)\,dx = -\int_b^a f(x)\,dx$

3) $\int_a^b f(x)\,dx = \int_a^c f(x)\,dx + \int_c^b f(x)\,dx\,.$

9.3 Übungen

Aufgabe 9.1

Lösen Sie die folgenden unbestimmten Integrale:

a) $\int \sqrt{x}\,dx$ b) $\int (x^2 + 3x + 2)\,dx$

c) $\int \frac{1}{\sqrt{2x+1}}\,dx$ d) $\int \frac{1}{1+x}\,dx$

e) $\int \frac{x^2 + 3x - 2}{x}\,dx$

Aufgabe 9.2

Berechnen Sie mittels partieller Integration die unbestimmten Integrale:

a) $\int x \cdot \cos x\,dx$ b) $\int x \cdot e^x\,dx$

c) $\int \ln x\,dx$ d) $\int (x+1) \cdot e^{2x}\,dx$

Aufgabe 9.3

Berechnen Sie mittels Substitution die unbestimmten Integrale:

a) $\int \cos 3x\,dx$ b) $\int e^{\sqrt{x}}\,dx$

c) $\int e^{7x+5}\,dx$ d) $\int \frac{e^x}{\sqrt{1+e^x}}\,dx$

Aufgabe 9.4

Lösen Sie die folgenden bestimmten Integrale:

a) $\int_{-2}^{+2} 20x\,dx$ b) $\int_{-6}^{5} (x^2 + 2x - 15)\,dx$

c) $\int_{-3}^{4} (x^2 - x - 12)\,dx$ d) $\int_{0}^{4} (x^3 - x^2 - 12x)\,dx$

10 Matrizen

"Habe Mut, Dich Deines eigenen Verstandes zu bedienen."

(Immanuel Kant)

Zur Darstellung von quantitativen Zusammenhängen in Verbindung mit ökonomischen Größen wird häufig eine Tabellenform benutzt.

Beispiel 1

Ein Unternehmen stellt zwei Produkte P_1, P_2 aus drei Rohstoffen R_1, R_2 und R_3 her. Für die Produktion einer Mengeneinheit (ME) der Produkte werden Rohstoffmengen verbraucht, und zwar:

4 ME von R_1, 2 ME von R_2 und 3 ME von R_3 für 1 ME von P_1;
2 ME von R_1, 1 ME von R_2 und 4 ME von R_3 für 1 ME von P_2.

Diese Formulierung ist wenig anschaulich, so daß man folgende Darstellung wählt:

Produkt		P_1	P_2
Rohstoffe	R_1	4	2
	R_2	2	1
	R_3	3	4

Eine solche Darstellung ist grundsätzlich immer möglich, unabhängig davon, wieviele Produkte und wieviele Rohstoffe betrachtet werden.

Beispiel 2

Eine Firma stellt Sofas und Stühle in den drei Varianten A, B und C her. Das Unternehmen beliefert Warenhäuser in New York, Chicago und Toronto.

Im August hat die Firma 10 Sofas vom Modell A, 12 Sofas vom Modell B, 5 Sofas vom Modell C, 15 Stühle von Modell A, 20 Stühle von Modell B und 8 Stühle von Modell C jedem Warenhaus gesandt.

Aus Sicht eines der Warenhäuser stellt sich der Lieferumfang so dar:

Modell	A	B	C
Sofa	10	12	5
Stuhl	15	20	8

Beispiel 3

Ein in drei verschiedenen Produktionsstätten P_1, P_2 und P_3 hergestelltes Gut soll auf vier Kaufhäuser K_1, K_2, K_3 und K_4 verteilt werden. Die Kosten für den Transport einer Mengeneinheit von jeder Produktionsstätte P_i (i = 1, 2, 3) zu jedem Kaufhaus K_j (j = 1, 2, 3, 4) sind in folgender Tabelle angegeben:

Kaufhaus		K_1	K_2	K_3	K_4
Gut	P_1	12	30	50	10
	P_2	70	33	40	60
	P_3	40	8	70	20

Beispiel 4

In einem landwirtschaftlichen Betrieb besteht aufgrund der Boden- und Klimaverhältnisse die Möglichkeit, drei verschiedene Kulturen K_1, K_2 und K_3 anzubauen. Zum Anbau benötigt man Anbaufläche (R_1), Arbeitskräfte (R_2), Natur- und Kunstdünger (R_3 bzw. R_4).

Die jeweils für den Anbau einer Tonne Saatgut benötigten Mengen dieser Mittel (in geeigneten Mengeneinheiten) lassen sich in Tabellenform darstellen, etwa:

Kultur		K_1	K_2	K_3
Mittel	R_1	2	1	4
	R_2	4	8	10
	R_3	6	0	0
	R_4	0	3	2

10.1 Matrizen und Vektoren

In dem folgenden Kapitel werden wir den Begriff der Matrix formal einführen, um daran anschließend Verknüpfungen zu definieren, die auf den ersten Blick offensichtlich die gleichen Eigenschaften wie die Addition oder die Multiplikation bzgl. der reellen Zahlen besitzen. Wir werden allerdings erkennen, daß dies nur bedingt richtig ist, so daß eine Abgrenzung dringend notwendig ist.

Definition

Die Zusammenfassung von $(m \cdot n)$ reellen Zahlen $a_{ij} \in \mathbf{R}$ zu einem rechteckigen $(m \times n)$-Tupel heißt **Matrix**

$$A := \begin{pmatrix} a_{11} & a_{12} & \cdots & a_{1n} \\ a_{21} & a_{22} & \cdots & a_{2n} \\ \vdots & \vdots & \cdots & \vdots \\ a_{m1} & a_{m2} & \cdots & a_{mn} \end{pmatrix} = (a_{ij})$$

Die Matrix besitzt m **Zeilen** und n **Spalten**; ihre **Dimension** ist $(m \times n)$. Man bezeichnet sie auch kurz als $(m \times n)$ - Matrix mit der **Ordnung** $m \times n$. Um die Ordnung darzustellen, schreibt man auch: $A \in \mathbf{R}^{m,n}$.

Für den Fall $m = 1$ sprechen wir von einem **Zeilenvektor**, im Fall $n = 1$ von einem **Spaltenvektor**. Falls $m = n = 1$ gilt, haben wir lediglich eine reelle Zahl, ein **Skalar**.
Besitzt eine Matrix genausoviele Zeilen wie Spalten, so betrachten wir eine **quadratische** Matrix.

Eine **Nullmatrix O** besitzt als Elemente nur Nullen:

$$a_{ij} = 0 \text{ für } i = 1, \ldots, m \text{ und } j = 1, \ldots, n.$$

Unter der **Einheitsmatrix I** verstehen wir eine quadratische Matrix, d.h. $m = n$, für die gilt:

$$I = (a_{ij}) = \begin{cases} 1 & \text{, für } i = j \\ 0 & \text{, für } i \neq j \end{cases} \quad \text{mit } i, j = 1, 2, \ldots, n.$$

Bei einer quadratischen Matrix bilden die Elemente a_{ij} mit $i = j$ die **Diagonale**.
Unter einer **oberen** bzw. **unteren Dreiecksmatrix** versteht man eine Matrix, die unterhalb bzw. oberhalb der Diagonalen nur mit Nullen besetzt ist.

Definition

Zwei Matrizen A und B mit A, B $\in \mathbf{R}^{m,n}$ heißen **gleich** (A = B), falls gilt:

$$a_{ij} = b_{ij} \quad \text{für } i = 1, ..., m;\ j = 1, ..., n.$$

Im nächsten Schritt führen wir drei Verknüpfungen für Matrizen ein. Als erstes legen wir fest, wie man Matrizen addiert.

Definition

Addition von Matrizen

Seien zwei Matrizen A und B mit A, B $\in \mathbf{R}^{m,n}$ gegeben. Die Summe C = A + B ist eine Matrix mit C $\in \mathbf{R}^{m,n}$ und

$$c_{ij} = a_{ij} + b_{ij} \text{ für } i = 1, ..., m;\ j = 1, ..., n.$$

Für die Addition von Matrizen gelten folgende Regeln:

(1) $A + B = B + A$ **(Kommutativgesetz)**

(2) $(A + B) + C = A + (B + C)$ **(Assoziativgesetz)**

Man beachte, daß nur Matrizen mit gleicher Dimension addiert werden können.

Wie können wir die Matrizenaddition ökonomisch interpretieren?

Beispiel

Die Firma "Holz und Stuhl" produziert Stühle und Tische. Es gibt jeweils drei unterschiedliche Tisch- bzw. Stuhlmodelle. Dem Unternehmen sind drei Warenhäuser in Toronto, San Francisco und Chicago angegliedert. Für den Monat September beschreiben die Matrizen T, S und C die Warenlieferungen in die einzelnen Städte:

$$T = \begin{pmatrix} 45 & 35 & 20 \\ 65 & 40 & 35 \end{pmatrix}, S = \begin{pmatrix} 30 & 32 & 28 \\ 43 & 47 & 30 \end{pmatrix} \text{ und } C = \begin{pmatrix} 22 & 25 & 38 \\ 31 & 34 & 35 \end{pmatrix}.$$

Um zu ermitteln, wieviel Einheiten der einzelnen Modelle im Monat September ausgeliefert wurden, bilden wir:

$$\begin{aligned} G = T + S + C &= \begin{pmatrix} 45 & 35 & 20 \\ 65 & 40 & 35 \end{pmatrix} + \begin{pmatrix} 30 & 32 & 28 \\ 43 & 47 & 30 \end{pmatrix} + \begin{pmatrix} 22 & 25 & 38 \\ 31 & 34 & 35 \end{pmatrix} \\ &= \begin{pmatrix} 97 & 92 & 86 \\ 139 & 121 & 100 \end{pmatrix}. \end{aligned}$$

Die neue Matrix G besagt, daß 97 Tische vom Modell A, 92 Tische vom Modell B usw. versandt wurden.

Definition

Skalarmultiplikation
Sei eine Matrix $A \in \mathbf{R}^{m,n}$ und $\alpha \in \mathbf{R}$ gegeben, dann heißt

$$\alpha A = \begin{pmatrix} \alpha a_{11} & \alpha a_{12} & \dots & \alpha a_{1n} \\ \alpha a_{21} & \alpha a_{22} & \dots & \alpha a_{2n} \\ \vdots & \vdots & \dots & \vdots \\ \alpha a_{m1} & \alpha a_{m2} & \dots & \alpha a_{mn} \end{pmatrix}$$

Skalarmultiplikation von A mit α.

Seien Matrizen $A, B \in \mathbf{R}^{m,n}$ und $\alpha, \beta \in \mathbf{R}$ gegeben. Für die Skalarmultiplikation gelten folgende Regeln:

(1) $\alpha A = A\alpha$

(2) $\beta(\alpha A) = (\beta\alpha)A$

(3) $(\alpha + \beta) A = \alpha A + \beta A$

(4) $\alpha(A + B) = \alpha A + \alpha B$.

Definition

Matrixmultiplikation
Seien zwei Matrizen $A \in \mathbf{R}^{m,n}$ und $B \in \mathbf{R}^{n,p}$ gegeben.
Dann ist $C = A \cdot B$ mit $C \in \mathbf{R}^{m,p}$ gegeben durch:

$$c_{ij} = \sum_{k=1}^{n} a_{ik} \cdot b_{kj} \text{ mit } i = 1, 2, \dots, m; j = 1, 2, \dots, p.$$

Für die Matrixmultiplikation gelten folgende Regeln:

(1) $(A \cdot B) \cdot C = A \cdot (B \cdot C)$ **(Assoziativgesetz)**

(2) $A(B + C) = AB + AC$ **(Distributivgesetze)**

(3) $(A + B)C = AC + BC$.

Bemerkung

(1) Falls A · B definiert ist, ist B · A im allgemeinen nicht definiert; selbst im Sonderfall n = m = p sind A · B und B · A meistens verschieden (d.h. die Matrixmultiplikation ist im allgemeinen **nicht** kommutativ).

(2) Aus AB = 0 folgt in der Regel **nicht**, wie etwa bei den reellen Zahlen:

$$A = 0 \text{ oder } B = 0.$$

(3) Ebenso kann man aus AB = AC nicht folgern B = C.

Häufig wird die Matrixmultiplikation mit dem **Falk Schema** durchgeführt.

Beispiel

Zur Verdeutlichung multiplizieren wir die zwei Matrizen

$$A = \begin{pmatrix} 1 & 2 & 3 \\ 4 & 5 & 6 \end{pmatrix} \text{ und } B = \begin{pmatrix} 4 & 5 \\ 1 & 2 \\ 3 & 6 \end{pmatrix}.$$

Dann ergibt sich mit dem Falk Schema für das Produkt A · B:

A · B	4 1 3	5 2 6
1 2 3 4 5 6	$1\cdot 4 + 2\cdot 1 + 3\cdot 3$ $4\cdot 4 + 5\cdot 1 + 6\cdot 3$	$1\cdot 5 + 2\cdot 2 + 3\cdot 6$ $4\cdot 5 + 5\cdot 2 + 6\cdot 6$

also:

A · B	4 1 3	5 2 6
1 2 3 4 5 6	15 39	27 66

Wir erhalten als Produkt $A \cdot B = \begin{pmatrix} 15 & 27 \\ 39 & 66 \end{pmatrix}$.

Als Merkregel gilt für die Matrixmultiplikation: **Zeile mal Spalte.**

Beispiel

Eine Firma produziert drei Modelle A, B und C eines Produktes an den Standorten San Francisco, Chicago und Toronto. Matrix W beschreibt diesen Zusammenhang:

$$W = \begin{pmatrix} 10 & 7 & 3 \\ 5 & 9 & 6 \\ 4 & 8 & 2 \end{pmatrix} \begin{matrix} \text{Toronto} \\ \text{Chicago} \\ \text{San Francisco} \end{matrix} \quad (\text{Spalten: } A \; B \; C)$$

Modell A kostet 800,- €, Modell B 1.000,- € und Modell C 1.200,- €.
Wir wollen ermitteln, wie groß der Wert (T) der Ware ist, die in Toronto lagert:

$$T = 10 \cdot 800 + 7 \cdot 1.000 + 3 \cdot 1.200 = 8.000 + 7.000 + 3.600 = 18.600$$

Für die Städte Chicago und San Francisco erhalten wir die Werte C und S:

$$C = 5 \cdot 800 + 9 \cdot 1.000 + 6 \cdot 1.200 = 4.000 + 9.000 + 7.200 = 20.200$$

$$S = 4 \cdot 800 + 8 \cdot 1.000 + 2 \cdot 1.200 = 3.200 + 8.000 + 2.400 = 13.600$$

Wesentlich kürzer erhalten wir die gesuchten Werte durch folgende Matrizenmultiplikation:

$$\begin{pmatrix} 10 & 7 & 3 \\ 5 & 9 & 6 \\ 4 & 8 & 2 \end{pmatrix} \cdot \begin{pmatrix} 800 \\ 1.000 \\ 1.200 \end{pmatrix} = \begin{pmatrix} 18.600 \\ 20.200 \\ 13.600 \end{pmatrix}$$

Wir definieren zwei weitere Begriffe, um auf systematische Weise Matrizen zu erhalten, die in speziellem Bezug zu einer Ausgangsmatrix A stehen.

Definition

Sei eine Matrix $A \in \mathbf{R}^{m,n}$ gegeben. Dann heißt die Matrix $B \in \mathbf{R}^{n,m}$ die **transponierte** Matrix zu A, falls gilt:

$$b_{ji} = a_{ij} \quad \text{für } i = 1, 2, \ldots, m; \; j = 1, 2, \ldots, n.$$

Die transponierte Matrix wird mit A' oder A^t bezeichnet.

Alle Elemente werden an der Hauptdiagonalen gespiegelt: Die Zeilen werden zu Spalten bzw. die Spalten zu Zeilen.

Beispiel

Sei A eine Matrix mit $A = \begin{pmatrix} 3 & 4 & 5 & 6 \\ 1 & 2 & 4 & 5 \end{pmatrix}$.

Dann ist die zu A transponierte Matrix $A' = \begin{pmatrix} 3 & 1 \\ 4 & 2 \\ 5 & 4 \\ 6 & 5 \end{pmatrix}$.

Wir erinnern ein weiteres Mal an die Menge der reellen Zahlen. Zu jeder reellen Zahl gibt es eine weitere reelle Zahl derart, daß das Produkt dieser zwei Zahlen die Zahl 1, das neutrale Element, ergibt.

Betrachten wir etwa die Zahl 7, so gilt: $7 \cdot \frac{1}{7} = 1$.

Übertragen wir die Situation auf die Menge der Matrizen, so lautet die Frage: Gibt es zu jeder Matrix A eine weitere Matrix A^{-1} mit:

$$A \cdot A^{-1} = I,$$

wobei I die Einheitsmatrix ist bzw. das neutrale Element bzgl. der Matrixmultiplikation?

Wir werden erkennen, daß die Begriffe sich nur bedingt übertragen lassen und wir uns deshalb immer bewußt machen müssen, welche Art der Verknüpfung innerhalb welcher Menge wir meinen.

Definition

Wir betrachten eine **quadratische** Matrix A. Wir nennen, falls existent, die Matrix A^{-1} die **Inverse** zur Matrix A, falls gilt:

$$A \cdot A^{-1} = I = A^{-1} \cdot A.$$

Gibt es zur Matrix A keine Inverse, so heißt die Matrix A **singulär**. Ansonsten wird die Matrix A als **nichtsingulär** bzw. **regulär** bezeichnet.

Gibt es zu einer Matrix A die Inverse A^{-1}, so bezeichnet man A als **invertierbar**.

Beispiel

1) Wir suchen zur Matrix

$$A = \begin{pmatrix} 1 & 2 \\ 3 & 4 \end{pmatrix}$$

die inverse Matrix und erhalten:

$$A^{-1} = \begin{pmatrix} -2 & 1 \\ 1{,}5 & -0{,}5 \end{pmatrix}.$$

2) Gibt es auch zur Matrix $B = \begin{pmatrix} 1 & 0 \\ 1 & 0 \end{pmatrix}$ eine inverse Matrix?

Kann es zu dieser Matrix B eine Inverse

$$B^{-1} = \begin{pmatrix} a & b \\ c & d \end{pmatrix}$$

geben, wobei a, b, c und d reelle Zahlen sind? Es müßte gelten:

$$B \cdot B^{-1} = \begin{pmatrix} 1 & 0 \\ 1 & 0 \end{pmatrix} \cdot \begin{pmatrix} a & b \\ c & d \end{pmatrix} = \begin{pmatrix} 1 & 0 \\ 0 & 1 \end{pmatrix}.$$

Um a, b, c und d zu bestimmen, erhalten wir folgende Gleichungen:

$$a = 1 \text{ und } a = 0$$

bzw.

$$b = 0 \text{ und } b = 1.$$

Dies ist aber ein Widerspruch, da eine Zahl nicht gleichzeitig die Werte 1 und 0 annehmen kann. Somit gibt es zur Matrix B keine Inverse.

Wie sind wir im Beispiel 1) auf die Inverse gestoßen? An dieser Stelle muß die Konstruktion der Inversen wie ein Griff in die Black Box anmuten. An einer späteren Stelle werden wir noch einmal auf diese Frage eingehen.

Aus der Schule sollte der Begriff des Vektors bekannt sein. Vektoren sind, wie wir zu Beginn des Kapitels bemerkten, Matrizen mit einer Zeile bzw. mit einer Spalte. Für die weitere Betrachtung wollen wir uns auf die Spaltenschreibweise einigen und Vektoren mit kleinen Buchstaben bezeichnen. Offensichtlich werden Vektoren analog zu den Matrizen addiert. Wie aber multipliziert man zwei Vektoren?

Definition

Seien zwei Vektoren $a \in \mathbf{R}^n$ und $b \in \mathbf{R}^n$ gegeben. Mit a' bzw. b' bezeichnen wir die zu a bzw. b transponierten Vektoren. Unter dem **Vektorprodukt** bzw. **inneren Produkt zweier Vektoren** verstehen wir:

$$a' \cdot b = b' \cdot a = \sum_{i=1}^{n} a_i \cdot b_i \ .$$

Das Vektorprodukt zweier Vektoren ist eine reelle Zahl.

Beispiel

Wir suchen für die Vektoren

$$a = \begin{pmatrix} 1 \\ 2 \\ 3 \end{pmatrix} \text{ und } b = \begin{pmatrix} 5 \\ 6 \\ 8 \end{pmatrix}$$

das Vektorprodukt. Es gilt:

$$a' \cdot b = \begin{pmatrix} 1 & 2 & 3 \end{pmatrix} \cdot \begin{pmatrix} 5 \\ 6 \\ 8 \end{pmatrix} = 41.$$

Häufig interessieren wir uns für die "Länge" eines Vektors. Mit Hilfe des Vektorproduktes können wir formulieren:

Definition

Sei ein Vektor $a \in \mathbf{R}^n$ gegeben. Unter der **euklidischen Norm** $| \ |$ des Vektors a verstehen wir:

$$|a| = \sqrt{\sum_{i=1}^{n} (a_i)^2} = \sqrt{a' \cdot a} \ .$$

Beispiel

Wir interessieren uns für die Norm der Vektoren:

$$a = \begin{pmatrix} 4 \\ 3 \end{pmatrix}, b = \begin{pmatrix} 1 \\ 2 \\ 3 \end{pmatrix} \text{ und } c = \begin{pmatrix} 5 \\ 6 \\ 8 \end{pmatrix}.$$

$$|a| = \sqrt{4^2 + 3^2} = \sqrt{16 + 9} = 5$$

$$|b| = \sqrt{1^2 + 2^2 + 3^2} = \sqrt{1 + 4 + 9} = \sqrt{14}$$

$$|c| = \sqrt{5^2 + 6^2 + 8^2} = \sqrt{25 + 36 + 64} = \sqrt{125} = 5\sqrt{5}$$

Die Norm eines Vektors hat einige wichtige Eigenschaften, die wir im folgenden Satz zusammenfassen:

Satz

Seien zwei Vektoren $a \in \mathbf{R}^n$ und $b \in \mathbf{R}^n$ gegeben und sei ferner α eine reelle Zahl. Dann gilt:

(1) $|a| \geq 0,$

(2) $|a| = 0 \Leftrightarrow a = 0,$

(3) $|a| = |-a|,$

(4) $|\alpha a| = |\alpha| \, |a|,$

(5) $|a + b| \leq |a| + |b|.$

Nicht nur die Menge der reellen Zahlen und die Menge der (m,n)-Matrizen lassen zwei Operationen wie die jeweilige Addition und Multiplikation zu. Deshalb wird der Begriff des **Vektorraums** eingeführt, um diesen Zusammenhang allgemein zu beschreiben. In einem ersten Schritt definieren wir den Begriff der **Gruppe**:

Definition

Es sei V eine Menge, die mit einer Verknüpfung versehen ist, die im weiteren als **Addition** geschrieben wird. Die Menge V heißt **abelsche (bzw. kommutative) Gruppe**, wenn die folgenden Eigenschaften für beliebige Elemente a, b und c aus V erfüllt sind:

1) $a + b = b + a$

2) $(a + b) + c = a + (b + c)$

3) Es gibt ein neutrales Element 0, d.h. es gilt:

$$a + 0 = a$$

4) Zu jedem Element a gibt es ein inverses Element (-a) mit:

$$a + (-a) = 0\,.$$

Definition

Sei V eine abelsche Gruppe. Zwischen den reellen Zahlen und den Elementen aus V wird eine Verknüpfung eingeführt, die wir als **Multiplikation** bezeichnen wollen.

V heißt **Vektorraum**, wenn für alle reellen Zahlen α, β und beliebige Elemente a und b aus V gilt:

1) $(\alpha + \beta) \cdot a = \alpha \cdot a + \beta \cdot a$,

2) $\alpha \cdot (a + b) = \alpha \cdot a + \alpha \cdot b$,

3) $(\alpha \cdot \beta) \cdot a = \alpha \cdot (\beta \cdot a)$,

4) Es gibt ein neutrales Element 1, d.h. es gilt:

$$1 \cdot a = a.$$

Beispiele für Vektorräume

1) Die Menge der reellen Zahlen mit den üblichen Operationen Addition und Multiplikation bilden einen Vektorraum.

2) Die Menge der Matrizen mit der Matrixaddition und der Skalarmultiplikation als Verknüpfung bilden einen Vektorraum.

Die Eigenschaft des Vektorraums ist sehr schwach. So wird die Existenz einer Inversen nicht vorausgesetzt.

Definition

Sei U eine nichtleere Teilmenge eines Vektorraums V.

U heißt **Unterraum** von V, falls für alle a, b $\in$ U und $\alpha \in \mathbf{R}$ die folgenden zwei **Abgeschlossenheitseigenschaften** gelten:

(1) $a \in U$ und $b \in U$

$$\Rightarrow (a + b) \in U,$$

(2) $a \in U$ und $\alpha \in \mathbf{R}$

$$\Rightarrow (\alpha a) \in U.$$

Offensichtlich ist jeder Unterraum ein Vektorraum.

10.2 Linearkombination von Vektoren

Definition

Für i = 1, 2, ..., n seien λ_i reelle Zahlen und x_i Vektoren gleicher Dimension. Dann heißt

$$x := \sum_{i=1}^{n} \lambda_i \cdot x_i$$

Linearkombination der Vektoren x_i.

Beispiel

Sei n = 3 und $x_1 = \begin{pmatrix} 1 \\ 2 \\ 3 \end{pmatrix}$, $x_2 = \begin{pmatrix} 4 \\ 5 \\ 6 \end{pmatrix}$ und $x_3 = \begin{pmatrix} 5 \\ 4 \\ 3 \end{pmatrix}$.

Sei $\lambda_1 = 1$, $\lambda_2 = 4$ und $\lambda_3 = 12$.

Wir erhalten als Linearkombination:

$$x = 1 \cdot \begin{pmatrix} 1 \\ 2 \\ 3 \end{pmatrix} + 4 \cdot \begin{pmatrix} 4 \\ 5 \\ 6 \end{pmatrix} + 12 \cdot \begin{pmatrix} 5 \\ 4 \\ 3 \end{pmatrix} = \begin{pmatrix} 77 \\ 70 \\ 63 \end{pmatrix}.$$

Definition

Seien $v_1, v_2, ..., v_n$ Vektoren der Dimension m und $\lambda_1, \lambda_2, ..., \lambda_n$ reelle Zahlen.

Die Menge der Vektoren v_i (i = 1, 2, ..., n) heißt **linear unabhängig**, falls aus der Darstellung

$$\sum_{i=1}^{n} \lambda_i \cdot v_i = 0$$

folgt:

$$\lambda_i = 0 \qquad \text{für } i = 1, 2, ..., n.$$

Die letzte Zeile bedeutet, daß für **alle** λ_i gelten muß: $\lambda_i = 0$.

Beispiel

Sind die Vektoren

$$v_1 = \begin{pmatrix} 1 \\ 0 \\ 0 \end{pmatrix}, v_2 = \begin{pmatrix} 0 \\ 1 \\ 0 \end{pmatrix}, v_3 = \begin{pmatrix} 0 \\ 0 \\ 1 \end{pmatrix}, v_4 = \begin{pmatrix} 1 \\ 1 \\ 1 \end{pmatrix}$$

linear unabhängig?

v_1 und v_2 sind linear unabhängig, da aus

$$\lambda_1 v_1 + \lambda_2 v_2 = \lambda_1 \begin{pmatrix} 1 \\ 0 \\ 0 \end{pmatrix} + \lambda_2 \begin{pmatrix} 0 \\ 1 \\ 0 \end{pmatrix} = \begin{pmatrix} 0 \\ 0 \\ 0 \end{pmatrix}$$

folgt:

$$\lambda_1 = \lambda_2 = 0 .$$

Auch v_1, v_2 und v_3 sind linear unabhängig, da gilt:

$$\lambda_1 v_1 + \lambda_2 v_2 + \lambda_3 v_3 = \lambda_1 \begin{pmatrix} 1 \\ 0 \\ 0 \end{pmatrix} + \lambda_2 \begin{pmatrix} 0 \\ 1 \\ 0 \end{pmatrix} + \lambda_3 \begin{pmatrix} 0 \\ 0 \\ 1 \end{pmatrix} = \begin{pmatrix} 0 \\ 0 \\ 0 \end{pmatrix}$$

und somit:

$$\lambda_1 = \lambda_2 = \lambda_3 = 0 .$$

Allerdings sind v_1, v_2, v_3 und v_4 **nicht** linear unabhängig, denn aus der Darstellung:

$$\lambda_1 v_1 + \lambda_2 v_2 + \lambda_3 v_3 + \lambda_4 v_4$$
$$= \lambda_1 \begin{pmatrix} 1 \\ 0 \\ 0 \end{pmatrix} + \lambda_2 \begin{pmatrix} 0 \\ 1 \\ 0 \end{pmatrix} + \lambda_3 \begin{pmatrix} 0 \\ 0 \\ 1 \end{pmatrix} + \lambda_4 \begin{pmatrix} 1 \\ 1 \\ 1 \end{pmatrix} = \begin{pmatrix} 0 \\ 0 \\ 0 \end{pmatrix}$$

folgt:

$$\lambda_4 = -\lambda_1 = -\lambda_2 = -\lambda_3.$$

Ist es nun möglich, einen beliebigen Vektor als Linearkombination von n weiteren Vektoren zu schreiben? In der Regel wird dies nicht gelingen, es sei denn, die n Vektoren bilden eine Basis:

Definition

Eine Menge von n unabhängigen Vektoren $x_i \in \mathbf{R}^n$ wird als **Basis** bezeichnet.

10.3 Determinante einer Matrix

Im weiteren Verlauf dieses Kapitels versuchen wir, lineare Gleichungssysteme zu lösen. Ohne bereits zu wissen, was wir unter einem linearen Gleichungssystem verstehen wollen, definieren wir eine Kenngröße einer Matrix, die uns von großer Hilfe bei der Lösung dieses Problems sein wird.

Definition

Sei A eine (n × n) - Matrix. Dann heißt

$$|A| = \sum_{i=1}^{n} (-1)^{i+j} \cdot a_{ij} \cdot |A_{ij}| \text{ für beliebiges aber festes } j$$

die **Determinante von A.** Dabei entsteht die Matrix A_{ij} aus A durch Streichen der i-ten Zeile und j-ten Spalte. Statt | A | schreibt man auch **det A.** Man sagt, daß die Matrix A nach der j-ten Spalte entwickelt wird.

Sei a eine reelle Zahl. Die Determinante der (1 × 1) - Matrix A = (a) ist a, d.h. es gilt:

$$|A| = a.$$

Anmerkungen

1) Man beachte, daß Determinanten nur für quadratische Matrizen definiert worden sind.

2) Es könnte bei der eben vorgestellten Definition der Eindruck entstehen, daß man den Begriff der Determinante durch sich selbst erklärt.

   Dies ist natürlich nicht der Fall, denn man beachte, daß die Matrix A_{ij} eine (n - 1) × (n - 1) - Matrix ist.

3) Die von uns gewählte Definition wird in der Literatur als **Laplacescher Zerlegungssatz** oder **Entwicklungssatz von Laplace** bezeichnet.

4) In der obigen Definition haben wir die Determinante nach der j-ten Spalte entwickelt, indem wir j beliebig aber fest gewählt haben.

   Ebenso können wir nach der i-ten Zeile entwickeln. Dazu müssen wir i beliebig aber fest wählen.

5) Geschickterweise entwickelt man nach der Zeile bzw. der Spalte der Matrix, die die meisten Nullen enthält.

Beispiel

1) Für die Matrix

$$A = \begin{pmatrix} 1 & 2 \\ 3 & 4 \end{pmatrix}$$

bestimmen wir die Determinante, wobei einmal nach der 1. Zeile und einmal nach der 2. Spalte entwickelt wird.

Entwicklung nach der 1. Zeile ergibt:

$$| A | = (-1)^{1+1} \cdot 1 \cdot 4 + (-1)^{1+2} \cdot 2 \cdot 3 = 4 - 6 = -2 .$$

Bei Entwicklung nach der 2. Spalte folgt:

$$| A | = (-1)^{1+2} \cdot 2 \cdot 3 + (-1)^{2+2} \cdot 4 \cdot 1 = -6 + 4 = -2 .$$

2) Für die Matrix

$$B = \begin{pmatrix} 1 & 2 & 3 \\ 4 & 5 & 6 \\ 7 & 8 & 9 \end{pmatrix}$$

ergibt sich durch Entwicklung nach der 1. Zeile :

$$| B | = (-1)^{1+1} \cdot 1 \cdot \begin{vmatrix} 5 & 6 \\ 8 & 9 \end{vmatrix} + (-1)^{1+2} \cdot 2 \cdot \begin{vmatrix} 4 & 6 \\ 7 & 9 \end{vmatrix} + (-1)^{1+3} \cdot 3 \cdot \begin{vmatrix} 4 & 5 \\ 7 & 8 \end{vmatrix}$$
$$= (45 - 48) - 2 \cdot (36 - 42) + 3 \cdot (32 - 35) = 45 - 48 - 72 + 84 + 96 - 105 = 0.$$

Folgende nützliche Aussage bzgl. der Inversen einer Matrix läßt sich über die Determinante treffen:

Satz

Sei A eine quadratische Matrix.
A ist **nicht** invertierbar genau dann, wenn gilt $| A | = 0$.

Satz

Seien A und B quadratische Matrizen. Dann gilt:

$$| A \cdot B | = | A | \cdot | B | .$$

10.4 Lineare Gleichungssysteme

Definition

Ein **lineares Gleichungssystem** ist durch m Gleichungen und n Unbekannte gegeben. Es wird allgemein in der Form geschrieben:

$$\begin{array}{ccccccccc} a_{11}x_1 & + & a_{12}x_2 & + & \dots & + & a_{1n}x_n & = & b_1 \\ a_{21}x_1 & + & a_{22}x_2 & + & \dots & + & a_{2n}x_n & = & b_2 \\ a_{31}x_1 & + & a_{32}x_2 & + & \dots & + & a_{3n}x_n & = & b_3 \\ \dots & & \dots & & & & \dots & & \dots \\ \dots & & \dots & & & & \dots & & \dots \\ a_{m1}x_1 & + & a_{m2}x_2 & + & \dots & + & a_{mn}x_n & = & b_m \end{array}$$

In dieser Darstellung sind x_j $(j = 1, 2, ..., n)$ die zu bestimmenden Größen und a_{ij} $(i = 1, 2, ..., m; j = 1, 2, ..., n)$ reelle Zahlen, die sogenannten **Koeffizienten** des Gleichungssystems.

Die reellen Zahlen b_i $(i = 1, 2, ..., m)$ werden als **absolute Glieder** bzw. durch ihre Lage bedingt als **rechte Seite** bezeichnet.

Das Gleichungssystem heißt **homogen**, falls für alle b_i $(i = 1, 2, ..., m)$ gilt:

$$b_i = 0.$$

Offensichtlich hat ein homogenes Gleichungssystem immer die triviale Lösung:

$$x_1 = x_2 = x_3 = ... = x_n = 0.$$

Was hat dieses System von Gleichungen und Unbekannten mit unserem Begriff der Matrix zu tun? Wir betrachten folgende Größen:

$$A = \begin{pmatrix} a_{11} & a_{12} & \dots & a_{1n} \\ a_{21} & a_{22} & \dots & a_{2n} \\ \dots & \dots & \dots & \dots \\ a_{m1} & a_{m2} & \dots & a_{mn} \end{pmatrix}, x = \begin{pmatrix} x_1 \\ x_2 \\ \dots \\ x_n \end{pmatrix} \text{ und } b = \begin{pmatrix} b_1 \\ b_2 \\ \dots \\ b_m \end{pmatrix}.$$

Dann ist obiges Gleichungssystem, wie man sich sofort klar macht, auch in der Form schreibbar:

$$Ax = b.$$

Offensichtlich ist die Lösungsmenge dieses Gleichungssystems von der Matrix A und dem Vektor b abhängig. Also betrachten wir die **erweiterte Matrix** (A, b), die aus A durch Hinzufügen des Vektors b entsteht:

$$(A, b) = \begin{pmatrix} a_{11} & a_{12} & \dots & a_{1n} & b_1 \\ a_{21} & a_{22} & \dots & a_{2n} & b_2 \\ \dots & \dots & \dots & \dots & \dots \\ a_{m1} & a_{m2} & \dots & a_{mn} & b_m \end{pmatrix}$$

Eine Form des Gleichungssystems, die sogenannte **kanonische Form**, aus der die Lösbarkeit und die Lösung unmittelbar ablesbar sind, hat folgendes Aussehen:

$$\begin{array}{llllllllll} x_1 & & & & & + & a'_{1,r+1}x_{r+1} & + & a'_{1n}x_n & = & b'_1 \\ & x_2 & & & & & & + & a'_{2n}x_n & = & b'_2 \\ & & x_3 & & & & & + & a'_{3n}x_n & = & b'_3 \\ & & & \dots & & & & & \dots & = & \dots \\ & & & \dots & & & & & \dots & = & \dots \\ & & & & x_r & + & a'_{r,r+1}x_{r+1} & + & a'_{rn}x_n & = & b'_r \\ & & & & & & & & 0 & = & 0 \\ & & & & & & & & \dots & = & \dots \\ & & & & & & & & 0 & = & 0 \end{array}$$

Dies entspricht in Matrixschreibweise einer Matrix der Form (A*, b*) mit:

$$(A^*, b^*) = \begin{pmatrix} 1 & 0 & 0 & \dots & a'_{1,r+1} & \dots & a'_{1,n} & b'_1 \\ 0 & 1 & 0 & \dots & a'_{2,r+1} & \dots & a'_{2,n} & b'_2 \\ 0 & 0 & 1 & \dots & \dots & \dots & \dots & \dots \\ \dots & \dots & \dots & \dots & \dots & \dots & \dots & \dots \\ 0 & 0 & \dots & 1 & a'_{r,r+1} & \dots & a'_{rn} & b'_r \\ 0 & 0 & 0 & 0 & 0 & 0 & 0 & 0 \\ 0 & 0 & 0 & 0 & 0 & 0 & 0 & 0 \end{pmatrix}$$

Definition

Wir betrachten eine (m × n) - Matrix A. Die folgenden Umformungen heißen **elementare Umformungen** bzw. **Transformationen**:

(a) Vertauschen zweier Zeilen,

(b) Multiplikation einer Zeile mit einer reellen Zahl λ,

(c) Addition einer Zeile zu einer anderen Zeile.

Wichtig für unser weiteres Vorgehen ist, daß wir durch elementare Umformungen die Lösungsmenge eines Gleichungssystems nicht verändern. Dies ist aber gesichert, denn es gilt:

Satz

Elementare Umformungen lassen die Lösung eines linearen Gleichungssystems unverändert.

Eine weitere systematische Methode zur Lösung eines linearen Gleichungssystems geht auf Carl Friedrich Gauß[7] (1777 - 1855) und Camille Jordan (1842 - 1899) zurück.

Ziel der **Gauß-Jordan-Methode** ist, durch elementare Zeilenumformungen eine Matrix der Form zu erhalten, die auf der Diagonalen mit Einsen und darüber und darunter mit Nullen besetzt ist.

Beispiel

Wir suchen für das folgende Gleichungssystem alle möglichen Lösungen:

$$\begin{array}{rcrcrcr} 2x_1 & + & 3x_2 & + & 4x_3 & = & 20 \\ 3x_1 & + & 4x_2 & + & 6x_3 & = & 29 \\ 1x_1 & + & 5x_2 & + & 7x_3 & = & 32 \\ 7x_1 & + & 8x_2 & + & 6x_3 & = & 41 \end{array}$$

In Matrixschreibweise ergibt dies:

7 Carl Friedrich Gauß (1777 - 1855) wurde in Brunswick, Deutschland geboren und starb als Professor der Mathematik in Göttingen. Zu den zahlreichen Gebieten, in denen Gauß Arbeiten veröffentlichte, gehören die Zahlentheorie, die Algebra, die Geometrie und die Astronomie.

$$(A, b) = \begin{pmatrix} 2 & 3 & 4 & 20 \\ 3 & 4 & 6 & 29 \\ 1 & 5 & 7 & 32 \\ 7 & 8 & 6 & 41 \end{pmatrix}$$

Um die von uns angestrebte Form zu erhalten, führen wir einige elementare Umformungen durch. Wir dividieren die erste Gleichung durch 2 und erhalten:

$$\begin{matrix} 1 & 1{,}5 & 2 & 10 \\ 3 & 4 & 6 & 29 \\ 1 & 5 & 7 & 32 \\ 7 & 8 & 6 & 41 \end{matrix}$$

In einem zweiten Schritt führen wir folgende drei Operationen gleichzeitig durch: Wir subtrahieren

das 3-fache der 1. Gleichung von Gleichung 2,
die 1. Gleichung von Gleichung 3 und als letztes
das 7-fache der 1. Gleichung von Gleichung 4:

$$\begin{matrix} 1 & 1{,}5 & 2 & 10 \\ 0 & -0{,}5 & 0 & -1 \\ 0 & 3{,}5 & 5 & 22 \\ 0 & -2{,}5 & -8 & -29 \end{matrix}$$

In einem weiteren Schritt multiplizieren wir die 2. Gleichung mit (-2):

$$\begin{matrix} 1 & 1{,}5 & 2 & 10 \\ 0 & 1 & 0 & 2 \\ 0 & 3{,}5 & 5 & 22 \\ 0 & -2{,}5 & -8 & -29 \end{matrix}$$

Wir subtrahieren

das 1,5-fache der 2. Gleichung von Gleichung 1,
das 3,5-fache der 2. Gleichung von Gleichung 3

und addieren

das 2,5-fache der 2. Gleichung zu Gleichung 4:

$$\begin{matrix} 1 & 0 & 2 & 7 \\ 0 & 1 & 0 & 2 \\ 0 & 0 & 5 & 15 \\ 0 & 0 & -8 & -24 \end{matrix}$$

Wir dividieren die 3. Gleichung durch 5 und die 4. Gleichung durch (-8):

$$\begin{array}{cccc} 1 & 0 & 2 & 7 \\ 0 & 1 & 0 & 2 \\ 0 & 0 & 1 & 3 \\ 0 & 0 & 1 & 3 \end{array}$$

In einem letzten Schritt subtrahieren wir
die 3. Gleichung von der 4. Gleichung und
das 2-fache der 3. Gleichung von der 1. Gleichung:

$$\begin{array}{cccc} 1 & 0 & 0 & 1 \\ 0 & 1 & 0 & 2 \\ 0 & 0 & 1 & 3 \\ 0 & 0 & 0 & 0 \end{array}$$

Wir haben die von uns angestrebte Form erreicht und können unmittelbar die Lösung des Gleichungssystems ablesen:

$$x_3 = 3, x_2 = 2 \text{ und } x_1 = 1.$$

Beispiel

Wir untersuchen das Gleichungssystem:

$$\begin{array}{rcrcr} 3x_1 & + & 4x_2 & = & 25 \\ 1x_1 & + & 1x_2 & = & 7 \\ 6x_1 & + & 2x_2 & = & 26 \end{array}$$

auf mögliche Lösungen.

In Matrixschreibweise ergibt dies

$$(A, b) = \begin{pmatrix} 3 & 4 & 25 \\ 1 & 1 & 7 \\ 6 & 2 & 26 \end{pmatrix}.$$

In einem ersten Schritt dividieren wir die erste Gleichung durch 3 und die 3. Gleichung durch 6:

$$\begin{array}{ccc} 1 & \frac{4}{3} & \frac{25}{3} \\ 1 & 1 & 7 \\ 1 & \frac{1}{3} & \frac{13}{3} \end{array}$$

Wir subtrahieren die 1. Gleichung von der 2. und von der 3. Gleichung:

$$\begin{matrix} 1 & \frac{4}{3} & \frac{25}{3} \\ 0 & -\frac{1}{3} & -\frac{4}{3} \\ 0 & -1 & -4 \end{matrix}$$

Wir multiplizieren die 2. Gleichung mit dem Faktor (-3) und die 3. Gleichung mit -1:

$$\begin{matrix} 1 & \frac{4}{3} & \frac{25}{3} \\ 0 & 1 & 4 \\ 0 & 1 & 4 \end{matrix}$$

Subtraktion der 2. Gleichung von Gleichung 3 ergibt:

$$\begin{matrix} 1 & \frac{4}{3} & \frac{25}{3} \\ 0 & 1 & 4 \\ 0 & 0 & 0 \end{matrix}$$

In einem letzten Schritt subtrahieren wir das $\frac{4}{3}$-fache der 2. Gleichung von Gleichung 1 und erhalten die von uns gewünschte Form:

$$\begin{matrix} 1 & 0 & 3 \\ 0 & 1 & 4 \\ 0 & 0 & 0 \end{matrix}$$

Als Lösung erhalten wir $x_2 = 4$ und $x_1 = 3$.

Beispiel

Wir betrachten das Gleichungssystem:

$$\begin{matrix} 3x_1 & + & 4x_2 & = & 27 \\ 4x_1 & + & 6x_2 & = & 38 \end{matrix}$$

In Matrixschreibweise ergibt dies:

$$(A, b) = \begin{pmatrix} 3 & 4 & 27 \\ 4 & 6 & 38 \end{pmatrix}.$$

In einem ersten Schritt dividieren wir die erste Gleichung durch 3 und die 2. Gleichung durch 4:

$$\begin{matrix} 1 & \frac{4}{3} & 9 \\ 1 & \frac{3}{2} & \frac{19}{2} \end{matrix}$$

Wir subtrahieren die 1. Gleichung von der 2. Gleichung:

$$\begin{matrix} 1 & \frac{4}{3} & 9 \\ 0 & \frac{1}{6} & \frac{1}{2} \end{matrix}$$

Wir multiplizieren die 2. Gleichung mit dem Faktor 6 und in einem zweiten Schritt subtrahieren wir das $\frac{4}{3}$-fache der 2. Zeile von der 1. Zeile:

$$\begin{matrix} 1 & 0 & 5 \\ 0 & 1 & 3 \end{matrix}$$

Als Lösung erhalten wir: $x_2 = 3$ und $x_1 = 5$.

Beispiel

Wir betrachten das Gleichungssystem:

$$\begin{matrix} 2x_1 & + & 4x_2 & = & 22 \\ 8x_1 & + & 1x_2 & = & 28 \\ 7x_1 & + & 6x_2 & = & 53 \end{matrix}$$

In Matrixschreibweise ergibt dies:

$$(A, b) = \begin{pmatrix} 2 & 4 & 22 \\ 8 & 1 & 28 \\ 7 & 6 & 53 \end{pmatrix}$$

In einem ersten Schritt dividieren wir die erste Gleichung durch 2:

$$\begin{matrix} 1 & 2 & 11 \\ 8 & 1 & 28 \\ 7 & 6 & 53 \end{matrix}$$

Anschließend subtrahieren wir das 8-fache bzw. das 7-fache der 1. Gleichung von Gleichung 2 bzw. von Gleichung 3:

$$\begin{matrix} 1 & 2 & 11 \\ 0 & -15 & -60 \\ 0 & -8 & -24 \end{matrix}$$

Dividieren wir die 2. Gleichung durch (-15) und die 3. Gleichung durch (-8), so ergibt sich folgender Widerspruch:

$$\begin{matrix} 1 & 2 & 11 \\ 0 & 1 & 4 \\ 0 & 1 & 3 \end{matrix}$$

Warum ist dies ein Widerspruch? Wir betrachten die zweite und dritte Zeile und leiten daraus für unser Gleichungssystem her, daß einmal $x_2 = 4$ und im zweiten Fall $x_2 = 3$ gelten soll. Dies ist aber nicht gleichzeitig möglich, also erhalten wir die leere Menge als Lösungsmenge: $L = \{\ \}$.

Zum Abschluß erinnern wir uns an den Begriff der Determinante, um die Lösung eines Gleichungssystems zu charakterisieren.

Satz

Ein homogenes Gleichungssystem der Form $Ax = 0$ mit n Gleichungen und n Unbekannten hat eine nicht triviale Lösung genau dann, wenn für die Matrix A gilt:

$$|A| = 0.$$

Beispiel

Wir betrachten das Gleichungssystem:

$$\begin{matrix} 2x_1 & + & 4x_2 & = & 0 \\ 8x_1 & + & 1x_2 & = & 0 \end{matrix}$$

In Matrixschreibweise ergibt dies:

$$(A, b) = \begin{pmatrix} 2 & 4 & 0 \\ 8 & 1 & 0 \end{pmatrix}.$$

Für die Matrix A gilt:

$$|A| = \begin{vmatrix} 2 & 4 \\ 8 & 1 \end{vmatrix} = 2 - 32 = -30 \neq 0,$$

also gibt es lediglich die triviale Lösung.

Zur Bestätigung wird das Gleichungssystem elementar umgeformt:
In einem ersten Schritt dividieren wir die 1. Gleichung durch 2:

$$\begin{matrix} 1 & 2 & 0 \\ 8 & 1 & 0 \end{matrix}$$

Anschließend subtrahieren wir das 8-fache der 1. Gleichung von Gleichung 2:

$$\begin{matrix} 1 & 2 & 0 \\ 0 & -15 & 0 \end{matrix}$$

Teilen der 2. Gleichung durch (-15) ergibt:

$$\begin{matrix} 1 & 2 & 0 \\ 0 & 1 & 0 \end{matrix}$$

Wir erhalten als Lösung: $x_2 = 0$ und $x_1 = 0$.

Beispiel

Wir betrachten das Gleichungssystem:

$$\begin{matrix} 2x_1 & + & 4x_2 & = & 0 \\ 4x_1 & + & 8x_2 & = & 0 \end{matrix}$$

In Matrixschreibweise ergibt dies:

$$(A, b) = \begin{pmatrix} 2 & 4 & 0 \\ 4 & 8 & 0 \end{pmatrix}.$$

Für die Matrix A gilt:

$$|A| = \begin{vmatrix} 2 & 4 \\ 4 & 8 \end{vmatrix} = 16 - 16 = 0,$$

also gibt es eine nicht triviale Lösung.

In einem ersten Schritt dividieren wir die 1. Gleichung durch 2:

$$\begin{matrix} 1 & 2 & 0 \\ 4 & 8 & 0 \end{matrix}$$

Anschließend subtrahieren wir das 4-fache der 1. Gleichung von Gleichung 2:

$$\begin{matrix} 1 & 2 & 0 \\ 0 & 0 & 0 \end{matrix}$$

Somit gilt:

$$L = \{ (x_1, x_2) \in \mathbf{R}^2 \mid x_1 = -2x_2 \}.$$

10.5 Eigenwerte und Eigenvektoren

Sei A eine beliebige quadratische Matrix. Eine Problemstellung kann dazu führen, daß wir

$$A^2 = A \cdot A,$$
$$A^3 = A \cdot A \cdot A \text{ oder allgemein}$$
$$A^n = A \cdot A \cdot A \cdot \ldots \cdot A$$

bilden müssen.

Dies ist sehr häufig mit einem großen Rechenaufwand verbunden. Falls es allerdings einen vom Nullvektor verschiedenen Vektor x und eine reelle Zahl (**Skalar**) λ mit der Eigenschaft

$$Ax = \lambda x \qquad (*)$$

gibt, verringert sich der Aufwand erheblich:

$$A^2x = (A \cdot A)x = A(Ax) = A(\lambda x) = \lambda Ax = \lambda \lambda x = \lambda^2 x,$$

allgemein gilt:

$$A^n x = \lambda^n x.$$

Die Gleichung (*) liefert uns somit eine Bedingung für eine sehr elegante Berechnung. Wir halten den Zusammenhang zwischen diesem speziellen Vektor x und der reellen Zahl λ in der folgenden Definition fest.

Definition

Sei A eine quadratische Matrix.
Dann heißt die reelle Zahl λ ein **Eigenwert** von A, falls es einen vom Nullvektor verschiedenen Vektor $x \in \mathbf{R}^n$ gibt mit

$$Ax = \lambda x.$$

Der Vektor x heißt **Eigenvektor** von A.

Wie findet man systematisch Eigenwerte? Es gilt

$$Ax = \lambda x$$

bzw.

$$(A - \lambda I)x = 0.$$

Dann betrachten wir aber ein homogenes Gleichungssystem und es muß gelten:

$$|A - \lambda I| = 0.$$

Beispiel

Die Eigenwerte und Eigenvektoren der Matrix

$$A = \begin{pmatrix} 2 & 4 \\ 6 & 0 \end{pmatrix}$$

sind gesucht.

Es folgt aus $|A - \lambda I| = 0$ in diesem Fall:

$$|A - \lambda I| = \begin{vmatrix} 2-\lambda & 4 \\ 6 & -\lambda \end{vmatrix} = -2\lambda + \lambda^2 - 24 = 0$$

und somit:

$$\lambda_1 = 6 \text{ und } \lambda_2 = -4.$$

Da für $\lambda = \lambda_2 = -4$ die Gleichung $(A - \lambda I)x = 0$ gelten muß, folgt:

$$\begin{aligned} 6x_1 + 4x_2 &= 0 \\ 6x_1 + 4x_2 &= 0 \end{aligned}$$

Wählen wir $x_1 = a$, wobei a eine reelle Zahl ist, so gilt:

$$6a = -4x_2,$$

also

$$x_2 = -1{,}5a.$$

Alle Vektoren vom Typ $x = a\begin{pmatrix} 1 \\ -1{,}5 \end{pmatrix}$, d.h. alle Vielfachen des Vektors $\begin{pmatrix} 1 \\ -1{,}5 \end{pmatrix}$, sind Eigenvektoren zum Skalar $\lambda = -4$.

Da für $\lambda = \lambda_1 = 6$ auch die Gleichung $(A - \lambda I)x = 0$ gelten muß, folgt:

$$\begin{aligned} -4x_1 + 4x_2 &= 0 \\ 6x_1 - 6x_2 &= 0 \end{aligned}$$

und somit sind alle Vektoren vom Typ $x = b\begin{pmatrix} 1 \\ 1 \end{pmatrix}$, wobei b eine reelle Zahl ist,

d.h. alle Vielfachen des Vektors $\begin{pmatrix} 1 \\ 1 \end{pmatrix}$, Eigenvektoren zum Skalar $\lambda = 6$.

Nicht zwangsläufig muß eine Matrix A Eigenwerte und Eigenvektoren besitzen.

Beispiel

Die Matrix

$$A = \begin{pmatrix} 0 & 1 \\ -1 & 0 \end{pmatrix}$$

besitzt keine reellen Eigenwerte.

Es folgt aus $|A - \lambda I| = 0$ in diesem Fall:

$$|A - \lambda I| = \begin{vmatrix} -\lambda & 1 \\ -1 & -\lambda \end{vmatrix} = \lambda^2 + 1 = 0.$$

Die Gleichung

$$\lambda^2 + 1 = 0$$

besitzt keine reellen Nullstellen, und somit hat die Matrix keine reellen Eigenwerte.

10.6 Übungen

Aufgabe 10.1

Berechnen Sie die Determinanten folgender Matrizen:

$$A = \begin{pmatrix} 2 & 4 & 8 \\ 4 & 6 & 10 \\ 20 & 18 & 22 \end{pmatrix}, \quad B = \begin{pmatrix} 4 & 8 & 16 \\ 4 & 6 & 10 \\ 20 & 18 & 22 \end{pmatrix},$$

$$C = \begin{pmatrix} 10 - a & 12 \\ 14 & 16 - a \end{pmatrix}.$$

Aufgabe 10.2

Berechnen Sie die Determinanten folgender Matrizen:

$$A = \begin{pmatrix} 1 & 2 & 0 & 1 \\ 2 & 0 & 0 & -1 \\ -1 & 4 & 2 & 3 \\ 1 & 2 & 2 & 1 \end{pmatrix}, \quad B = \begin{pmatrix} 1 & 2 & 1 & 3 \\ 0 & 2 & 2 & 2 \\ 2 & 1 & 0 & 0 \\ 1 & 3 & 3 & 1 \end{pmatrix},$$

$$C = \begin{pmatrix} -2 & 1 & 0 & 1 \\ 0 & 3 & 1 & -1 \\ 7 & 6 & 5 & 2 \\ 0 & 3 & 0 & -1 \end{pmatrix}, \quad D = \begin{pmatrix} 2 & 0 & 0 & 0 \\ 2 & 1 & 4 & 1 \\ 2 & 1 & 2 & 7 \\ 4 & 5 & 6 & 2 \end{pmatrix}.$$

Aufgabe 10.3

Lösen Sie das folgende Gleichungssystem:

$$\begin{array}{rcrcrcr} x_1 & & & + & 2x_3 & = & 1 \\ 3x_1 & + & 2x_2 & + & x_3 & = & 0 \\ 4x_1 & + & x_2 & + & 3x_3 & = & 0 \end{array}$$

Aufgabe 10.4

Lösen Sie das folgende Gleichungssystem:

$$\begin{array}{rrrrcr} x_1 & + \; x_2 & - \; x_3 & - \; x_4 & = & 1 \\ 2\,x_1 & + \; 5\,x_2 & - \; 7\,x_3 & - \; 5\,x_4 & = & -2 \\ 2\,x_1 & - \; x_2 & + \; x_3 & + \; 3\,x_4 & = & 4 \\ 5\,x_1 & + \; 2\,x_2 & - \; 4\,x_3 & + \; 2\,x_4 & = & 6 \end{array}$$

Aufgabe 10.5

Lösen Sie das folgende Gleichungssystem:

$$\begin{array}{rrrcr} & 2\,x_2 & - \; x_3 & = & -1 \\ 2\,x_1 & + \; x_2 & - \; x_3 & = & 1 \end{array}$$

Aufgabe 10.6

Lösen Sie das folgende Gleichungssystem:

$$2\,x_1 - x_2 + 3\,x_3 = 7$$

Aufgabe 10.7

Lösen Sie das folgende Gleichungssystem:

$$\begin{array}{rrrcr} x_1 & & + \; 2\,x_3 & = & 0 \\ 3\,x_1 & + \; x_2 & + \; 4\,x_3 & = & 5 \\ -2\,x_1 & + \; 2\,x_2 & - \; 3\,x_3 & = & 0 \\ 5\,x_1 & + \; 4\,x_2 & + \; 7\,x_3 & = & 10 \end{array}$$

Aufgabe 10.8

Berechnen Sie die Determinante und die Inverse der Matrix

$$A = \begin{pmatrix} 1 & 2 \\ 3 & 4 \end{pmatrix}.$$

11 Funktion von zwei bzw. mehreren Veränderlichen

"Ich hatte sechs ergebene Diener. Sie lehrten mich alles, was ich wissen mußte: Ihre Namen waren Wo und Was und Wann und Warum und Wie und Wer."

(Rudyard Kipling)

Bislang haben wir eine Funktion f in Abhängigkeit von **einer** Variablen x betrachtet. Dient diese Funktion aber dazu, etwa die Kosten einer Firma zu beschreiben, so bedeutet dies eine erhebliche Einschränkung unserer Sichtweise. In der Regel sind für die Kosten einer Unternehmung **mehrere** Faktoren zu berücksichtigen:

> Ein Unternehmen produziert zwei Produkte A und B. Produkt A verursacht Kosten in Höhe von 80,- € pro Stück, Produkt B Kosten in Höhe von 30,- € pro Stück. Die fixen Kosten belaufen sich auf 1.000,- €. Die Kosten K ergeben sich für x Einheiten von Produkt A und für y Einheiten von Produkt B in der Form:

$$K(x,y) = 80x + 30y + 1000.$$

Wir wären eigentlich gezwungen, die gesamte Theorie, die wir für Funktionen einer Veränderlichen aufgebaut haben, noch einmal für Funktionen mehrerer Veränderlicher herzuleiten. Dies umgehen wir aber mit dem aus der Sicht eines Mathematikers sehr saloppen Hinweis, daß alle Definitionen völlig analog gelten.

Aus inhaltlichen Gründen wenden wir uns nur der Differentialrechnung für Funktionen mehrerer Variablen zu.

11.1 Partielle Ableitungen

Mit dem Begriff der **partiellen Ableitung** wird der Begriff der Ableitung für Funktionen einer Veränderlichen verallgemeinert.

Definition

Sei f eine Funktion mit f: $\mathbf{R}^n \to \mathbf{R}$ und $f(x) = f(x_1, x_2, ..., x_n)$.
Dann heißt für $x_k \neq x'_k$

$$D(x_k) := \frac{f(x_1, x_2, ..., x_k, ..., x_n) - f(x_1, x_2, ..., x'_k, ..., x_n)}{x_k - x'_k}$$

der **partielle Differenzenquotient.**

Die Funktion f heißt im Punkt $x = (x_1, x_2, ..., x_n)$ **partiell differenzierbar** bzgl. x_k, falls der folgende Grenzwert existiert:

$$\frac{df(x_1, x_2, ..., x_n)}{dx_k} := \lim_{x'_k \to x_k} \frac{f(x_1, x_2, ..., x_k, ..., x_n) - f(x_1, x_2, ..., x'_k, ..., x_n)}{x_k - x'_k}.$$

Wir bezeichnen $\frac{df(x_1, x_2, ..., x_n)}{dx_k}$ als **erste partielle Ableitung** der Funktion f bzgl. der Veränderlichen x_k.

Häufig wird statt $\frac{df(x_1, x_2, ..., x_n)}{dx_k}$ auch kurz f_{x_k} geschrieben, wobei der Index verdeutlicht, bzgl. welcher Veränderlichen die Ableitung gebildet wird.

Eine Funktion f heißt **partiell differenzierbar**, wenn die ersten partiellen Ableitungen bzgl. aller Veränderlichen x_i (i = 1, 2, ..., n) gebildet werden können.

Funktionen werden zwar in Abhängigkeit von mehreren Veränderlichen betrachtet, der Begriff der partiellen Ableitung bezieht sich aber jeweils auf **eine** Veränderliche. Deshalb können die Ableitungsregeln einer Veränderlichen bzgl. der partiellen Ableitungen übernommen werden, indem die jeweils nicht betrachteten Veränderlichen als Konstanten aufgefaßt werden.

Beispiel

Wir bilden die ersten partiellen Ableitungen für die Funktion f: $\mathbf{R}^3 \to \mathbf{R}$ mit

$$f(x_1, x_2, x_3) = 2x_1 + 3x_2 + 4x_3,$$

und erhalten:

$$f_{x_1} = 2\,,\ f_{x_2} = 3 \text{ und } f_{x_3} = 4\,.$$

Beispiel

Sei f: $\mathbf{R}^3 \to \mathbf{R}$ mit

$$f(x_1, x_2, x_3) = 2x_1 \cdot 3x_2 \cdot 4x_3.$$

Es gilt:

$$f_{x_1} = 2 \cdot 3x_2 \cdot 4x_3 = 24 \cdot x_2 \cdot x_3,$$
$$f_{x_2} = 2x_1 \cdot 3 \cdot 4x_3 = 24 \cdot x_1 \cdot x_3,$$
$$f_{x_3} = 2x_1 \cdot 3x_2 \cdot 4 = 24 \cdot x_1 \cdot x_2.$$

Definition

Sei f eine Funktion mit f: $\mathbf{R}^n \to \mathbf{R}$ und $f(x) = f(x_1, x_2, ..., x_n)$. Sind die ersten partiellen Ableitungen der Funktion f wieder partiell differenzierbar, so bezeichnet man die Funktion f als **zweimal partiell differenzierbar**. Wir schreiben die Ableitungen in der Form:

$$f_{x_k x_i},$$

um zu verdeutlichen, daß wir zuerst die Ableitung nach der Veränderlichen x_k und dann nach der Veränderlichen x_i gebildet haben.

Beispiel

Sei die Funktion f: $\mathbf{R}^3 \to \mathbf{R}$ mit

$$f(x_1, x_2, x_3) = 2(x_1)^2 + 3(x_2)^2 + 4(x_3)^2$$

gegeben.

Wir errechnen als erste partielle Ableitungen von f:

$$f_{x_1} = 4x_1,\ f_{x_2} = 6x_2 \text{ und } f_{x_3} = 8x_3\,.$$

Als zweite partielle Ableitungen ergeben sich:

$$f_{x_1x_1} = 4, \quad f_{x_1x_2} = 0, \quad f_{x_1x_3} = 0,$$
$$f_{x_2x_1} = 0, \quad f_{x_2x_2} = 6, \quad f_{x_2x_3} = 0,$$
$$f_{x_3x_1} = 0, \quad f_{x_3x_2} = 0, \quad f_{x_3x_3} = 8.$$

Definition

Sei f: $\mathbf{R}^n \to \mathbf{R}$ eine zweimal differenzierbare Funktion mit

$$f(x) = f(x_1, x_2, ..., x_n).$$

Die Matrix

$$H(x_1, x_2, ..., x_n) := \begin{pmatrix} f_{x_1x_1} & f_{x_1x_2} & \cdots & f_{x_1x_n} \\ f_{x_2x_1} & f_{x_2x_2} & \cdots & f_{x_2x_n} \\ \cdots & \cdots & \cdots & \cdots \\ f_{x_nx_1} & f_{x_nx_2} & \cdots & f_{x_nx_n} \end{pmatrix}$$

der zweiten partiellen Ableitungen heißt **Hesse-Matrix.**

Beispiel

Wir suchen die Hesse-Matrix für die Funktion f mit f: $\mathbf{R}^2 \to \mathbf{R}$ und

$$f(x,y) = 3x^3 + 4y^4.$$

Um die Hesse-Matrix zu bestimmen, bilden wir die ersten und zweiten partiellen Ableitungen:

$$f_x = 9x^2, \qquad f_y = 16y^3$$

$$f_{xx} = 18x, \qquad f_{xy} = 0$$
$$f_{yx} = 0, \qquad f_{yy} = 48y^2$$

Als Hesse-Matrix erkennen wir:

$$H(x,y) = \begin{pmatrix} f_{xx} & f_{xy} \\ f_{yx} & f_{yy} \end{pmatrix} = \begin{pmatrix} 18x & 0 \\ 0 & 48y^2 \end{pmatrix}.$$

11.2 Bestimmung von Extrema für Funktionen von zwei Veränderlichen

Für Funktionen mit **einer** Veränderlichen haben wir die Differentialrechnung benutzt, um Funktionen auf Eigenschaften wie Maxima, Minima, Wendepunkte oder Sattelpunkte zu untersuchen. Wir werden in diesem Abschnitt die partiellen Ableitungen nutzen, um ähnliches für Funktionen von mehreren Veränderlichen zu versuchen. Allerdings werden wir uns auf Funktionen von **zwei** Veränderlichen beschränken, da das Wesen des Vorgehens beim Übergang zu Funktionen von **mehreren** Veränderlichen **unverändert** bleibt.

Als erstes müssen wir formulieren, was wir darunter verstehen wollen, daß eine Funktion von mehreren Veränderlichen ein Maximum bzw. ein Minimum annimmt.

Definition

Sei $A \subseteq \mathbf{R}^n$. Wir betrachten eine Abbildung $f: A \to \mathbf{R}$.
Dann heißt ein Punkt $x°$ aus A ein **globales Maximum** (bzw. **globales Minimum**), falls gilt:

$$f(x°) \geq f(x) \text{ [bzw. } f(x°) \leq f(x)] \text{ für alle Punkte x aus A.}$$

Wir sprechen von einem **lokalen Maximum** bzw. **lokalen Minimum**, wenn die obige Eigenschaft nur für eine Umgebung von $x°$ gilt.

Satz

Sei f eine zweimal differenzierbare Funktion $f: \mathbf{R}^2 \to \mathbf{R}$ mit $f(x,y) = z$.

(a) Die Funktion f hat im Punkt $(x°, y°)$ genau dann ein lokales Maximum, wenn gilt:

1) $f_x(x°, y°) = 0$ und $f_y(x°, y°) = 0$

2) $f_{xx}(x°, y°) < 0$ und $|H(x°, y°)| > 0$.

(b) Die Funktion f hat im Punkt $(x°, y°)$ genau dann ein lokales Minimum, wenn gilt:

1) $f_x(x°, y°) = 0$ und $f_y(x°, y°) = 0$

2) $f_{xx}(x°, y°) > 0$ und $|H(x°, y°)| > 0$.

Definition

Sei f eine zweimal differenzierbare Funktion f: $\mathbf{R}^2 \to \mathbf{R}$ mit $f(x,y) = z$.

Der Punkt $(x°, y°)$ heißt **Sattelpunkt**, wenn gilt:

1) $f_x(x°, y°) = 0$ und $f_y(x°, y°) = 0$

2) $|H(x°, y°)| < 0$.

Beispiel

Wir interessieren uns für die möglichen Maxima, Minima und Sattelpunkte der Funktion f: $\mathbf{R}^2 \to \mathbf{R}$ mit

$$f(x,y) = x^2y^2 + 3x^2 + 3y^2.$$

In einem **1. Schritt** bilden wir die ersten und zweiten partiellen Ableitungen:

$$f_x = 2xy^2 + 6x, \quad f_y = 2x^2y + 6y$$

$$f_{xx} = 2y^2 + 6, \quad f_{xy} = 4xy$$
$$f_{yx} = 4xy, \quad f_{yy} = 2x^2 + 6$$

Als Hesse-Matrix erhalten wir somit: $H(x,y) = \begin{pmatrix} 2y^2+6 & 4xy \\ 4xy & 2x^2+6 \end{pmatrix}$.

Im **2. Schritt** setzen wir die ersten partiellen Ableitungen gleich Null, um so Kandidaten für Maximum, Minimum bzw. Sattelpunkt zu gewinnen. Aus den Gleichungen $f_x = 0$ und $f_y = 0$ erhalten wir:

$$0 = 2xy^2 + 6x,$$

$$0 = 2x^2y + 6y.$$

Somit erhalten wir als einzigen Kandidaten für ein Extremum den Punkt (0,0).

Im **3. Schritt** untersuchen wir, ob dieser Kandidat ein Minimum, Maximum oder Sattelpunkt ist. Es gilt:

$$f_{xx}(0,0) = 6 > 0 \text{ und } |H(0,0)| = \begin{vmatrix} 6 & 0 \\ 0 & 6 \end{vmatrix} = 36 > 0,$$

also ist der Punkt (0,0) ein globales Minimum.

Beispiel

Sei f die Funktion f: $\mathbf{R}^2 \to \mathbf{R}$ mit

$$f(x,y) = x^3 + y^3 - 3x - 27y + 8.$$

In einem **1. Schritt** bilden wir die ersten und zweiten partiellen Ableitungen:

$$f_x = 3x^2 - 3\,,\ f_y = 3y^2 - 27$$

$$f_{xx} = 6x\,,\quad f_{xy} = 0$$

$$f_{yx} = 0\,,\quad f_{yy} = 6y$$

Die Hesse-Matrix lautet: $H(x,y) = \begin{pmatrix} 6x & 0 \\ 0 & 6y \end{pmatrix}.$

Im **2. Schritt** setzen wir die ersten partiellen Ableitungen gleich Null, um so Kandidaten für Maximum, Minimum bzw. Sattelpunkt zu gewinnen:
Aus den Gleichungen $f_x = 0$ und $f_y = 0$ erhalten wir:

$$0 = 3x^2 - 3\,,\ 0 = 3y^2 - 27.$$

Als Kandidaten für mögliche Extrema errechnen sich die Punkte:

$$(1,3), (1,-3), (-1,3), (-1,-3).$$

Im **3. Schritt** untersuchen wir, ob diese Kandidaten Minimum, Maximum oder Sattelpunkt sind.

Für den Punkt (1,3) gilt:

$$f_{xx}(1,3) = 6 > 0$$

und

$$|H(1,3)| = \begin{vmatrix} 6 & 0 \\ 0 & 18 \end{vmatrix} = 108 > 0,$$

also ist der Punkt (1,3) ein globales Minimum.

Für den Punkt (1,-3) gilt:

$$f_{xx}(1,-3) = 6 > 0$$

und

$$|H(1,-3)| = \begin{vmatrix} 6 & 0 \\ 0 & -18 \end{vmatrix} = -108 < 0,$$

also ist der Punkt (1,-3) ein Sattelpunkt.

Für den Punkt (-1,3) gilt:

$$f_{xx}(-1,3) = -6 < 0$$

und

$$|H(-1,3)| = \begin{vmatrix} -6 & 0 \\ 0 & 18 \end{vmatrix} = -108 < 0,$$

also ist der Punkt (-1,3) ein Sattelpunkt.

Für den Punkt (-1,-3) gilt:

$$f_{xx}(-1,-3) = -6 < 0$$

und

$$|H(-1,-3)| = \begin{vmatrix} -6 & 0 \\ 0 & -18 \end{vmatrix} = 108 > 0,$$

also ist der Punkt (-1,-3) ein globales Maximum.

11.3 Der Lagrange-Ansatz

Sehr häufig wird man eine über die im vorangegangenen Abschnitt beschriebene Situation hinausgehende Ausgangslage vorfinden. So will man etwa den Output an produzierten Fahrzeugen erhöhen, muß allerdings gewisse Rahmenbedingungen (Nebenbedingungen) einhalten: Eine Maschine kann aus Wartungsgründen nur 20 Stunden am Tag eingesetzt werden, die Gewerkschaft erwartet gewisse Pausen am Arbeitsplatz oder ein Lieferant kann nur eine bestimmte Anzahl von Reifen oder Sicherheitsgurten liefern.

In unserem Kontext bedeutet dies, daß wir von einer Funktion f: $\mathbf{R}^2 \to \mathbf{R}$ die möglichen Extremstellen bestimmen wollen unter der Nebenbedingung, die durch eine Funktion g: $\mathbf{R}^2 \to \mathbf{R}$ gegeben wird.

Beispiel

Wir interessieren uns für das Maximum der Funktion

$$f(x,y) = 40x + 20y - x^2 - y^2 \tag{1}$$

unter der Nebenbedingung

$$x + y = 20. \tag{2}$$

In einem ersten Schritt lösen wir die Nebenbedingung (2) nach einer Variablen auf:

$$y = 20 - x \tag{2'}$$

Setzen wir den Ausdruck (2') in die Ausgangsfunktion f(x,y) ein, so vereinfacht sich der Ausdruck erheblich:

$$40x + 20(20 - x) - x^2 - (20 - x)^2$$

$$= 40x + 400 - 20x - x^2 - (400 - 40x + x^2)$$

$$= 40x + 400 - 20x - x^2 - 400 + 40x - x^2$$

$$= 60x - 2x^2$$

Für diesen Ausdruck können wir die erste Ableitung bilden und erhalten als Kandidaten für ein Extremum:

$$60 - 4x = 0$$

und somit:

$$x = 15 \text{ und } y = 5.$$

Rufen wir uns die einzelnen Lösungsschritte noch einmal ins Gedächtnis zurück: Wir haben das mögliche Extremum bestimmt, indem wir die Nebenbedingung nach einer Variablen aufgelöst und in die Ausgangsfunktion f(x,y) eingesetzt haben. Auf diese Weise führten wir das Problem auf eine neue Funktion zurück, die nur noch von einer Variablen abhängig war. Für Funktionen einer Variablen hatten wir allerdings bereits Lösungstechniken kennengelernt, so daß wir die möglichen Extrema bestimmen konnten.

Was passiert aber, wenn die Nebenbedingung nicht sofort und problemlos nach einer Variablen aufgelöst werden kann? Ebenso kann sich die Bildung der Ableitung der neuen Funktion als schwerig erweisen. Um diese Probleme zu vermeiden, ist es sinnvoll, ohne Umformungen eine neue Funktion aus der zu maximierenden Funktion f(x,y) und der Nebenbedingung zu bilden. Dazu fassen wir die Nebenbedingung als Funktion g auf.

Definition

Sei λ eine reelle Zahl. Sei f(x,y) die zu maximierende Funktion und $g(x,y) = 0$ die gegebene Nebenbedingung.
Die Funktion L: $\mathbf{R}^3 \to \mathbf{R}$ mit

$$L(x, y, \lambda) = f(x,y) + \lambda g(x, y)$$

heißt **Lagrange-Funktion**[8].

Man beachte, daß die Lagrange-Funktion dadurch entsteht, daß man zu der Funktion f die Funktion g hinzuaddiert und dabei noch mit einem Parameter λ gewichtet.

Satz

Die möglichen Extremstellen der Funktion f unter der Nebenbedingung g sind genau die Nullstellen der ersten partiellen Ableitungen der Lagrange-Funktion.

8 Die Methode geht auf den Mathematiker Joseph L. Lagrange (1736 - 1813) zurück.

Beispiel

Wir suchen die möglichen Extrema der Funktion f: $\mathbf{R}^2 \to \mathbf{R}$ mit

$$f(x,y) = 40x + 20y - x^2 - y^2$$

unter der Nebenbedingung

$$x + y = 20.$$

Die Funktion g heißt:

$$g(x, y) = x + y - 20.$$

Zuerst stellen wir die Lagrange-Funktion auf:

$$L(x, y, \lambda) = f(x, y) + \lambda\, g(x, y)$$

$$= 40x + 20y - x^2 - y^2 + \lambda\,(x + y - 20).$$

Die ersten partiellen Ableitungen der Lagrange-Funktion L ergeben:

$$L_x(x, y, \lambda) = 40 - 2x + \lambda,$$

$$L_y(x, y, \lambda) = 20 - 2y + \lambda,$$

$$L_\lambda(x, y, \lambda) = x + y - 20.$$

Nullsetzen der drei Gleichungen ergibt als Lösung:

$$x = 15, y = 5, \lambda = -10.$$

Somit liegt ein mögliches Extremum im Punkt $(x°, y°) = (15{,}5)$ vor.

Beispiel

Das mögliche Extremum der Funktion f: $\mathbf{R}^2 \to \mathbf{R}$ mit

$$f(x,y) = x^2 + 4xy + y^2$$

unter der Nebenbedingung

$$x = y$$

ist gesucht.

Die Funktion g heißt:

$$g(x, y) = x - y.$$

Zuerst stellen wir die Lagrange-Funktion auf:

$$L(x, y, \lambda) = f(x, y) + \lambda\, g(x, y)$$
$$= x^2 + 4xy + y^2 + \lambda\,(x - y).$$

Die ersten partiellen Ableitungen der Lagrange-Funktion L ergeben:

$$L_x(x, y, \lambda) = 2x + 4y + \lambda,$$

$$L_y(x, y, \lambda) = 4x + 2y - \lambda,$$

$$L_\lambda(x, y, \lambda) = x - y.$$

Nullsetzen der drei Gleichungen ergibt als Lösung:

$$x = 0, y = 0, \lambda = 0.$$

Somit liegt ein mögliches Extremum im Punkt $(x°, y°) = (0,0)$ vor.

Bemerkung

Man beachte, daß der in diesem Abschnitt eingeführte Satz lediglich eine Aussage über **mögliche** Extrema liefert. Ob es sich um ein **tatsächliches** Minimum oder Maximum handelt, ist eine weitere Untersuchung und Überlegung.

11.4 Übungen

Aufgabe 11.1

Sei f: $\mathbf{R}^2 \to \mathbf{R}$ eine Funktion. Bilden Sie die partiellen Ableitungen 2. Ordnung der folgenden Funktionen:

a) $f(x,y) = 3x^2 + 2xy + 4y^3$ für $x, y \in \mathbf{R}$,

b) $f(x,y) = e^x + e^y + xy$ für $x, y \in \mathbf{R}$,

c) $f(x,y) = 40 \cdot x^{0,25} \cdot y^{0,75}$ für $x, y \in \mathbf{R}$.

Aufgabe 11.2

Bestimmen Sie die Extrema der Funktion f: $\mathbf{R}^2 \to \mathbf{R}$ mit

$$f(x,y) = 4x + 2y - \frac{x^2 + y^2}{4}.$$

Aufgabe 11.3

Bestimmen Sie alle möglichen Extrema der Funktion f: $\mathbf{R}^2 \to \mathbf{R}$ mit

$$f(x,y) = 2x^2 + 2y^2$$

unter der Nebenbedingung

$$x + y = 8.$$

Aufgabe 11.4

Bestimmen Sie alle möglichen Extrema der Funktion f: $\mathbf{R}^2 \to \mathbf{R}$ mit

$$f(x, y) = x^3 + 6xy + y^3$$

unter der Nebenbedingung

$$x = y.$$

Aufgabe 11.5

Bestimmen Sie alle möglichen Extrema der Funktion f: $\mathbf{R}^2 \to \mathbf{R}$ mit

$$f(x, y) = 2x + \frac{9}{2}y$$

unter der Nebenbedingung

$$10\sqrt{x \cdot y} = 60\,.$$

Aufgabe 11.6

Bestimmen Sie alle möglichen Extrema der Funktion f: $\mathbf{R}^2 \to \mathbf{R}$ mit

$$f(x, y) = x^4 - 8xy + y^4$$

unter der Nebenbedingung

$$x = y\,.$$

Anhang A

Lösungen zu den Übungen

1 Aussagenlogik

Aufgabe 1.1

Zeigen Sie mit Hilfe von Wahrheitstafeln, daß folgende Aussagenverbindungen für beliebige Aussagen A und B wahr sind:

a) $(A \Rightarrow B) \Leftrightarrow (\neg A \vee B)$

b) $[(A \Rightarrow B) \wedge (B \Rightarrow A)] \Leftrightarrow (A \Leftrightarrow B)$

Lösung

a)

A	B	$A \Rightarrow B$	$\neg A$	$\neg A \vee B$	"$\Leftrightarrow$"
1	1	1	0	1	1
1	0	0	0	0	1
0	1	1	1	1	1
0	0	1	1	1	1

b)

A	B	$A \Rightarrow B$	$B \Rightarrow A$	$(A \Rightarrow B) \wedge (B \Rightarrow A)$	$A \Leftrightarrow B$	"$\Leftrightarrow$"
1	1	1	1	1	1	1
1	0	0	1	0	0	1
0	1	1	0	0	0	1
0	0	1	1	1	1	1

Aufgabe 1.2

Negieren Sie die folgenden Aussagen:

a) Der Umsatz wird im nächsten Geschäftsjahr gleichbleiben.

b) Jedes Auto in Deutschland ist mit einem Airbag ausgestattet.

Lösung

a) Der Umsatz wird im nächsten Geschäftsjahr sinken oder steigen (aber nicht gleichbleiben).

b) Es gibt Automobile in Deutschland, die nicht mit einem Airbag ausgestattet sind.

Aufgabe 1.3

Überprüfen Sie mit Hilfe von Wahrheitstafeln die Äquivalenz folgender Aussagen, wobei A und B Aussagen sind:

$$((A \wedge \neg B) \Rightarrow \neg B) \Leftrightarrow (\neg A \Rightarrow \neg B)$$

Lösung

A	B	$\neg B$	$A \wedge \neg B$	$(A \wedge \neg B) \Rightarrow \neg B$	$\neg A \Rightarrow \neg B$	"$\Leftrightarrow$"
1	1	0	0	1	1	1
1	0	1	1	1	1	1
0	1	0	0	1	0	0
0	0	1	0	1	1	1

Aufgabe 1.4

Welche der folgenden Sätze sind Aussagen?

a) Am Heiligabend liegt immer Schnee.

b) Bei Regen sieht man einen Regenbogen.

c) Warum gibt es soviel Ungerechtigkeit in der Welt?

d) Jeder Computer besitzt einen Prozessor.

e) Bringen Sie mir einen Pernod!

f) Gibt es Probleme in der Mathematik-Vorlesung?

g) Jedes Problem ist lösbar.

Lösung
Zur Erinnerung: Eine Aussage ist eine Behauptung, die wahr oder falsch ist (objektiver Wahrheitswert).

a) Aussage

b) Aussage

c) keine Aussage
d) Aussage

e) keine Aussage

f) keine Aussage

g) Aussage

Aufgabe 1.5

Übersetzen Sie folgende Sätze in die aussagenlogische Symbolsprache:

a) Es schneit, aber es ist nicht kalt.

b) Das Computerunternehmen verkauft nicht Hardware oder Zubehör, sondern Software.

c) Kunde Meyer und Kunde Schmidt schätzen die neue Software nicht.

Lösung

a) Mit den Aussagen A: "*Es schneit*" und B: "*Es ist kalt*" ergibt sich:

$$A \wedge \neg B.$$

b) Sei A: "*Das Computerunternehmen verkauft Hardware*",

B: "*Das Computerunternehmen verkauft Zubehör*",

C: "*Das Computernehmen verkauft Software*".

Dies führt zu folgender Darstellung:

$$\neg(A \vee B) \wedge C.$$

c) Sei A der Satz: "*Kunde Meyer schätzt die neue Software*" und

B der Satz: "*Kunde Schmidt schätzt die neue Software*".

Dann erhalten wir:

$$\neg A \wedge \neg B.$$

Aufgabe 1.6

Seien A und B Aussagen. Überprüfen Sie mit Hilfe von Wahrheitstafeln, ob die folgenden Sätze wahr oder falsch sind:

a) $\neg(A \wedge B) \vee A$

b) $\neg(\neg\neg\neg A \vee A)$

c) $A \vee B \vee \neg(A \wedge B)$

Lösung

Die Sätze zu a) und c) sind wahr, der Satz zu b) ist falsch, denn die Wahrheitstafeln ergeben:

a)

A	B	$A \wedge B$	$\neg(A \wedge B)$	$\neg(A \wedge B) \vee A$
1	1	1	0	1
1	0	0	1	1
0	1	0	1	1
0	0	0	1	1

b)

A	$\neg A$	$\neg\neg\neg A$	$\neg\neg\neg A \vee A$	$\neg(\neg\neg\neg A \vee A)$
1	0	0	1	0
0	1	1	1	0

c)

A	B	$A \vee B$	$\neg(A \wedge B)$	$A \vee B \vee \neg(A \wedge B)$
1	1	1	0	1
1	0	1	1	1
0	1	1	1	1
0	0	0	1	1

Aufgabe 1.7

Es sind A, B und C Aussagen. Überprüfen Sie, ob die folgenden Aussagen Tautologien sind:

1) $A \vee \neg A$

2) $A \Rightarrow A$

3) $[(A \Rightarrow B) \wedge (B \Rightarrow A)] \Rightarrow (A \Leftrightarrow B)$

4) $[(A \Rightarrow B) \wedge (B \Rightarrow C)] \Rightarrow (A \Rightarrow C)$

5) $A \Rightarrow (A \vee B)$

6) $(A \wedge B) \Rightarrow A$

7) $(A \Rightarrow B) \Rightarrow [(A \vee B) \Leftrightarrow B]$

8) $(B \Rightarrow A) \Rightarrow [(A \wedge B) \Leftrightarrow B]$

9) $[(A \vee B) \Leftrightarrow B] \Rightarrow (A \Rightarrow B)$

10) $[(A \wedge B) \Leftrightarrow B] \Rightarrow (B \Rightarrow A)$

Lösung

1)

A	¬A	A ∨ ¬A
1	0	1
0	1	1

2)

A	A ⇒ A
1	1
0	1

3)

A	B	$A \Rightarrow B$	$B \Rightarrow A$	$(A \Rightarrow B) \wedge (B \Rightarrow A)$	$A \Leftrightarrow B$	"$\Rightarrow$"
1	1	1	1	1	1	1
1	0	0	1	0	0	1
0	1	1	0	0	0	1
0	0	1	1	1	1	1

4)

A	B	C	$A \Rightarrow B$	$B \Rightarrow C$	$(A \Rightarrow B) \wedge (B \Rightarrow C)$	$A \Rightarrow C$	"$\Rightarrow$"
1	1	1	1	1	1	1	1
1	1	0	1	0	0	0	1
1	0	1	0	1	0	1	1
1	0	0	0	1	0	0	1
0	1	1	1	1	1	1	1
0	1	0	1	0	0	1	1
0	0	1	1	1	1	1	1
0	0	0	1	1	1	1	1

5)

A	B	$A \vee B$	$A \Rightarrow (A \vee B)$
1	1	1	1
1	0	1	1
0	1	1	1
0	0	0	1

6)

A	B	$A \wedge B$	$(A \wedge B) \Rightarrow A$
1	1	1	1
1	0	0	1
0	1	0	1
0	0	0	1

7)

A	B	$A \Rightarrow B$	$A \vee B$	$(A \vee B) \Leftrightarrow B$	$(A \Rightarrow B) \Rightarrow [(A \vee B) \Leftrightarrow B]$
1	1	1	1	1	1
1	0	0	1	0	1
0	1	1	1	1	1
0	0	1	0	1	1

8)

A	B	$B \Rightarrow A$	$A \wedge B$	$(A \wedge B) \Leftrightarrow B$	$(B \Rightarrow A) \Rightarrow [(A \wedge B) \Leftrightarrow B]$
1	1	1	1	1	1
1	0	1	0	1	1
0	1	0	0	0	1
0	0	1	0	1	1

9)

A	B	$A \Rightarrow B$	$A \vee B$	$(A \vee B) \Leftrightarrow B$	$[(A \vee B) \Leftrightarrow B] \Rightarrow (A \Rightarrow B)$
1	1	1	1	1	1
1	0	0	1	0	1
0	1	1	1	1	1
0	0	1	0	1	1

10)

A	B	$B \Rightarrow A$	$A \wedge B$	$(A \wedge B) \Leftrightarrow B$	$[(A \wedge B) \Leftrightarrow B] \Rightarrow (B \Rightarrow A)$
1	1	1	1	1	1
1	0	1	0	1	1
0	1	0	0	0	1
0	0	1	0	1	1

2 Mengen und Zahlen

Aufgabe 2.1

Gegeben sind die Mengen $X = \{4, 5, 6, 7\}$, $Y = \{\{4\}, 5, \{6, 7\}\}$ und $Z = \{4, 5, 8\}$. Bestimmen Sie die folgenden Mengen:

$$X \cap Y, X \cap Z, Y \cup Z, Y \cap Z, X \cup Y, X \backslash Z \text{ und } X \times Z.$$

Lösung

a) $X \cap Y = \{5\}$

b) $X \cap Z = \{4, 5\}$

c) $Y \cup Z = \{4, 5, 8, \{4\}, \{6, 7\}\}$

d) $Y \cap Z = \{5\}$

e) $X \cup Y = \{4, 5, 6, 7, \{4\}, \{6, 7\}\}$

f) $X \backslash Z = \{6, 7\}$

g) $X \times Z = \{(4,4), (4,5), (4,8), (5,4), (5,5), (5,8), (6,4), (6,5), (6,8), (7,4), (7,5), (7,8)\}$

Aufgabe 2.2

Stellen Sie fest, welche der folgenden Aussagen für $A = \{1, \{2, 3\}, 4\}$ falsch sind:

$A_1 : \{2, 3\} \subset A$

$A_2 : \{2, 3\} \in A$

$A_3 : \{\{2, 3\}\} \subset A$

$A_4 : \{\ \} \subset A$

Lösung

A_1: falsch, da $\{2, 3\} \in A$

A_2: wahr, siehe Aussage A_1

A_3 :wahr

A_4: wahr, da { } [= leere Menge] Teilmenge jeder Menge ist.

Aufgabe 2.3

Es seien N = { (x, y) }, M = {y, z, u} und R = {x}. Man bestimme:

a) $(R \times M) \setminus N$

b) $N \times M$

c) $\wp(M)$

Lösung

a) $(R \times M) = \{ (x, y), (x, z), (x, u) \}$,

somit: $(R \times M) \setminus N = \{ (x, z), (x, u) \}$

b) $N \times M = \{ ((x, y), y), ((x, y), z), ((x, y), u) \}$

c) $\wp(M) = \{ M, \{y, z\}, \{y, u\}, \{z, u\}, \{y\}, \{z\}, \{u\}, \{ \} \}$

Aufgabe 2.4

Gegeben sind die Mengen

$$X = \{ x \mid x \in \mathbf{R} \text{ und } \sqrt{9-x} = 2 \}$$

und

$$Y = \{ y \mid y \in \mathbf{R} \text{ und } y^2 - 9y + 20 = 0 \}$$

Zeigen Sie, daß die Menge X in der Menge Y enthalten ist.

Lösung

Als erstes untersuchen wir die Gleichung $\sqrt{9-x} = 2$, um die Elemente der Menge X zu bestimmen:

$$\sqrt{9-x} = 2$$

$$\Rightarrow \quad 9 - x = 4$$

$$\Rightarrow \quad x = 5$$

Jetzt wenden wir uns der Menge Y zu:

$$y^2 - 9y + 20 = 0$$

$$\Rightarrow \quad y_{1,2} = 4{,}5 \pm \sqrt{20{,}25 - 20}$$

$$\Rightarrow \quad y_{1,2} = 4{,}5 \pm \sqrt{0{,}25}$$

$$\Rightarrow \quad y_1 = 5 \ ; \quad y_2 = 4 .$$

Wir erhalten: $X = \{5\}$ und $Y = \{4, 5\}$, also gilt: $X \subset Y$.

Aufgabe 2.5

Gegeben sind die Mengen:
$X = \{ x \mid x \in \mathbf{R} \text{ und } \sqrt{13 - x} = 1 - x \}$ und $Y = \{ y \mid y \in \mathbf{R} \text{ und } y^2 - y - 12 = 0 \}$.
Zeigen Sie:

$$X \subset Y.$$

Lösung
Lösung für X:

$$\sqrt{13 - x} = 1 - x$$

$$\Rightarrow \quad 13 - x = (1 - x)^2$$

$$\Rightarrow \quad 13 - x = 1 - 2x + x^2$$

$$\Rightarrow \quad x^2 - x - 12 = 0$$

$$\Rightarrow \quad x_{1,2} = 0{,}5 \pm \sqrt{0{,}25 + 12}$$

$$\Rightarrow \quad x_1 = 4 \text{ und } x_2 = -3.$$

Nur $x_2 = -3$ ist eine Lösung der Gleichung, somit ist $X = \{ -3 \}$.

Lösung für Y:

$$y^2 - y - 12 = 0$$

$$\Rightarrow \quad y_{1,2} = 0{,}5 \pm \sqrt{0{,}25 + 12}$$

$$\Rightarrow \quad y_1 = 4 \text{ und } y_2 = -3.$$

Sowohl $y_1 = 4$ als auch $y_2 = -3$ sind Lösungen, somit ist $Y = \{ -3, 4 \}$. Es gilt:

$$X \subset Y.$$

Aufgabe 2.6

Bestimmen Sie innerhalb der Menge der reellen Zahlen die Lösungsmenge der Ungleichung:

$$|x-3| < |x| .$$

Lösung

$$\mathbf{L} = \{ x \in \mathbf{R} \mid x > 1{,}5\}$$

Aufgabe 2.7

Für welche reellen Zahlen x gilt:

$$|x-3| < |x| + 2 ?$$

Lösung

$$\mathbf{L} = \{ x \in \mathbf{R} \mid x > 0{,}5 \}$$

Aufgabe 2.8

Welche reellen Zahlen x erfüllen die Ungleichungen:

$$|x-3| < |x| + 2 \leq |4+x| ?$$

Lösung
Hier sind vier Fälle zu unterscheiden:

1. Fall:

$$(x - 3) \geq 0 \text{ und } (4 + x) \geq 0$$

2. Fall:

$$(x - 3) \geq 0 \text{ und } (4 + x) < 0$$

3. Fall:

$$(x - 3) < 0 \text{ und } (4 + x) \geq 0$$

4. Fall:

$$(x - 3) < 0 \text{ und } (4 + x) < 0.$$

Den Lösungsweg und die zugehörige Rechnerei überlassen wir dem Leser und geben nur die Lösungsmenge **L** an :

$$\mathbf{L} = \{x \in \mathbf{R} \mid x > 0{,}5\}.$$

Aufgabe 2.9

Lösen Sie folgende Gleichungen:

1.) $-x^2 - \frac{9}{2}x - 2 = 0$

2.) $4x^2 - 20x + 25 = 0$

3.) $\sqrt{3}\,x^2 - 2x - \sqrt{3} = 0$

4.) $\frac{4x+13}{x+3} - \frac{5x-4}{2x+2} = \frac{x+4}{x+1}$

5.) $\frac{1}{3}x^3 - 2x^2 + 3x = 0$

6.) $x^3 - x^2 - 4 = 0$

Vereinfachen Sie die folgenden Terme:

7.) $\frac{x^2 - y^2}{\sqrt{x} + \sqrt{y}}$

8.) $m^b - m^{b+3} - m^{b-1}$

Lösung

1.) $-x^2 - \frac{9}{2}x - 2 = 0$

$\Leftrightarrow x^2 + \frac{9}{2}x + 2 = 0$

$\Rightarrow x_1 = -0{,}5$ und $x_2 = -4$

2.) $4x^2 - 20x + 25 = 0$

$\Leftrightarrow x^2 - 5x + 6{,}25 = 0$

$\Rightarrow x = 2{,}5$

3.) $\sqrt{3}\,x^2 - 2x - \sqrt{3} = 0$

$\Leftrightarrow x^2 - \frac{2}{\sqrt{3}}x - 1 = 0$

$\Rightarrow x_1 = \sqrt{3}$ und $x_2 = -\frac{1}{\sqrt{3}}$

4.) $$\frac{4x+13}{x+3} - \frac{5x-4}{2x+2} = \frac{x+4}{x+1}$$

$$\Rightarrow x_1 = -7 \text{ und } x_2 = 2$$

5.) $$\frac{1}{3}x^3 - 2x^2 + 3x = 0$$

$\Rightarrow$ x = 3 (auch hier gibt es nur eine Nullstelle)

6.) $$x^3 - x^2 - 4 = 0$$

$\Rightarrow$ x = 2 (durch Raten und Probieren)

7.) $$\frac{x^2 - y^2}{\sqrt{x} + \sqrt{y}} = \frac{(x+y)(x-y)(\sqrt{x} - \sqrt{y})}{(\sqrt{x} + \sqrt{y})(\sqrt{x} - \sqrt{y})} = (x+y)(\sqrt{x} - \sqrt{y})$$

8.) $$m^b - m^{b+3} - m^{b-1} = m^b(1 - m^3 - m^{-1})$$

3 Relationen

Aufgabe 3.1

Überprüfen Sie folgende Relation R auf $\mathbf{R}\setminus\{0\} \times \mathbf{R}\setminus\{0\}$ auf Reflexivität, Transitivität und Vollständigkeit:

$$(x', y')\, R\, (x'', y'') :\Leftrightarrow \frac{x'+y'}{x' \cdot y'} \leq \frac{x''+y''}{x'' \cdot y''}$$

Lösung

a) reflexiv:

$$\text{Für } x', y' \in \mathbf{R}\setminus\{0\} \text{ gilt: } \frac{x'+y'}{x' \cdot y'} = \frac{x'+y'}{x' \cdot y'} \Rightarrow (x', y')\, R\, (x', y')$$

b) transitiv:

Seien $(x', y'), (x'', y''), (x''', y''') \in \mathbf{R}\setminus\{0\}$ mit :

$(x',y')\ R\ (x'',y'')$ und $(x'',y'')\ R\ (x''',y''')$, dann gilt:

$$\frac{x'+y'}{x' \cdot y'} \leq \frac{x''+y''}{x'' \cdot y''} \wedge \frac{x''+y''}{x'' \cdot y''} \leq \frac{x'''+y'''}{x''' \cdot y'''}$$

$$\Rightarrow \frac{x'+y'}{x' \cdot y'} \leq \frac{x'''+y'''}{x''' \cdot y'''}$$

$$\Rightarrow (x',y')\ R\ (x''',y''')$$

c) vollständig:

Dies folgt unmittelbar aus der Vollständigkeit der Kleiner-Gleich-Relation $\leq$ auf **R**.

Aufgabe 3.2

Betrachten Sie die Menge $M := \{1, 2, 3, ..., 36\}$ mit der Äquivalenzrelation

$$x\, R\, y \ :\Leftrightarrow 6 \text{ ist Teiler von } |x - y|.$$

Geben Sie die zugehörige Zerlegung in Äquivalenzklassen an.

Lösung

Es ergibt sich folgende Zerlegung:

$$\{ \{1, 7, 13, 19, 25, 31\}, \{2, 8, 14, 20, 26, 32\},$$

$$\{3, 9, 15, 21, 27, 33\}, \{4, 10, 16, 22, 28, 34\},$$

$$\{5, 11, 17, 23, 29, 35\}, \{6, 12, 18, 24, 30, 36\} \}.$$

Aufgabe 3.3

Betrachten Sie die Menge $M := \{1, 2, 3, ..., 16\}$ mit der Relation

$$x R y \ :\Leftrightarrow\ 4 \text{ ist Teiler von } |x - y|.$$

Untersuchen Sie, ob die Relation reflexiv, symmetrisch und antisymmetrisch ist.

Lösung

a) reflexiv:

Sei x ein beliebiges Element aus M. Dann gilt:

$$|x - x| = |0| = 0.$$

Da 4 aber die Zahl 0 teilt, ist die Relation reflexiv.

b) symmetrisch:

Seien x und y beliebige Elemente aus M. Allgemein kann man schreiben:

$$|x - y| = |-(x - y)| = |y - x|.$$

Somit ist ist R symmetrisch.

c) antisymmetrisch:

Man betrachte die Werte $x = 8$ und $y = 12$. Dann gilt:

$$4 \text{ teilt } |x - y| = |8 - 12| = |-4| = 4$$

und

$$4 \text{ teilt } |y - x| = |12 - 8| = |4| = 4$$

aber es gilt $x = 8 \neq 12 = y$, und somit ist R nicht antisymmetrisch.

Aufgabe 3.4

Überprüfen Sie die lexikographische Ordnung im $\mathbf{R}^2$ auf Vollständigkeit, Reflexivität, Symmetrie, Antisymmetrie und Transitivität.

Lösung

Die lexikographische Ordnung $\leq_L$ auf $\mathbf{R}^2$ ist definiert durch:

$$(x', y') \leq_L (x'', y'') :\Leftrightarrow x' < x'' \text{ oder}$$

$$(x' = x'' \text{ und } y' \leq y'').$$

Wir untersuchen die folgenden Eigenschaften:

Vollständigkeit:

Für zwei beliebige Punkte (x', y') und (x'', y'') gilt:

1) $x' < x'' \Rightarrow (x', y') \leq_L (x'', y'')$

2) $x' > x'' \Rightarrow (x'', y'') \leq_L (x', y')$

3) $x' = x''$ dann:

a) $y' < y'' \Rightarrow (x', y') \leq_L (x'', y'')$

b) $y' = y'' \Rightarrow (x', y') \leq_L (x'', y'')$

c) $y' > y'' \Rightarrow (x', y'') \leq_L (x'', y')$

Symmetrie:

Man betrachte die Tupel (1, 2), (2, 3).
Dann gilt:

$$(1, 2) \leq (2, 3), \text{ aber nicht } (2, 3) \leq (1, 2).$$

Antisymmetrie:

Für beliebige Tupel (x', y') und (x'', y'') gelte:

$$(x', y') \leq_L (x'', y'') \wedge (x'', y'') \leq_L (x', y').$$

Dies ist aber nur möglich, wenn bereits die Tupel in allen Komponenten übereinstimmen, also gilt:

$$(x', y') = (x'', y'').$$

Transitivität:

Für beliebige Tupel (x', y'), (x'', y'') und (x''', y''') gelte:

$$(x', y') \leq_L (x'', y'') \wedge (x'', y'') \leq_L (x''', y''').$$

Dann folgt durch eine Fallunterscheidung unmittelbar:

$$(x', y') \leq_L (x''', y''').$$

4 Beweistechniken

Aufgabe 4.1

Zeigen Sie durch einen direkten Beweis, daß für alle reellen Zahlen $x > 0$ gilt:

$$x + \frac{4}{x} \geq 4 \ .$$

Lösung
Sei x eine beliebige reelle Zahl mit $x > 0$.

Bekanntlich ist das Quadrat einer beliebigen reellen Zahl positiv, somit gilt insbesondere für jede reelle Zahl x:

$$(x - 2)^2 \geq 0,$$

also auch

$$x^2 - 4x + 4 \geq 0$$

und somit :

$$x^2 + 4 \geq 4x.$$

Da $x > 0$ vorausgesetzt ist, können wir beide Seiten der Ungleichung durch x teilen und erhalten die Behauptung:

$$x + \frac{4}{x} \geq 4 \,.$$

Aufgabe 4.2

Zeigen Sie, daß für alle reellen Zahlen x und y mit $x \neq 0$ gilt:

$$\frac{y}{x} \leq \frac{1 + 4x^2y^2}{4x^2} \,.$$

Lösung
Das Quadrat einer beliebigen reellen Zahl ist positiv, somit gilt insbesondere für zwei reelle Zahlen x und y:

$$0 \leq (1 - 2xy)^2$$

$$\Rightarrow \quad 0 \leq 1 - 4xy + 4x^2y^2$$

$$\Rightarrow \quad 4xy \leq 1 + 4x^2y^2$$

$$\Rightarrow \qquad y \leq \frac{1+4x^2y^2}{4x}$$

$$\Rightarrow \qquad \frac{y}{x} \leq \frac{1+4x^2y^2}{4x^2}.$$

Aufgabe 4.3

Zeigen Sie, daß für beliebige natürliche Zahlen n und N mit n ≤ N gilt:

$$1) \quad \binom{N}{n+1} = \frac{N-n}{n+1} \cdot \binom{N}{n}$$

$$2) \quad \binom{N+1}{n} = \frac{N+1}{N+1-n} \cdot \binom{N}{n}$$

$$3) \quad \binom{N+1}{n+1} = \frac{N+1}{n+1} \cdot \binom{N}{n}$$

$$4) \quad \binom{N}{n} + \binom{N}{n+1} = \binom{N+1}{n+1}$$

$$5) \quad \binom{N}{n} + \binom{N}{n-1} = \binom{N+1}{n}$$

$$6) \quad \binom{N}{n+1} + 2\binom{N}{n} + \binom{N}{n-1} = \binom{N+2}{n+1}$$

$$7) \quad \sum_{i=0}^{n} \binom{N+i}{i} = \binom{N+n+1}{n}$$

Lösung

$$1) \quad \binom{N}{n+1} = \frac{N!}{(n+1)!\,(N-n-1)!} = \frac{N!}{(n+1)\cdot n!\cdot(N-n-1)!}$$

$$= \frac{N!\cdot(N-n)}{(n+1)\cdot n!\cdot(N-n-1)!\cdot(N-n)}$$

$$= \frac{N! \cdot (N-n)}{(n+1) \cdot n! \cdot (N-n)!}$$

$$= \frac{N-n}{n+1} \cdot \binom{N}{n}$$

2) $$\binom{N+1}{n} = \frac{(N+1)!}{n! \cdot (N+1-n)!} = \frac{(N+1) \cdot N!}{n! \cdot (N+1-n) \cdot (N-n)!}$$

$$= \frac{N+1}{N+1-n} \cdot \binom{N}{n}$$

3) $$\binom{N+1}{n+1} = \frac{(N+1)!}{(n+1)! \cdot (N-n)!} = \frac{(N+1) \cdot N!}{(n+1) \cdot n! \cdot (N-n)!}$$

$$= \frac{N+1}{n+1} \cdot \binom{N}{n}$$

4) $$\binom{N}{n} + \binom{N}{n+1} = \frac{N!}{n! \cdot (N-n)!} + \frac{N!}{(n+1)! \cdot (N-n-1)!}$$

$$= \frac{(n+1) \cdot N!}{(n+1)! \cdot (N-n)!} + \frac{(N-n) \cdot N!}{(n+1)! \cdot (N-n)!}$$

$$= \frac{N!}{(n+1)! \cdot (N-n)!} [(n+1) + (N-n)]$$

$$= \frac{N!}{(n+1)! \cdot (N-n)!} [N+1]$$

$$= \frac{(N+1)!}{(n+1)! \cdot (N-n)!} = \binom{N+1}{n+1}$$

5) $$\binom{N}{n} + \binom{N}{n-1} = \frac{N!}{n! \cdot (N-n)!} + \frac{N!}{(n-1)! \cdot (N-n+1)!}$$

$$= \frac{N! \cdot (N-n+1)}{n! \cdot (N-n)! \cdot (N-n+1)} + \frac{N! \cdot n}{n \cdot (n-1)! \cdot (N-n+1)!}$$

$$= \frac{N! \cdot (N-n+1)}{n! \cdot (N-n)! \cdot (N-n+1)} + \frac{N! \cdot n}{n! \cdot (N-n+1)!}$$

$$= \frac{N!}{n! \cdot (N-n+1)!} \, [(N - n + 1) + n]$$

$$= \frac{N!}{n! \cdot (N-n+1)!} \, [N+1] = \frac{(N+1)!}{n! \cdot (N-n+1)!} = \binom{N+1}{n}$$

6) $$\binom{N}{n+1} + 2\binom{N}{n} + \binom{N}{n-1}$$

$$= \frac{N!}{(n+1)! \cdot (N-n-1)!} + 2\frac{N!}{n! \cdot (N-n)!}$$

$$+ \frac{N!}{(n-1)! \cdot (N-n+1)!}$$

$$= \frac{N! \cdot (N-n) \cdot (N-n+1)}{(n+1)! \cdot (N-n+1)!} + 2\frac{N! \cdot (N-n+1) \cdot (n+1)}{(n+1)! \cdot (N-n+1)!}$$

$$+ \frac{N! \cdot n \cdot (n+1)}{(n+1)! \cdot (N-n+1)!}$$

$$= \frac{N!}{(n+1)! \cdot (N-n+1)!} [(N - n) \cdot (N - n + 1)$$

$$+ 2(N - n + 1) \cdot (n + 1) + n \cdot (n + 1)]$$

$$= \frac{N!}{(n+1)! \cdot (N-n+1)!} \, [(N + 1) \cdot (N + 2)]$$

$$= \frac{(N+2)!}{(n+1)! \cdot (N-n+1)!} = \binom{N+2}{n+1}$$

7) $$\sum_{i=0}^{n} \binom{N+i}{i} = \binom{N+n+1}{n}$$

Beweis durch Induktion nach n:

n = 0:

$$\sum_{i=0}^{0} \binom{N+i}{i} = \binom{N}{0} = 1 = \binom{N+1}{0} = \binom{N+0+1}{0}$$

$n \to (n+1)$:

$$\sum_{i=0}^{n+1} \binom{N+i}{i} = \sum_{i=0}^{n} \binom{N+i}{i} + \binom{N+n+1}{n+1}$$

$$= \binom{N+n+1}{n} + \binom{N+n+1}{n+1}$$

$$= \frac{(N+n+1)!}{n! \cdot (N+1)!} + \frac{(N+n+1)!}{(n+1)! \cdot N!}$$

$$= \frac{(N+n+1)! \cdot (n+1)}{(n+1) \cdot n! \cdot (N+1)!} + \frac{(N+n+1)! \cdot (N+1)}{(n+1)! \cdot (N+1)!}$$

$$= \frac{(N+n+1)!}{(n+1)! \cdot (N+1)!} [(n+1) + (N+1)]$$

$$= \frac{(N+n+1)!}{(n+1)! \cdot (N+1)!} [N+n+2]$$

$$= \frac{(N+n+2)!}{(n+1)! \cdot (N+1)!}$$

$$= \binom{N+n+2}{n+1}$$

Aufgabe 4.4

Beweisen Sie durch vollständige Induktion die Richtigkeit der Gleichung:

$$\sum_{k=1}^{n} k = \frac{n(n+1)}{2} .$$

Lösung

Beweis durch vollständige Induktion:

$n = 1$:

$$\sum_{k=1}^{1} k = 1 = \frac{1 \cdot (1+1)}{2}$$

$n \to n+1$:

$$\sum_{k=1}^{n+1} k = \sum_{k=1}^{n} k + (n+1)$$

$$= \frac{n(n+1)}{2} + (n+1) \qquad \text{(I.V.)}$$

$$= \frac{n(n+1)}{2} + \frac{2 \cdot (n+1)}{2}$$

$$= \frac{(n+2) \cdot (n+1)}{2}$$

Aufgabe 4.5

Beweisen Sie durch vollständige Induktion die Richtigkeit der Gleichung:

$$\sum_{k=1}^{n} 2^{k-1} = 2^n - 1 .$$

Lösung
Beweis durch vollständige Induktion:

$n = 1$:

$$\sum_{k=1}^{1} 2^{k-1} = 2^0 = 2^1 - 1$$

$n \to n+1$:

$$\sum_{k=1}^{n+1} 2^{k-1} = \sum_{k=1}^{n} 2^{k-1} + 2^n$$

$$= 2^n - 1 + 2^n \qquad \text{(I.V.)}$$

$$= 2 \cdot 2^n - 1$$

$$= 2^{n+1} - 1$$

Aufgabe 4.6

Beweisen Sie durch vollständige Induktion:

$$\sum_{i=1}^{n} \frac{i}{2^i} = 2 - \frac{n+2}{2^n} .$$

Lösung

n = 1:

$$\sum_{i=1}^{1} \frac{i}{2^i} = \frac{1}{2} = 2 - \frac{1+2}{2^1}$$

n → n + 1:

$$\sum_{i=1}^{n+1} \frac{i}{2^i} = \sum_{i=1}^{n} \frac{i}{2^i} + \frac{n+1}{2^{n+1}}$$

$$= 2 - \frac{n+2}{2^n} + \frac{n+1}{2^{n+1}} \qquad \text{(I.V.)}$$

$$= 2 - \frac{2(n+2)}{2 \cdot 2^n} + \frac{n+1}{2^{n+1}}$$

$$= 2 - \frac{2n+4}{2^{n+1}} + \frac{n+1}{2^{n+1}}$$

$$= 2 - \frac{n+3}{2^{n+1}}$$

Aufgabe 4.7

Beweisen Sie durch vollständige Induktion:

$$\sum_{i=1}^{n} i^3 = \frac{n^2 \cdot (n+1)^2}{4} .$$

Lösung

n = 1:

$$\sum_{i=1}^{1} i^3 = 1^3 = 1 = \frac{1^2 \cdot (1+1)^2}{4}$$

$n \to n+1$:

$$\sum_{i=1}^{n+1} i^3 = \sum_{i=1}^{n} i^3 + (n+1)^3$$

$$= \frac{n^2 \cdot (n+1)^2}{4} + (n+1)^3 \qquad \text{(I.V.)}$$

$$= \frac{n^2 \cdot (n+1)^2}{4} + \frac{4 \cdot (n+1)^3}{4}$$

$$= \frac{(n+1)^2}{4} (n^2 + 4n + 4)$$

$$= \frac{(n+1)^2}{4} (n+2)^2$$

$$= \frac{(n+1)^2 \cdot (n+2)^2}{4}$$

Aufgabe 4.8

Beweisen Sie durch vollständige Induktion, daß für jede natürliche Zahl n und jede reelle Zahl $x > 1$ gilt:

$$(1+x)^n \geq 1 + nx\,.$$

Lösung

$n = 1$:

$$(1+x)^1 = 1 + x = 1 + 1 \cdot x$$

$n \to n+1$:

$$(1+x)^{n+1} = (1+x)^n \cdot (1+x)$$

$$\geq (1+nx) \cdot (1+x) \qquad \text{(I.V.)}$$

$$= \quad 1 + nx^2 + x + nx = 1 + x(n+1) + nx^2$$

$$\geq \quad 1 + (n+1)\,x$$

Aufgabe 4.9

Ermitteln Sie die kleinste natürliche Zahl n° derart, daß für jede natürliche Zahl $n \geq n°$ gilt:

$$2^n > n^3 .$$

Beweisen Sie diese Aussage durch vollständige Induktion.

Lösung
Wir suchen einen Kandidaten als n°, indem wir eine Tabelle anlegen, in der wir einzelne n ausprobieren, bis wir einen geeigneten Kandidaten gefunden haben:

n	1	2	3	4	5	6	7	8	9	10
2^n	2	4	8	16	32	64	128	256	512	1024
n^3	1	8	27	64	125	216	343	512	729	1000

Aus der Tabelle abgeleitet hegen wir die Vermutung, daß die Behauptung für $n \geq 10$ zutreffen könnte und versuchen, dies durch einen Induktionsbeweis zu bestätigen:

$n = 10$:

$$2^{10} = 1024 > 1000 = 10^3$$

$n \to n + 1$:

$$\begin{aligned}
(n+1)^3 &= (n+1)^2 \cdot (n+1) \\
&= (n^2 + 2n + 1) \cdot (n+1) \\
&= n^3 + 3n^2 + 3n + 1 \\
&< n^3 + 3n^2 + n^2 + n^2 && (n \geq 10) \\
&= n^3 + 5n^2 \\
&< n^3 + n^3 && (n \geq 10) \\
&= 2n^3
\end{aligned}$$

Aufgabe 4.10

Beweisen Sie durch vollständige Induktion die Richtigkeit der Gleichung:

$$\sum_{k=1}^{n} k \cdot 2^{k-1} = (n-1) \cdot 2^n + 1 .$$

Lösung
Beweis durch vollständige Induktion:

$n = 1$:

$$1 \cdot 2^0 = 1 = 0 \cdot 2 + 1$$

$n \to n + 1$:

$$\begin{aligned}
\sum_{k=1}^{n+1} k \cdot 2^{k-1} &= \sum_{k=1}^{n} k \cdot 2^{k-1} + (n+1) \cdot 2^n \\
&= (n-1) \cdot 2^n + 1 + (n+1) \cdot 2^n \qquad \text{(I.V.)} \\
&= 2^n \cdot (n - 1 + n + 1) + 1 \\
&= 2^n \cdot 2n + 1 \\
&= 2^{n+1} \cdot n + 1 \\
&= n \cdot 2^{n+1} + 1
\end{aligned}$$

Aufgabe 4.11

Beweisen Sie durch vollständige Induktion die Richtigkeit der Gleichung:

$$\sum_{k=1}^{n} \frac{1}{2^{2k-1}} = \frac{2}{3} \cdot \frac{4^n - 1}{4^n} .$$

Lösung
Beweis durch vollständige Induktion:

$n = 1$:

$$\sum_{k=1}^{1} \frac{1}{2^{2k-1}} = \frac{1}{2} = \frac{2}{3} \cdot \frac{4^1 - 1}{4^1}$$

$n \to n+1$:

$$\sum_{k=1}^{n+1} \frac{1}{2^{2k-1}} = \sum_{k=1}^{n} \frac{1}{2^{2k-1}} + \frac{1}{2^{2(n+1)-1}}$$

$$= \frac{2}{3} \cdot \frac{4^n - 1}{4^n} + \frac{1}{2^{2n+1}} \qquad \text{(I.V.)}$$

$$= \frac{2}{3} \cdot \frac{4^n - 1}{4^n} + \frac{1}{2^{2n} \cdot 2}$$

$$= \frac{2}{3} \cdot \frac{4^n - 1}{4^n} + \frac{1}{4^n \cdot 2}$$

$$= \frac{2}{3} \cdot \frac{4^{n+1} - 4}{4^{n+1}} + \frac{2}{4^{n+1}}$$

$$= \frac{2}{3} \cdot \frac{4^{n+1} - 4}{4^{n+1}} + \frac{2}{3} \cdot \frac{3}{4^{n+1}}$$

$$= \frac{2}{3} \cdot \frac{4^{n+1} - 1}{4^{n+1}}$$

Aufgabe 4.12

Beweisen Sie durch vollständige Induktion, daß für jede natürliche Zahl n gilt:

$$\sum_{k=1}^{n} (-1)^{k-1} \cdot k^2 = (-1)^{n-1} \left(\frac{n(n+1)}{2} \right).$$

Lösung
Beweis durch vollständige Induktion:

$n = 1$:

$$\sum_{k=1}^{1} (-1)^{k-1} \cdot k^2 = 1 = (-1)^0 \cdot \frac{1 \cdot 2}{2}$$

$n \to n+1$:

$$\sum_{k=1}^{n+1} (-1)^{k-1} \cdot k^2 = \sum_{k=1}^{n} (-1)^{k-1} \cdot k^2 + (-1)^n \cdot (n+1)^2$$

$$= (-1)^{n-1} \left(\frac{n(n+1)}{2}\right) + (-1)^n \cdot (n+1)^2 \qquad \text{(I.V.)}$$

$$= \frac{(-1)^n \cdot (n+1)}{2} (-n + 2n + 2)$$

$$= (-1)^n \cdot \frac{(n+1)(n+2)}{2}$$

Aufgabe 4.13

Beweisen Sie mittels vollständiger Induktion, daß für alle natürlichen Zahlen n die Ungleichung

$$n^n \geq n!$$

gilt, wobei $n! := 1 \cdot 2 \cdot 3 \cdot \ldots \cdot n$ ist.

Lösung
Beweis durch vollständige Induktion:

$n = 1$:

$$1^1 = 1 = 1!$$

$n \to n+1$:

$$(n+1)^{n+1} = (n+1)^n \cdot (n+1)$$

$$\geq n^n \cdot (n+1)$$

$$\geq n! \cdot (n+1) \qquad \text{(I.V.)}$$

$$= (n+1)!$$

Aufgabe 4.14

Beweisen Sie durch vollständige Induktion, daß für alle natürlichen Zahlen n gilt:

$$\sum_{k=1}^{n} (2k-1) = n^2 .$$

Lösung

Beweis durch vollständige Induktion:

n = 1:

$$\sum_{k=1}^{1} (2k-1) = 2 - 1 = 1 = 1^2$$

n → n + 1:

$$\begin{aligned}\sum_{k=1}^{n+1} (2k-1) &= \sum_{k=1}^{n} (2k-1) + (2n+2-1) \\ &= n^2 + 2n + 1 && \text{(I.V.)} \\ &= (n+1)^2\end{aligned}$$

Aufgabe 4.15

Zeigen Sie, daß für alle natürlichen Zahlen n ≥ 4 gilt:

$$2^n \geq n^2 .$$

Lösung

Beweis durch vollständige Induktion:

n = 4:

$$2^4 = 16 = 4^2$$

n → n + 1:

$$\begin{aligned}2^{n+1} &= 2^n \cdot 2 \\ &\geq n^2 \cdot 2 && \text{(I.V.)} \\ &\geq (n+1)^2 && (*)\end{aligned}$$

Die letzte Ungleichung (*) bleibt noch zu zeigen, aber es gilt:

$$\begin{aligned}(n+1)^2 &= (n+1)\cdot(n+1) = n^2+2n+1\\ &\le n^2+n^2\\ &= 2n^2\end{aligned}$$

Aufgabe 4.16

Beweisen Sie mittels vollständiger Induktion, daß gilt:

$$\sum_{k=1}^{n} k^2 = \frac{1}{6}\cdot n\cdot(n+1)\cdot(2n+1)\,.$$

Lösung
Beweis durch vollständige Induktion:

$n = 1$:

$$\sum_{k=1}^{1} k^2 = 1 = \frac{1}{6}\cdot 1\cdot(1+1)\cdot(2+1)$$

$n \to n+1$:

$$\begin{aligned}\sum_{k=1}^{n+1} k^2 &= \sum_{k=1}^{n} k^2 + (n+1)^2\\ &= \frac{1}{6}\cdot n\cdot(n+1)\cdot(2n+1) + (n+1)^2 \qquad \text{(I.V.)}\\ &= (n+1)\cdot\frac{n(2n+1)+6(n+1)}{6}\\ &= \frac{1}{6}\cdot(n+1)\cdot(2n^2+n+6n+6)\\ &= \frac{1}{6}\cdot(n+1)\cdot(n+2)\cdot(2n+3)\\ &= \frac{1}{6}\cdot(n+1)\cdot(n+2)\cdot(2(n+1)+1)\end{aligned}$$

Aufgabe 4.17

Beweisen Sie mittels vollständiger Induktion:

$$\sum_{k=1}^{n} k \cdot 5^k = \frac{5 + (4n-1) \cdot 5^{n+1}}{16}\ .$$

Lösung
Beweis durch vollständige Induktion:

n = 1:

$$\sum_{k=1}^{1} k \cdot 5^k = 5 = \frac{5 + (4-1) \cdot 5^{1+1}}{16}$$

n → n + 1:

$$\sum_{k=1}^{n+1} k \cdot 5^k = \sum_{k=1}^{n} k \cdot 5^k + (n+1) \cdot 5^{n+1}$$

$$= \frac{5 + (4n-1) \cdot 5^{n+1}}{16} + (n+1) \cdot 5^{n+1} \qquad \text{(I.V.)}$$

$$= \frac{5 + (4n-1) \cdot 5^{n+1} + 16 \cdot (n+1) \cdot 5^{n+1}}{16}$$

$$= \frac{5 + (4n-1) \cdot 5^{n+1} + (16n+16) \cdot 5^{n+1}}{16}$$

$$= \frac{5 + (20n+15) \cdot 5^{n+1}}{16} = \frac{5 + 5 \cdot (4n+3) \cdot 5^{n+1}}{16}$$

$$= \frac{5 + (4n+3) \cdot 5^{n+2}}{16}$$

$$= \frac{5 + (4(n+1)-1) \cdot 5^{n+2}}{16}$$

Aufgabe 4.18

Beweisen Sie mittels vollständiger Induktion, daß für jede natürliche Zahl n gilt:

$$2^n \geq 1 + n\,.$$

Lösung
Beweis durch vollständige Induktion:

$n = 1$:

$$2^1 = 2 = 1 + 1$$

$n \to n + 1$:

$$\begin{aligned} 2^{n+1} &= 2^n \cdot 2 \\ &\geq (1 + n) \cdot 2 && \text{(I.V.)} \\ &= 2 + 2n \\ &\geq 2 + n \\ &= 1 + (n + 1) \end{aligned}$$

Aufgabe 4.19

Beweisen Sie, daß für alle natürlichen Zahlen n, $n \geq 4$, gilt:

$$2^n < n!$$

Lösung
Beweis durch vollständige Induktion:

$n = 4$:

$$2^4 = 16 < 24 = 4!$$

$n \to n + 1$:

$$\begin{aligned} 2^{n+1} &= 2^n \cdot 2 \\ &< n! \cdot 2 && \text{(I.V.)} \\ &\leq n! \cdot (n + 1) \\ &= (n + 1)! \end{aligned}$$

Aufgabe 4.20

Zeigen Sie, daß für jede reelle Zahl $q \neq 1$ und jede natürliche Zahl n inklusive der Null gilt:

$$\sum_{k=0}^{n} q^k = \frac{1-q^{n+1}}{1-q} .$$

Die Summe wird auch als **endliche geometrische Reihe** bezeichnet.

Lösung
Beweis durch vollständige Induktion:

$n = 0$:

$$\sum_{k=0}^{0} q^k = q^0 = 1 = \frac{1-q^1}{1-q}$$

$n \to n + 1$:

$$\begin{aligned}
\sum_{k=0}^{n+1} q^k &= \sum_{k=0}^{n} q^k + q^{n+1} \\
&= \frac{1-q^{n+1}}{1-q} + q^{n+1} \qquad \text{(I.V.)} \\
&= \frac{1-q^{n+1}}{1-q} + \frac{q^{n+1}-q^{n+2}}{1-q} \\
&= \frac{1-q^{n+2}}{1-q}
\end{aligned}$$

Aufgabe 4.21

Beweisen Sie mittels vollständiger Induktion, daß für alle natürlichen Zahlen n mit $n \geq 3$ gilt:

$$n^2 > 2n + 1 .$$

Lösung
Beweis durch vollständige Induktion:

$n = 3$:

$$3^2 = 9 > 7 = 6 + 1 = 2 \cdot 3 + 1$$

$n \to n + 1$:

$$\begin{aligned} (n+1)^2 &= n^2 + 2n + 1 \\ &> 2n + 1 + 2n + 1 && \text{(I.V.)} \\ &= 4n + 2 \\ &= 2(n+1) + 2n \\ &> 2(n+1) + 1 \end{aligned}$$

Aufgabe 4.22

Zeigen Sie, daß für alle natürlichen Zahlen $n \geq 2$ gilt:

$$\sum_{k=2}^{n} 2^k = 2^{n+1} - 4 .$$

Lösung
Beweis durch vollständige Induktion:

$n = 2$:

$$\sum_{k=2}^{2} 2^k = 2^2 = 4 = 2^{2+1} - 4$$

$n \to n + 1$:

$$\begin{aligned} \sum_{k=2}^{n+1} 2^k &= \sum_{k=2}^{n} 2^k + 2^{n+1} \\ &= 2^{n+1} - 4 + 2^{n+1} && \text{(I.V.)} \\ &= 2 \cdot 2^{n+1} - 4 \\ &= 2^{n+2} - 4 \end{aligned}$$

Aufgabe 4.23

Zeigen Sie durch vollständige Induktion, daß für jede natürliche Zahl n gilt:

$$\sum_{k=1}^{n} k \cdot (k+3) = \frac{1}{3} \cdot n \cdot (n+1) \cdot (n+5) .$$

Lösung
Beweis durch vollständige Induktion:

n = 1:

$$\sum_{k=1}^{1} k \cdot (k+3) = 4 = \frac{1}{3} \cdot 1 \cdot (1+1) \cdot (1+5)$$

n → n + 1:

$$\sum_{k=1}^{n+1} k \cdot (k+3) = \sum_{k=1}^{n} k \cdot (k+3) + (n+1) \cdot (n+4)$$

$$= \frac{1}{3} \cdot n \cdot (n+1) \cdot (n+5) + (n+1) \cdot (n+4) \qquad \text{(I.V.)}$$

$$= (n+1) \left(\frac{1}{3} \cdot n \cdot (n+5) + \frac{3(n+4)}{3}\right)$$

$$= \frac{1}{3} (n+1) \left[n \cdot (n+5) + 3(n+4)\right]$$

$$= \frac{1}{3} (n+1) \left[n^2 + 5n + 3n + 12\right]$$

$$= \frac{1}{3} (n+1) \cdot (n+2) \cdot (n+6)$$

Aufgabe 4.24

Es seien x und y reelle Zahlen mit $x \neq y$. Beweisen Sie mittels vollständiger Induktion:

$$\sum_{k=1}^{n} x^{n-k} \cdot y^{k-1} = \frac{x^n - y^n}{x - y} .$$

Lösung
Beweis durch vollständige Induktion:

n = 1:

$$\sum_{k=1}^{1} x^{1-k} \cdot y^{k-1} = x^{1-1} \cdot y^{1-1} = x^0 \cdot y^0 = 1 = \frac{x-y}{x-y} = \frac{x^1 - y^1}{x-y}$$

$n \to n+1$:

$$\sum_{k=1}^{n+1} x^{n+1-k} \cdot y^{k-1}$$

$$= \quad x \cdot \sum_{k=1}^{n} x^{n-k} \cdot y^{k-1} + x^0 y^n$$

$$= \quad x \cdot \frac{x^n - y^n}{x-y} + y^n \qquad \text{(I.V.)}$$

$$= \quad \frac{x^{n+1} - x \cdot y^n}{x-y} + \frac{x \cdot y^n - y^{n+1}}{x-y}$$

$$= \quad \frac{x^{n+1} - y^{n+1}}{x-y}$$

Aufgabe 4.25

Zeigen Sie durch vollständige Induktion, daß für jede natürliche Zahl n gilt:

$$\sum_{k=1}^{n} \frac{1}{(2k-1) \cdot (2k+1)} = \frac{n}{2n+1} .$$

Lösung
Beweis durch vollständige Induktion:

n = 1:

$$\sum_{k=1}^{1} \frac{1}{(2k-1) \cdot (2k+1)} = \frac{1}{(2-1) \cdot (2+1)} = \frac{1}{1 \cdot 3} = \frac{1}{3} = \frac{1}{2+1}$$

$n \to n+1$:

$$\sum_{k=1}^{n+1} \frac{1}{(2k-1)\cdot(2k+1)}$$

$$= \sum_{k=1}^{n} \frac{1}{(2k-1)\cdot(2k+1)} + \frac{1}{(2n+1)\cdot(2n+3)}$$

$$= \frac{n}{2n+1} + \frac{1}{(2n+1)\cdot(2n+3)} \qquad \text{(I.V.)}$$

$$= \frac{n\cdot(2n+3)}{(2n+1)\cdot(2n+3)} + \frac{1}{(2n+1)\cdot(2n+3)}$$

$$= \frac{(2n+1)\cdot(n+1)}{(2n+1)\cdot(2n+3)} = \frac{(n+1)}{(2n+3)}$$

Aufgabe 4.26

Beweisen Sie mittels vollständiger Induktion, daß gilt:

$$\sum_{k=1}^{n} k > \frac{n^2}{2}\,.$$

Lösung
Beweis durch vollständige Induktion:

$n = 1$:

$$\sum_{k=1}^{1} k = 1 > \frac{1}{2} = \frac{1^2}{2}$$

$n \to n+1$:

$$\sum_{k=1}^{n+1} k \quad = \quad \sum_{k=1}^{n} k + (n+1)$$

$$> \quad \frac{n^2}{2} + (n+1) \qquad \text{(I.V.)}$$

$$= \frac{n^2 + 2n + 2}{2}$$

$$= \frac{(n+1)^2 + 1}{2}$$

$$> \frac{(n+1)^2}{2}$$

Aufgabe 4.27

Beweisen Sie mittels vollständiger Induktion, daß für alle natürlichen Zahlen mit $n > 2$ gilt:

$$n + \sqrt{n} < n \cdot \sqrt{n}.$$

Lösung
Beweis durch vollständige Induktion:

$n = 3$:

$$3 + \sqrt{3} < 3 \cdot \sqrt{3}$$

$n \to n + 1$:

$$(n+1) \cdot \sqrt{n+1}$$

$$= n \cdot \sqrt{n+1} + \sqrt{n+1}$$

$$> n \cdot \sqrt{n} + \sqrt{n+1}$$

$$> n + \sqrt{n} + \sqrt{n+1} \qquad \text{(I.V.)}$$

$$> n + 1 + \sqrt{n+1}$$

Aufgabe 4.28

Beweisen Sie mittels vollständiger Induktion:

$$\sum_{k=1}^{n} \frac{1}{(3k-2)\cdot(3k+1)} = \frac{n}{3n+1}\,.$$

Lösung
Beweis durch vollständige Induktion:

n = 1:

$$\sum_{k=1}^{1} \frac{1}{(3k-2)\cdot(3k+1)} = \frac{1}{(3-2)\cdot(3+1)} = \frac{1}{1\cdot 4} = \frac{1}{4} = \frac{1}{3+1}$$

n → n + 1:

$$\sum_{k=1}^{n+1} \frac{1}{(3k-2)\cdot(3k+1)}$$

$$= \sum_{k=1}^{n} \frac{1}{(3k-2)\cdot(3k+1)} + \frac{1}{(3n+1)\cdot(3n+4)}$$

$$= \frac{n}{3n+1} + \frac{1}{(3n+1)\cdot(3n+4)} \qquad \text{(I.V.)}$$

$$= \frac{n\cdot(3n+4)}{(3n+1)\cdot(3n+4)} + \frac{1}{(3n+1)\cdot(3n+4)}$$

$$= \frac{n\cdot(3n+4)+1}{(3n+1)\cdot(3n+4)}$$

$$= \frac{3n^2+4n+1}{(3n+1)\cdot(3n+4)}$$

$$= \frac{(3n+1)\cdot(n+1)}{(3n+1)\cdot(3n+4)}$$

$$= \frac{n+1}{3n+4}$$

5 Funktion einer Veränderlichen

Aufgabe 5.1

Eine Druckerei berechnet 12 Cent pro Seite, falls der Druckauftrag nicht 100 Seiten übersteigt. Die Seite kostet 10 Cent, falls mehr als 100 Seiten zum Druck gegeben werden. Die Funktion P(x) beschreibt den Preis beim Druck von x Seiten.

Bestimmen Sie P(80), P(150) und geben Sie die Funktionsvorschrift von P explizit an.

Lösung
Die Funktionsvorschrift lautet:

$$P(x) = \begin{cases} 12x & \text{, falls } x \leq 100 \\ 10x & \text{, falls } x > 100 \end{cases}$$

Somit ergibt sich:

$$P(80) = 12 \cdot 80 = 960,$$

$$P(150) = 10 \cdot 150 = 1500.$$

Aufgabe 5.2

Ein Transportunternehmen berechnet seine Preise nach den zurückgelegten Entfernungen in km:

Preis pro km in €	Entfernung in km
2,00	$0 < x \leq 150$
1,50	$150 < x \leq 400$
1,25	$400 < x$

Beschreiben Sie die Preise mit Hilfe einer Funktionsvorschrift und bestimmen Sie die Preise für eine Entfernung von 130, 210, 350 und 500 km.

Lösung
Die Funktionsvorschrift lautet:

$$P(x) = \begin{cases} 2x & ,\ 0 < x \leq 150 \\ 1{,}5x & ,\ 150 < x \leq 400 \\ 1{,}25x & ,\ 400 < x \end{cases}$$

Es ergibt sich:

$$P(130) = 2 \cdot 130 = 260$$

$$P(210) = 1{,}5 \cdot 210 = 315$$

$$P(350) = 1{,}5 \cdot 350 = 525$$

$$P(500) = 1{,}25 \cdot 500 = 625$$

Aufgabe 5.3

Betrachten Sie die Funktion

$$f: \{-2, -1, 0, 1, 2, 3, 4\} \to W$$

mit

$$f(x) = 3 - 2x.$$

Geben Sie den Wertebereich W der Funktion f explizit so an, daß die Funktion surjektiv ist.

Lösung
Damit die Funktion f surjektiv ist, muß jedes Element im Bildbereich der Funktion f getroffen werden. Wir erhalten deshalb:

$$W = \{7, 5, 3, 1, -1, -3, -5\}.$$

Aufgabe 5.4

Betrachten Sie die Funktion

$$g: \mathbf{R} \to \mathbf{R}$$

mit

$$g(x) = 4x - x^2.$$

Seien a und h reelle Zahlen. Ermitteln Sie g(3), g(a) und g(a + h).

Lösung

$$g(3) = 12 - 9 = 3$$

$$g(a) = 4a - a^2$$

$$g(a + h) = 4(a + h) - (a + h)^2 = 4a + 4h - (a^2 + 2ah + h^2)$$

$$= 4a + 4h - a^2 - 2ah - h^2$$

Aufgabe 5.5

Geben Sie den maximalen Definitionsbereich D und Wertebereich W der folgenden Funktionen f: D → W an.

a) $f(x) = x^2$ b) $f(x) = \sqrt{6-x}$

c) $f(x) = \sqrt{2x^2 + 5x - 12}$ d) $f(x) = \frac{1}{x+3}$

Lösung

a) $f(x) = x^2$

Da jede reelle Zahl quadriert werden kann, gilt:
$D = \mathbf{R}$ und $W = [0, +\infty)$

b) $f(x) = \sqrt{6-x}$

$D = (-\infty, 6]$ und $W = [0, +\infty)$

c) $f(x) = \sqrt{2x^2 + 5x - 12}$

$D = (-\infty, -4] \cup [1{,}5, +\infty)$ und $W = [0, +\infty)$

d) $f(x) = \frac{1}{x+3}$

$D = \mathbf{R} \setminus \{-3\}$ und $W = \mathbf{R} \setminus \{0\}$

Aufgabe 5.6

Bilden Sie für folgende Funktionen f und g die Komposition $f \circ g$ und untersuchen Sie $f \circ g$ auf Injektivität, Surjektivität und Bijektivität:

a) $f: \mathbf{R} \to \mathbf{R}_+ \setminus \{0\}, \quad f(x) = e^x$
$g: \mathbf{R}_+ \to \mathbf{R}_+, \quad g(x) = 2 + x^2$

b) $f: \mathbf{R}_+ \to \mathbf{R}, \quad f(x) = 3\sqrt{x}$
$g: [-1, 1] \to [0, 1], \quad g(x) = 4 - x^2.$

Lösung

a) $f \circ g: \mathbf{R}_+ \to \mathbf{R}_+ \setminus \{0\}, \quad f \circ g(x) = e^{2} + x^2$

Injektiv, da g und f injektiv sind; **nicht** surjektiv, wegen $e^2 + x^2 \geq e$.

b) $f \circ g: [-1,1] \to \mathbf{R}, \quad (f \circ g)(x) = 3\sqrt{4 - x^2}$

Nicht surjektiv: Für den Punkt y = 10 gibt es kein x mit $10 = 3\sqrt{4-x^2}$.

Nicht injektiv, da gilt: $(f \circ g)(1) = 3\sqrt{4-1} = 3\sqrt{3} = (f \circ g)(-1)$.

Aufgabe 5.7

Prüfen Sie, welche der folgenden Funktionen injektiv, surjektiv und bijektiv sind. Geben Sie ggf. die Umkehrfunktion an.

$$f_1: \mathbf{R} \to \mathbf{R}, \quad f_1(x) = 3x^3 - 2,$$

$$f_2: \mathbf{R} \to \mathbf{R}, \quad f_2(x) = x^4,$$

$$f_3: \mathbf{R}_+ \to \mathbf{R}_+, \quad f_3(x) = 16x^4,$$

$$f_4: \mathbf{N} \to \mathbf{Z}, \quad f_4(n) = \begin{cases} \frac{1}{2}n & \text{, falls n gerade} \\ -\frac{1}{2}(n-1) & \text{, falls n ungerade} \end{cases}.$$

Lösung

f_1 ist bijektiv und die Umkehrfunktion lautet:

$$f_1^{-1}: \mathbf{R} \to \mathbf{R},$$

mit

$$f_1^{-1}(y) = \sqrt[3]{\frac{y+2}{3}}.$$

f_2 ist nicht injektiv:

$$f_2(-1) = f_2(1).$$

f_2 ist nicht surjektiv:

es gibt kein x mit $f_2(x) = -1$.

f_3 ist bijektiv und als Umkehrfunktion ergibt sich:

$$f_3^{-1}: \mathbf{R}_+ \to \mathbf{R}_+, f_3^{-1}(y) = \frac{1}{2} \cdot \sqrt[4]{y}.$$

f_4 ist surjektiv:

$m > 0$, dann $f_4(n) = m$, falls $n = 2m$,

$m \leq 0$, dann $f_4(n) = m$, falls $n = 1 - 2m$.

f_4 ist injektiv:

$n \neq k$, dann gilt: $f_4(n) \neq f_4(k)$.

Dies wird deutlich, indem wir folgende Fälle unterscheiden:

1) n gerade, k ungerade;

2) n, k gerade;

3) n, k ungerade.

Aufgabe 5.8

Gegeben sei die Funktion f: $[-2, 4] \to B$ ($B \subseteq \mathbf{R}$) mit

$$f(x) = \begin{cases} \dfrac{x^3}{2} & \text{, falls } -2 \leq x < 0 \\ (x-2)^2 & \text{, falls } 0 \leq x \leq 4 \end{cases}$$

a) Bestimmen Sie B so, daß f surjektiv wird, und skizzieren Sie den Graphen von f.

b) Geben Sie ein Intervall $A \subseteq [-2, 4]$ so an, daß die Funktion

$$g: A \to B \text{ mit } g(x) = f(x)$$

bijektiv ist.

c) Bilden Sie die Umkehrfunktion von g.

Lösung:

a) $B = [-4, 4]$, zur Lösung den Graphen skizzieren.

b) $A = [-2, 2]$ ist geeignet.

Würden wir etwa $A = [-2, 0)$ und $[2, 4]$ betrachten, dann wäre g auch bijektiv, aber A wäre kein Intervall.

c) Wir unterscheiden die zwei Bereiche:

$-4 \leq y < 0$:

$$y = g(x) \Leftrightarrow y = \frac{x^3}{2} \Leftrightarrow x = \sqrt[3]{2y} \;;$$

$0 \leq y < 4$:

$$y = g(x) \Leftrightarrow y = (x-2)^2 \Leftrightarrow x - 2 = \sqrt{y} \Leftrightarrow x = 2 + \sqrt{y} \;.$$

Die Umkehrfunktion von g lautet:

$$g^{-1}: [-4, 4] \to [-2, 2],$$

mit

$$g^{-1}(y) = \begin{cases} \sqrt[3]{2y} & \text{, falls } -4 \leq y < 0 \\ 2 + \sqrt{y} & \text{, falls } 0 \leq y \leq 4 \end{cases}$$

Aufgabe 5.9

Betrachten Sie die Funktion

$$f: \mathbf{R} \to \mathbf{R}$$

mit

$$(x) = x^2 + 4.$$

a) Berechnen Sie f(0), f(-1), f(1), f(2) und f(-3).

b) Für welche reellen Zahlen x gilt: $f(x) = f(-x)$?

c) Für welche reellen Zahlen x gilt: $f(x + 1) = f(x) + f(1)$?

Lösung

a) $f(0) = 4$, $f(-1) = 5$, $f(1) = 5$, $f(-2) = 8$ und $f(2) = 8$.

b) Die Gleichung $f(x) = f(-x)$ gilt für alle reellen Zahlen x:

$$f(x) = x^2 + 4 = (-x)^2 + 4 = f(-x)$$

c) Für die Gleichung $f(x + 1) = f(x) + f(1)$ gilt:

$$f(x + 1) = f(x) + f(1)$$

$\Leftrightarrow$

$$(x+1)^2 + 4 = x^2 + 4 + 5$$

$$\Leftrightarrow \quad x^2 + 2x + 1 + 4 = x^2 + 9$$

$$\Leftrightarrow \quad 2x = 4 \Leftrightarrow x = 2$$

Die Gleichung gilt somit nur für die reelle Zahl $x = 2$.

Aufgabe 5.10

Sei A eine Teilmenge der reellen Zahlen und sei f: A $\rightarrow$ **R** eine Funktion. f heißt **isoton (monoton wachsend)**, wenn für alle $x, x' \in A$ gilt:

$$x \leq x' \Rightarrow f(x) \leq f(x').$$

Ist die Funktion

$$f: \mathbf{R}_+ \rightarrow \mathbf{R}$$

mit

$$f(x) = x^2 - x$$

isoton ?

Lösung

f ist nicht isoton. Dazu betrachten wir die zwei Werte $x = 0{,}25$ und $x' = 0{,}5$.

Dann gilt:

$$x < x'.$$

Aber für die Funktionswerte erhalten wir:

$$f(0{,}25) = -\frac{3}{16}$$

und

$$f(0{,}5) = -\frac{4}{16},$$

also:

$$f(x') < f(x).$$

Aufgabe 5.11

Die Kosten K zur Produktion von x Einheiten eines Gutes A werden durch die Vorschrift

$$K(x) = 100 + 30x + x^2$$

beschrieben.

a) Berechnen Sie K(0), K(5) und K(10).

b) Berechnen Sie K(x + 1) - K(x) und erläutern Sie die Differenz.

Lösung

a) K(0) = 100, K(5) = 275 und K(10) = 500.

b) Es gilt:

$$\begin{aligned} K(x+1) - K(x) &= 100 + 30(x+1) + (x+1)^2 - (100 + 30x + x^2) \\ &= 100 + 30x + 30 + x^2 + 2x + 1 - 100 - 30x - x^2 \\ &= 31 + 2x \end{aligned}$$

Die Differenz beschreibt den Zuwachs an Kosten, falls die Produktion von x auf x + 1 Einheiten erhöht wird.

Aufgabe 5.12

Eine Funktion f heißt **additiv**, falls für beliebige reelle Zahlen a und b gilt:

$$f(a + b) = f(a) + f(b).$$

Überprüfen Sie, ob für die folgenden Funktionsvorschriften f gilt:

$$f(2 + 1) = f(2) + f(1).$$

a) $f(x) = 2x^2$ b) $f(x) = 4x$

c) $f(x) = \sqrt{x}$

Lösung

a) $f(x) = 2x^2$

Es gilt: $f(2 + 1) = f(3) = 2 \cdot 9 = 18 \neq 10 = 8 + 2 = f(2) + f(1)$

b) $f(x) = 4x$

Für beliebige reelle Zahlen a, b und somit auch für die Werte 1 und 2 erhalten wir:

$$f(a+b) = 4(a+b) = 4a + 4b = f(a) + f(b)$$

c) $f(x) = \sqrt{x}$

Es gilt: $f(2+1) = f(3) = \sqrt{3} \neq \sqrt{2} + 1 = f(2) + f(1)$

Aufgabe 5.13

Untersuchen Sie die folgenden Funktionen auf Injektivität, Surjektivität und Bijektivität:

$$f: \mathbf{R}\backslash\{-2\} \rightarrow \mathbf{R}, \quad f(x) = \frac{x}{x+2},$$

$$g: \mathbf{R} \rightarrow \mathbf{R}, \quad g(x) = x - 2,$$

$$h: \mathbf{R} \rightarrow \mathbf{R}, \quad h(x) = 3^x,$$

Lösung

a) Die Funktion f ist nicht surjektiv, da es keine reelle Zahl x gibt mit:

$$f(x) = 1.$$

Allerdings ist die Funktion injektiv, da für beliebige reelle Zahlen x' und x'' mit $x' \neq x''$ folgt:

$$2x' \neq 2x''$$

$$\Rightarrow \quad x'x'' + 2x' \neq x'x'' + 2x''$$

$$\Rightarrow \quad x'(x'' + 2) \neq x''(x' + 2)$$

$$\Rightarrow \quad \frac{x'}{x'+2} \neq \frac{x''}{x''+2}$$

$$\Rightarrow \quad f(x') \neq f(x'')$$

b) Die Funktion g ist surjektiv:

Zu einer beliebigen reellen Zahl y aus dem Bildbereich von g betrachten wir:

$$x = y + 2.$$

Dies bedeutet für die Funktion g:

$$g(x) = g(y + 2) = (y + 2) - 2 = y.$$

Die Funktion g ist auch injektiv:

Seien x' und x" reelle Zahlen mit $x' \neq x'$. Dann gilt auch:

$$x' - 2 \neq x'' - 2,$$

und somit:

$$f(x') \neq f(x'').$$

c) Die Funktion h ist injektiv: $a \neq b$ und somit gilt auch: $3^a \neq 3^b$.

Die Funktion ist nicht surjektiv, da für beliebiges x gilt: $f(x) = 3^x > 0$.

Aufgabe 5.14

Gegeben sei die Funktion f: $\mathbf{R} \rightarrow \mathbf{R}$ mit $f(x) := ax + b$. Man bestimme die reellen Zahlen a und b so, daß gilt:

$$f(1) = 2 \text{ und } f(3) = 5.$$

Lösung

Wir erhalten folgende zwei Gleichungen:

$$f(1) = a \cdot 1 + b = 2$$

$$f(3) = a \cdot 3 + b = 5$$

Als Lösung dieses Gleichungssystems erhalten wir:

$$a = 1{,}5 \text{ und } b = 0{,}5.$$

Die Funktionsvorschrift lautet somit:

$$f(x) = 1{,}5\, x + 0{,}5.$$

6 Folgen und Reihen

Aufgabe 6.1

Überprüfen Sie die Folgen auf Konvergenz und geben Sie, falls vorhanden, den Grenzwert an:

a) $(a_n) = \dfrac{n^2 + n + 1}{3n^2 + 1}$ b) $(a_n) = \dfrac{1}{n^n}$

Lösung

a) $$a_n = \frac{n^2 + n + 1}{3n^2 + 1} = \frac{1 + \frac{1}{n} + \frac{1}{n^2}}{3 + \frac{1}{n^2}} \xrightarrow[n \to \infty]{} \frac{1}{3}.$$

Die Folge konvergiert und hat den Grenzwert $\frac{1}{3}$.

b) $a_n = \dfrac{1}{n^n} \xrightarrow[n \to \infty]{} 0$. Die Folge konvergiert gegen den Grenzwert 0.

Aufgabe 6.2

Bestimmen Sie, soweit vorhanden, die Grenzwerte der Folgen (a_n), $n \in \mathbf{N}$:

(1) $(a_n) = \dfrac{(n+3)^2}{5n}$ (2) $(a_n) = \dfrac{(n+3)^2}{5n^2}$

(3) $(a_n) = \dfrac{(n+3)^2}{5n^3}$ (4) $(a_n) = \dfrac{n^2 + 4}{n + 100}$

(5) $(a_n) = \dfrac{n + 100}{n^2 + 4}$

Lösung
Durch einige elementare Umformungen und durch Benutzung der Rechenregeln für Folgen ergibt sich:

(1) $$a_n = \frac{(n+3)^2}{5n} = \frac{n^2 + 6n + 9}{5n} = \frac{n}{5} + \frac{6}{5} + \frac{9}{5n} \xrightarrow[n \to \infty]{} \infty$$

(2) $$a_n = \frac{(n+3)^2}{5n^2} = \frac{n^2+6n+9}{5n^2} = \frac{1}{5} + \frac{6}{5n} + \frac{9}{5n^2} \xrightarrow[n\to\infty]{} \frac{1}{5}$$

(3) $$a_n = \frac{(n+3)^2}{5n^3} = \frac{n^2+6n+9}{5n^3} = \frac{1}{5n} + \frac{6}{5n^2} + \frac{9}{5n^3} \xrightarrow[n\to\infty]{} 0$$

(4) $$a_n = \frac{n^2+4}{n+100} = \frac{n^2}{n+100} + \frac{4}{n+100} \xrightarrow[n\to\infty]{} \infty$$

(5) $$a_n = \frac{n+100}{n^2+4} = \frac{n^2\left(\frac{1}{n}+\frac{100}{n^2}\right)}{n^2\left(1+\frac{4}{n^2}\right)} = \frac{\frac{1}{n}+\frac{100}{n^2}}{1+\frac{4}{n^2}} \xrightarrow[n\to\infty]{} 0$$

Aufgabe 6.3

Berechnen Sie

a) $\sum\limits_{i=1}^{5} (2i+8)$ b) $\sum\limits_{i=1}^{4} (-8i+6)$

c) $\sum\limits_{i=1}^{4} 3(2^i)$ d) $\sum\limits_{i=1}^{4} \frac{4}{3}\cdot(3^i)$

Lösung

a) $$\sum_{i=1}^{5} (2i+8) = (2+8)+(4+8)+(6+8)+(8+8)+(10+8) = 70$$

b) $$\sum_{i=1}^{4} (-8i+6) = (-8+6)+(-16+6)+(-24+6)+(-32+6) = -56$$

c) $$\sum_{i=1}^{4} 3(2^i) = 3(2+4+8+16) = 90$$

d) $$\sum_{i=1}^{4} \frac{4}{3}\cdot(3^i) = \frac{4}{3}(3+9+27+81) = 4(1+3+9+27) = 160$$

Aufgabe 6.4

Untersuchen Sie die folgenden Reihen auf Konvergenz:

a) $\sum_{k=0}^{n} \frac{1}{4^k}$

b) $\sum_{k=0}^{n} \frac{7^k}{5^k}$

c) $\sum_{k=1}^{n} \frac{k}{5^k}$

d) $\sum_{k=1}^{n} \frac{k+2}{k!}$

e) $\sum_{k=1}^{n} \frac{k!}{k \cdot e^k}$

Lösung

a) $\sum_{k=0}^{n} \frac{1}{4^k}$

Dies ist eine geometrische Reihe mit $a = \frac{1}{4}$. Da $a = \frac{1}{4} < 1$ gilt, ist die Reihe konvergent, und als Grenzwert erhalten wir:

$$\frac{1}{1-\frac{1}{4}} = \frac{1}{\frac{3}{4}} = \frac{4}{3}$$

b) $\sum_{k=0}^{n} \frac{7^k}{5^k}$

Mit $a = \frac{7}{5}$ erhalten wir eine geometrische Reihe, die aber wegen $a > 1$ divergiert.

c) $\sum_{k=1}^{n} \frac{k}{5^k}$

Wir nutzen das Quotientenkriterium und bilden:

$$\left|\frac{a_{n+1}}{a_n}\right| = \frac{\frac{n+1}{5^{n+1}}}{\frac{n}{5^n}} = \frac{n+1}{5^{n+1}} \cdot \frac{5^n}{n}$$

$$= \frac{n+1}{n} \cdot \frac{1}{5}.$$

Der Quotient konvergiert gegen den Wert $\frac{1}{5}$ und somit konvergiert die Reihe.

d) $\sum_{k=1}^{n} \frac{k+2}{k!}$

Es gilt:

$$\left|\frac{a_{n+1}}{a_n}\right| = \frac{\frac{(n+1)+2}{(n+1)!}}{\frac{n+2}{n!}}$$

$$= \frac{(n+1)+2}{(n+1)!} \cdot \frac{n!}{n+2} = \frac{n+3}{n+1} \cdot \frac{1}{n+2}$$

Der Grenzwert dieses Quotienten ist der Wert Null. Also ist die Reihe konvergent.

e) $\sum_{k=1}^{n} \frac{k!}{k \cdot e^k}$

$$\left|\frac{a_{n+1}}{a_n}\right| = \frac{\frac{(n+1)!}{(n+1) \cdot e^{n+1}}}{\frac{n!}{n \cdot e^n}}$$

$$= \frac{(n+1)!}{(n+1) \cdot e^{n+1}} \cdot \frac{n \cdot e^n}{n!}$$

$$= \frac{n \cdot e^n}{e^{n+1}} = \frac{1}{e} \cdot n$$

Die Reihe ist divergent, da der Quotient gegen den Wert unendlich strebt.

7 Stetigkeit

Aufgabe 7.1

Seien a, b und c reelle Zahlen. Gegeben sei die Funktion

$$f\colon \mathbf{R}_+ \to \mathbf{R}$$

mit

$$f(x) = \begin{cases} \dfrac{x^2 - 5x + 6}{x^2 - 4} & \text{, falls } x < 2 \\ a & \text{, falls } x = 2 \\ \dfrac{b}{x-2} + cx & \text{, falls } x > 2 \end{cases} \quad \text{mit } a, b, c \in \mathbf{R}.$$

Wie müssen die Werte a, b und c gewählt werden, damit f im gesamten Definitionsbereich stetig ist ?

Lösung

$\frac{b}{x-2}$ ist nicht beschränkt für $x \to 2$ und $b \neq 0$, also $b = 0$.

Dann muß im Punkt $x = 2$ gelten:

$$a = cx,$$

somit

$$a = 2c.$$

$$\frac{x^2 - 5x + 6}{x^2 - 4} = \frac{(x-2)(x-3)}{(x-2)(x+2)} = \frac{x-3}{x+2} \xrightarrow[x \to 2]{} -\frac{1}{4}$$

also Stetigkeit linker Zweig in 2 $\Rightarrow a = -\frac{1}{4}$, damit $c = -\frac{1}{8}$.

Somit: $b = 0$, $a = -\frac{1}{4}$ und $c = -\frac{1}{8}$.

Aufgabe 7.2

Bestimmen Sie

$$\lim_{x \to 1} \frac{2x^4 - 6x^3 + x^2 + 3}{x - 1} .$$

Lösung
Wir dividieren Zähler und Nenner mit Hilfe einer Polynomdivision und erhalten:

$$(2x^4 - 6x^3 + x^2 + 3) : (x - 1) = 2x^3 - 4x^2 - 3x - 3.$$

Somit gilt:

$$\lim_{x \to 1} \frac{2x^4 - 6x^3 + x^2 + 3}{x - 1} = \lim_{x \to 1} 2x^3 - 4x^2 - 3x - 3 = -8$$

Aufgabe 7.3

Bestimmen Sie

a) $\lim_{x \to -5} \frac{x^2 - 25}{x + 5}$ b) $\lim_{x \to -1} (2x^2 + 3x + 5)$

c) $\lim_{x \to 6} \frac{2x + 5}{x - 3}$ d) $\lim_{x \to 8} \frac{x^2 - 64}{x - 8}$

e) $\lim_{x \to -4} \frac{2x^2 + 3x - 20}{x + 4}$ f) $\lim_{x \to 16} \frac{\sqrt{x} - 4}{x - 16}$

g) $\lim_{x \to 9} \frac{\sqrt{x} - 3}{x - 9}$

Lösung

a) $$\lim_{x \to -5} \frac{x^2 - 25}{x + 5} = \lim_{x \to -5} \frac{(x - 5) \cdot (x + 5)}{x + 5}$$

$$= \lim_{x \to -5} \frac{(x - 5)}{1} = -10$$

b) $$\lim_{x \to -1} (2x^2 + 3x + 5) = 4$$

c) $$\lim_{x \to 6} \frac{2x+5}{x-3} = \frac{12+5}{6-3} = \frac{17}{3}$$

d) $$\lim_{x \to 8} \frac{x^2-64}{x-8} = \lim_{x \to 8} \frac{(x-8)\cdot(x+8)}{x-8}$$

$$= \lim_{x \to 8} \frac{(x+8)}{1} = 16$$

e) $$\lim_{x \to -4} \frac{2x^2+3x-20}{x+4} = -13$$

f) $$\lim_{x \to 16} \frac{\sqrt{x}-4}{x-16} = \lim_{x \to 16} \frac{\sqrt{x}-4}{\left(\sqrt{x}-4\right)\cdot\left(\sqrt{x}+4\right)}$$

$$= \lim_{x \to 16} \frac{1}{\sqrt{x}+4} = \frac{1}{8}$$

g) $$\lim_{x \to 9} \frac{\sqrt{x}-3}{x-9} = \lim_{x \to 9} \frac{\sqrt{x}-3}{\left(\sqrt{x}-3\right)\cdot\left(\sqrt{x}+3\right)}$$

$$= \lim_{x \to 9} \frac{1}{\sqrt{x}+3} = \frac{1}{6}$$

8 Differentialrechnung

Aufgabe 8.1

Bestimmen Sie die Ableitung der folgenden Funktionen f_i: $\mathbf{R}_+ \to \mathbf{R}, 1 \le i \le 9$:

$f_1(x) = 5$ $\qquad$ $f_2(x) = 3x$

$f_3(x) = 6x + 3$ $\qquad$ $f_4(x) = x^5 + 3x^4$

$f_5(x) = (2x^3 + 4x)(3x + 4)$ $\qquad$ $f_6(x) = \dfrac{4 + x}{2x^2 + 1}$

$f_7(x) = (x^3 + 2x + 4)^3$ $\qquad$ $f_8(x) = \sqrt{3x - 4}$

$f_9(x) = x \cdot \sqrt{7 - x}$

Lösung

$$f'_1(x) = 0$$

$$f'_2(x) = 3$$

$$f'_3(x) = 6$$

$$f'_4(x) = 5x^4 + 12x^3$$

$$\begin{aligned} f'_5(x) &= (6x^2 + 4)(3x + 4) + (2x^3 + 4x) \cdot 3 \\ &= 18x^3 + 24x^2 + 12x + 16 + 6x^3 + 12x \\ &= 24x^3 + 24x^2 + 24x + 16 \end{aligned}$$

$$\begin{aligned} f'_6(x) &= \frac{2x^2 + 1 - (4 + x) \cdot 4x}{\left(2x^2 + 1\right)^2} \\ &= \frac{2x^2 + 1 - 16x - 4x^2}{\left(2x^2 + 1\right)^2} = \frac{-2x^2 - 16x + 1}{\left(2x^2 + 1\right)^2} \end{aligned}$$

$$f'_7(x) = 3(x^3 + 2x + 4)^2(3x^2 + 2)$$

$$= (x^3 + 2x + 4)^2(9x^2 + 6)$$

$$f'_8(x) = \frac{3}{2\sqrt{3x-4}},$$

denn statt $f_8(x) = \sqrt{3x-4}$ können wir auch schreiben:

$$f_8(x) = (3x - 4)^{1/2}$$

$$f'_9(x) = 1 \cdot \sqrt{7-x} + x \cdot \frac{1}{2}(7 - x)^{-1/2} \cdot (-1)$$

$$= \sqrt{7-x} - \frac{x}{2\sqrt{7-x}}$$

Aufgabe 8.2

Bestimmen Sie, soweit vorhanden, alle Nullstellen, lokalen und globalen Extrema, Wende- und Sattelpunkte der Funktion

$$f: [-3,\infty) \rightarrow \mathbf{R}$$

mit

$$f(x) = 0{,}2\,x^3 - 0{,}4\,x^2 - 3x.$$

Lösung

Nullstellen:

Offensichtlich ist $f(0) = 0$, weitere Nullstellen ergeben sich dann aus:

$$0{,}2x^2 - 0{,}4x - 3 = 0$$

$$x^2 - 2x = 15 \Leftrightarrow (x - 1)^2 = 16 \Leftrightarrow x = 1 \pm 4$$

d.h. Nullstellen in den Punkten: 0, -3, 5.

Extrema:

Wir bilden die erste und zweite Ableitung, um die Extrema zu bestimmen:

$$f'(x) = 0{,}6x^2 - 0{,}8x - 3$$

$$f''(x) = 1{,}2x - 0{,}8$$

$$f'(x) = 0 \Leftrightarrow 3x^2 - 4x = 15 \Leftrightarrow x^2 - \frac{4}{3}x = 5$$

$$\Leftrightarrow x = -\frac{5}{3} \text{ und } x = 3.$$

$f''\left(-\frac{5}{3}\right) = -2 - 0{,}8 < 0 \qquad \Rightarrow$ lok. Max. in $-\frac{5}{3}$

$f''(3) \quad = 2{,}8 > 0 \qquad \Rightarrow$ lok. Min. in 3

Da aber f(x) gegen unendlich strebt, falls x gegen unendlich läuft, erhalten wir kein globales Maximum in $-\frac{5}{3}$.

Wendepunkte bzw. Sattelpunkte:

$f''(x) = 0 \Leftrightarrow 6x = 4 \Leftrightarrow x = \frac{2}{3}$, f'' wechselt dort Vorzeichen

$\Rightarrow$ Wendepunkt in $\frac{2}{3}$, kein Sattelpunkt $[f'(\frac{2}{3}) \neq 0]$.

Aufgabe 8.3

Bestimmen Sie alle möglichen lokalen Extrema, Wendepunkte und Sattelpunkte der Funktion

$$f: \mathbf{R} \to \mathbf{R}$$

mit

$$f(x) = x^4 - x^3 + 6x^2.$$

Lösung

In einem ersten Schritt bestimmen wir die ersten und zweiten Ableitungen:

$$f'(x) = 4x^3 - 3x^2 + 12x$$

$$f''(x) = 12x^2 - 6x + 12.$$

Extrema:

Mögliche Extrema erhalten wir aus den Nullstellen der 1. Ableitung:

$$f'(x) = 4x^3 - 3x^2 + 12x = 0$$

Wir formen die 1. Ableitung um, und erhalten:

$$f'(x) = x(4x^2 - 3x + 12) = 0$$

Als einzige Nullstelle erhalten wir $x_{e1} = 0$. Setzen wir diesen Wert in die 2. Ableitung ein, so gilt:

$$f''(0) = 12 > 0,$$

also ist der Punkt $x_{e1} = 0$ ein Minimum.

Wendepunkte bzw. Sattelpunkte:
Wir setzen die 2. Ableitung gleich Null und erhalten:

$$f''(x) = 12x^2 - 6x + 12 = 0$$

Offensichtlich hat diese Gleichung keine Lösung im Reellen, also gibt es keine Wendepunkte und Sattelpunkte.

Aufgabe 8.4

Bestimmen Sie alle möglichen lokalen Extrema, Wendepunkte und Sattelpunkte der Funktion

$$f: \mathbf{R}\setminus\{-1\} \to \mathbf{R}$$

mit

$$f(x) = \frac{x}{1+x}.$$

Lösung
Als erste und zweite Ableitung ergeben sich:

$$f'(x) = \frac{1+x-x}{(1+x)^2} = \frac{1}{(1+x)^2}$$

$$f''(x) = \frac{0 \cdot (1+x)^2 - 1 \cdot 2(1+x)}{(1+x)^4} = \frac{-2(1+x)}{(1+x)^4} = \frac{-2}{(1+x)^3}.$$

Extrema:
Mögliche Extrema erhalten wir aus den Nullstellen der 1. Ableitung:

$$f'(x) = \frac{1}{(1+x)^2} = 0$$

Offensichtlich besitzt diese Gleichung keine Lösung, gleiches gilt für die 2. Ableitung: $f''(x) = \frac{-2}{(1+x)^3} = 0$, also hat diese Funktion keine Extrema und Wendepunkte bzw. Sattelpunkte.

9 Integralrechnung

Aufgabe 9.1

Lösen Sie die folgenden unbestimmten Integrale:

a) $\int \sqrt{x}\,dx$

b) $\int (x^2 + 3x + 2)\,dx$

c) $\int \frac{1}{\sqrt{2x+1}}\,dx$

d) $\int \frac{1}{1+x}\,dx$

e) $\int \frac{x^2 + 3x - 2}{x}\,dx$

Lösung

a) $\int \sqrt{x}\,dx = \int x^{0,5}\,dx = \frac{2}{3}x^{1,5} + c$

$= \frac{2}{3}\sqrt{x^3} + c \qquad , c \in \mathbf{R}.$

b) $\int (x^2 + 3x + 2)\,dx = \frac{1}{3}x^3 + \frac{3}{2}x^2 + 2x + c \qquad , c \in \mathbf{R}.$

c) $\int \frac{1}{\sqrt{2x+1}}\,dx = \int (2x+1)^{-0,5}\,dx = \int \frac{1}{2} \cdot z^{-0,5}\,dz = \frac{1}{2}\int z^{-0,5}\,dz$

$= \frac{1}{2}\,2\,z^{0,5} + c = z^{0,5} + c$

$= \sqrt{2x+1} + c \qquad , c \in \mathbf{R}.$

d) $\int \frac{1}{1+x}\,dx = \int \frac{1}{z}\,dz = \ln z + c = \ln(1+x) + c \qquad , c \in \mathbf{R}.$

e) $\int \frac{x^2 + 3x - 2}{x}\,dx = \int (x + 3 - \frac{2}{x})\,dx = \int x\,dx + \int 3\,dx - \int \frac{2}{x}\,dx$

$= \frac{1}{2}x^2 + 3x - 2\ln x + c \qquad , c \in \mathbf{R}.$

Aufgabe 9.2

Berechnen Sie mittels partieller Integration die unbestimmten Integrale:

a) $\int x \cdot \cos x \, dx$ b) $\int x \cdot e^x \, dx$

c) $\int \ln x \, dx$ d) $\int (x+1) \cdot e^{2x} \, dx$

Lösung

a) $$\int x \cdot \cos x \, dx = x \cdot (\sin x) - \int 1 \cdot (\sin x) \, dx$$

$$= x \cdot (\sin x) - \int \sin x \, dx$$

$$= x \cdot (\sin x) + \cos x + c$$

$$= x \cdot \sin x + \cos x + c \qquad \text{mit } c \in \mathbf{R}.$$

b) $$\int x \cdot e^x \, dx = x \cdot e^x - \int e^x \, dx$$

$$= x \cdot e^x - e^x + c$$

$$= e^x \cdot (x - 1) + c \qquad \text{mit } c \in \mathbf{R}.$$

c) $$\int \ln x \, dx = \int \ln x \cdot 1 \, dx$$

$$= \ln x \cdot x - \int \frac{1}{x} \cdot x \, dx$$

$$= \ln x \cdot x - \int 1 \, dx = x \cdot \ln x - x + c$$

$$= x \cdot (\ln x - 1) + c \qquad \text{mit } c \in \mathbf{R}.$$

d) $$\int (x+1) \cdot e^{2x} \, dx = (x+1) \cdot \frac{1}{2} \cdot e^{2x} - \int \frac{1}{2} \cdot e^{2x} \, dx$$

$$= (x+1) \cdot \frac{1}{2} \cdot e^{2x} - \frac{1}{4} \cdot e^{2x} + c \qquad \text{mit } c \in \mathbf{R}.$$

Aufgabe 9.3

Berechnen Sie mittels Substitution die unbestimmten Integrale:

a) $\int \cos 3x\,dx$ b) $\int e^{\sqrt{x}}\,dx$

c) $\int e^{7x+5}\,dx$ d) $\int \frac{e^x}{\sqrt{1+e^x}}\,dx$

Lösung

a) $\int \cos 3x\,dx = \int \frac{1}{3} \cdot \cos z\,dz$ mit $z = 3x$

$= \frac{1}{3} \cdot \sin z + c$

$= \frac{1}{3} \cdot \sin 3x + c$ mit $c \in \mathbf{R}$.

b) $\int e^{\sqrt{x}}\,dx = \int e^z \cdot 2z\,dz$ mit $z = \sqrt{x}$

$= 2\int e^z \cdot z\,dz = 2[e^z(z-1)] + c$

nach b) aus 9.2

$= 2[e^{\sqrt{x}}(\sqrt{x} - 1)] + c$ mit $c \in \mathbf{R}$.

c) $\int e^{7x+5}\,dx = \int \frac{1}{7} \cdot e^z\,dz$ mit $z = 7x + 5$

$= \frac{1}{7} \cdot \int e^z\,dz = \frac{1}{7} \cdot e^z + c$

$= \frac{1}{7} \cdot e^{7x+5} + c$ mit $c \in \mathbf{R}$.

d) $\int \frac{e^x}{\sqrt{1+e^x}}\,dx = \int \frac{z}{\sqrt{1+z}} \frac{dz}{e^x}$ mit $z = e^x$ und $\frac{dz}{dx} = e^x$

$= \int \frac{z}{\sqrt{1+z}} \frac{dz}{z} = \int \frac{1}{\sqrt{1+z}}\,dz = 2\sqrt{1+z} + c$

$= 2\sqrt{1+e^x} + c$ mit $c \in \mathbf{R}$.

Aufgabe 9.4

Lösen Sie die folgenden bestimmten Integrale:

a) $\int_{-2}^{+2} 20x\,dx$

b) $\int_{-6}^{5} (x^2 + 2x - 15)\,dx$

c) $\int_{-3}^{4} (x^2 - x - 12)\,dx$

d) $\int_{0}^{4} (x^3 - x^2 - 12x)\,dx$

Lösung

a) $\int_{-2}^{+2} 20x\,dx \quad = \frac{1}{2} \cdot 20 \cdot x^2 \Big|_0^2 + \frac{1}{2} \cdot 20 \cdot x^2 \Big|_{-2}^{0}$

$= |40 - 0| + |0 - 40| = 80$

b) $\int_{3}^{5} (x^2 + 2x - 15)\,dx = \frac{1}{3} \cdot x^3 + x^2 - 15x \Big|_3^5$

$= [\frac{125}{3} + 25 - 75] - [\frac{27}{3} + 9 - 45]$

$= [\frac{125}{3} - 50] - [\frac{27}{3} - 36] = \frac{98}{3} - 14 = \frac{56}{3} = 18{,}67$

c) $\int_{-3}^{4} (x^2 - x - 12)\,dx = \frac{1}{3} \cdot x^3 - \frac{1}{2}x^2 - 12x \Big|_{-3}^{4}$

$= [\frac{64}{3} - 8 - 48] - [-\frac{27}{3} - \frac{9}{2} + 36]$

$= [\frac{64}{3} - 56] - [-\frac{9}{2} + 27] = -57{,}167$

d) $\int_{0}^{4} (x^3 - x^2 - 12x)\,dx = \frac{1}{4} \cdot x^4 + \frac{1}{3}x^3 - 6x^2 \Big|_0^4$

$= [\frac{256}{4} - \frac{64}{3} - 96] - 0 = [64 - \frac{64}{3} - 96] - 0 = -53{,}3$

10 Matrizen

Aufgabe 10.1

Berechnen Sie die Determinanten folgender Matrizen:

$$A = \begin{pmatrix} 2 & 4 & 8 \\ 4 & 6 & 10 \\ 20 & 18 & 22 \end{pmatrix}, B = \begin{pmatrix} 4 & 8 & 16 \\ 4 & 6 & 10 \\ 20 & 18 & 22 \end{pmatrix}, C = \begin{pmatrix} 10 - a & 12 \\ 14 & 16 - a \end{pmatrix}$$

Lösung

$$|A| = 2 \cdot 6 \cdot 22 + 4 \cdot 10 \cdot 20 + 8 \cdot 4 \cdot 18 - 4 \cdot 4 \cdot 22 - 2 \cdot 10 \cdot 18 - 8 \cdot 6 \cdot 20$$
$$= 264 + 800 + 576 - 352 - 360 - 960 = -32.$$

$$|B| = 4 \cdot 6 \cdot 22 + 8 \cdot 10 \cdot 20 + 16 \cdot 4 \cdot 18 - 8 \cdot 4 \cdot 22 - 4 \cdot 10 \cdot 18 - 16 \cdot 6 \cdot 20$$

$$= 528 + 1600 + 1152 - 704 - 720 - 1920 = -64.$$

$$|C| = (10 - a)(16 - a) - 12 \cdot 14 = 160 - 10a - 16a + a2 - 168 = a^2 - 26a - 8 .$$

Aufgabe 10.2

Berechnen Sie die Determinanten folgender Matrizen:

$$A = \begin{pmatrix} 1 & 2 & 0 & 1 \\ 2 & 0 & 0 & -1 \\ -1 & 4 & 2 & 3 \\ 1 & 2 & 2 & 1 \end{pmatrix}, B = \begin{pmatrix} 1 & 2 & 1 & 3 \\ 0 & 2 & 2 & 2 \\ 2 & 1 & 0 & 0 \\ 1 & 3 & 3 & 1 \end{pmatrix},$$

$$C = \begin{pmatrix} -2 & 1 & 0 & 1 \\ 0 & 3 & 1 & -1 \\ 7 & 6 & 5 & 2 \\ 0 & 3 & 0 & -1 \end{pmatrix}, D = \begin{pmatrix} 2 & 0 & 0 & 0 \\ 2 & 1 & 4 & 1 \\ 2 & 1 & 2 & 7 \\ 4 & 5 & 6 & 2 \end{pmatrix}.$$

Lösung

Die Determinante von A entwickeln wir nach der 2. Zeile und erhalten:

$$|A| = (-1)^{1+2} \cdot 2 \cdot \begin{vmatrix} 2 & 0 & 1 \\ 4 & 2 & 3 \\ 2 & 2 & 1 \end{vmatrix} + (-1)^{2+4} \cdot (-1) \cdot \begin{vmatrix} 1 & 2 & 0 \\ -1 & 4 & 2 \\ 1 & 2 & 2 \end{vmatrix}$$

$$= -2 \cdot (4 + 8 - 12 - 4) - 1 \cdot (8 + 4 + 4 - 4) = 8 - 12 = -4.$$

Die Determinante von B entwickeln wir nach der 3. Zeile und erhalten:

$$|B| = (-1)^{3+1} \cdot 2 \cdot \begin{vmatrix} 2 & 1 & 3 \\ 2 & 2 & 2 \\ 3 & 3 & 1 \end{vmatrix} + (-1)^{3+2} \cdot 1 \cdot \begin{vmatrix} 1 & 1 & 3 \\ 0 & 2 & 2 \\ 1 & 3 & 1 \end{vmatrix}$$

$$= 2 \cdot (4 + 6 + 18 - 2 - 12 - 18) - 1 \cdot (2 + 2 - 6 - 6) = -8 + 8 = 0.$$

Die Determinante von C entwickeln wir nicht nach einer Zeile sondern nach der 1. Spalte:

$$|C| = (-1)^{1+1} \cdot (-2) \cdot \begin{vmatrix} 3 & 1 & -1 \\ 6 & 5 & 2 \\ 3 & 0 & -1 \end{vmatrix} + (-1)^{3+1} \cdot 7 \cdot \begin{vmatrix} 1 & 0 & 1 \\ 3 & 1 & -1 \\ 3 & 0 & -1 \end{vmatrix}$$

$$= (-2) \cdot (-15 + 6 + 6 + 15) + 7 \cdot (-1 - 3) = -24 - 28 = -52.$$

Nach der 1. Zeile entwickeln wir jetzt die Determinante von D:

$$|D| = (-1)^{1+1} \cdot 2 \cdot \begin{vmatrix} 1 & 4 & 1 \\ 1 & 2 & 7 \\ 5 & 6 & 2 \end{vmatrix} = 2 \cdot (4 + 140 + 6 - 8 - 42 - 10) = 2 \cdot 90 = 180.$$

Aufgabe 10.3

Lösen Sie das folgende Gleichungssystem:

$$\begin{array}{rcrcrcr} x_1 & + & & + & 2x_3 & = & 1 \\ 3x_1 & + & 2x_2 & + & x_3 & = & 0 \\ 4x_1 & + & x_2 & + & 3x_3 & = & 0 \end{array}$$

Lösung
In Tabellenform gebracht ergibt sich folgendes Schema:

1	0	2	1
3	2	1	0
4	1	3	0

Um eine obere Dreiecksform zu erhalten, führen wir folgende Umformungen durch: Das 3-fache der 1. Zeile von der 2. Zeile bzw. das 4-fache der 1. Zeile von der 3. Zeile subtrahiert liefert uns:

1	0	2	1
0	2	-5	-3
0	1	-5	-4

Wir lassen 1. und 3. Zeile unverändert und dividieren die 2. Zeile durch 2:

1	0	2	1
0	1	-2,5	-1,5
0	1	-5	-4

Im nächsten Schritt lassen wir die 1. und 2. Zeile unverändert und subtrahieren die 2. Zeile von der 3. Zeile:

1	0	2	1
0	1	-2,5	-1,5
0	0	-2,5	-2,5

Jetzt sind wir fast "am Ende". Es stört uns lediglich der Wert -2,5 in der 3. Zeile und 3. Spalte. Wir dividieren die 3. Zeile durch (-2,5):

1	0	2	1
0	1	-2,5	-1,5
0	0	1	1

Aus dieser letzten Tabelle können wir nun das Ergebnis Schritt für Schritt ablesen:
Aus der letzten Zeile erhalten wir

$$x_3 = 1.$$

Den Wert $x_3 = 1$ in die 2. Zeile eingesetzt, ergibt:

$$0\,x_1 \quad + \; 1\,x_2 \quad + \quad (-\,2{,}5) \cdot 1 = -\,1{,}5,$$

somt erhalten wir:

$$x_2 = 1.$$

Um die Lösung für x_1 zu erhalten, springen wir in die 1. Zeile und setzen die Lösungen für x_2 und x_3 ein:

$$1\,x_1 \quad + 0 \cdot x_2 \quad + \quad 2 \cdot 1 \quad = \quad 1,$$

also

$$x_1 = -1.$$

Aufgabe 10.4

Lösen Sie das folgende Gleichungssystem:

$$\begin{array}{rcrcrcrcr} x_1 & + & x_2 & - & x_3 & - & x_4 & = & 1 \\ 2x_1 & + & 5x_2 & - & 7x_3 & - & 5x_4 & = & -2 \\ 2x_1 & - & x_2 & + & x_3 & + & 3x_4 & = & 4 \\ 5x_1 & + & 2x_2 & - & 4x_3 & + & 2x_4 & = & 6 \end{array}$$

Lösung
In Tabellenform gebracht ergibt sich folgendes Schema:

$$\begin{array}{rrrrr} 1 & 1 & -1 & -1 & -1 \\ 2 & 5 & -7 & -5 & -2 \\ 2 & -1 & 1 & 3 & 4 \\ 5 & 2 & -4 & 2 & 6 \end{array}$$

Um jetzt eine obere Dreiecksform zu erhalten, führen wir folgende Umformungen durch:
In einem ersten Schritt subtrahieren wir das 2-fache der 1. Zeile von der 2. und 3. Zeile und das 5-fache von der 4. Zeile:

$$\begin{array}{rrrrr} 1 & 1 & -1 & -1 & -1 \\ 0 & 3 & -5 & -3 & 0 \\ 0 & -3 & 3 & 5 & 6 \\ 0 & -3 & 1 & 7 & 11 \end{array}$$

Wir addieren die 2. Zeile zu der 3. und 4. Zeile:

$$\begin{array}{rrrrr} 1 & 1 & -1 & -1 & -1 \\ 0 & 3 & -5 & -3 & 0 \\ 0 & 0 & -2 & 2 & 6 \\ 0 & 0 & -4 & 4 & 11 \end{array}$$

Das 2-fache der 3. Zeile von der 4. Zeile subtrahiert führt zu einem Widerspruch:

$$\begin{array}{rrrrr} 1 & 1 & -1 & -1 & -1 \\ 0 & 3 & -5 & -3 & 0 \\ 0 & 0 & -2 & 2 & 6 \\ 0 & 0 & 0 & 0 & -1 \end{array}$$

Worin besteht der Widerspruch? Betrachten wir dazu die letzte Zeile und schreiben sie in Gleichungsform:

$$0\,x_1 + 0\,x_2 + 0\,x_3 + 0\,x_4 = -1$$

Diese Gleichung kann aber **nie** erfüllt werden, welche Werte wir für die einzelnen x_i (i = 1, 2, 3, 4) auch wählen. Somit erhalten wir als Lösungsmenge die leere Menge:

$$L = \{\,\}$$

Aufgabe 10.5

Lösen Sie das folgende Gleichungssystem:

$$\begin{array}{rcrcrcr} & & 2\,x_2 & - & x_3 & = & -1 \\ 2\,x_1 & + & x_2 & - & x_3 & = & 1 \end{array}$$

Lösung
Es ergibt sich folgendes Schema:

$$\begin{array}{rrrr} 2 & 1 & -1 & 1 \\ 0 & 2 & -1 & -1 \end{array}$$

Die 1. Zeile dividieren wir durch 2:

$$\begin{array}{rrrr} 1 & 0{,}5 & -0{,}5 & 0{,}5 \\ 0 & 2 & -1 & -1 \end{array}$$

Die 2. Zeile dividieren durch 2:

$$\begin{array}{rrrr} 1 & 0{,}5 & -0{,}5 & 0{,}5 \\ 0 & 1 & -0{,}5 & -0{,}5 \end{array}$$

Multiplizieren wir die 2. Zeile mit 0,5 und subtrahieren diese Zeile von der 1. Zeile, ergibt sich als Abschluß:

$$\begin{array}{rrrr} 1 & 0 & -0{,}25 & 0{,}75 \\ 0 & 1 & -0{,}5 & -0{,}5 \end{array}$$

Somit gilt in Gleichungsform:

$$\begin{array}{lcl} x_1 & = 0{,}75 & + & 0{,}25\,x_3 \\ x_2 & = -0{,}5 & + & 0{,}5\,x_3 \end{array}$$

Wählen wir etwa $x_3 = \mu$ ($\mu \in \mathbf{R}$), so gilt:

$$\begin{array}{lcl} x_1 & = 0{,}75 & + & 0{,}25\,\mu \\ x_2 & = -0{,}5 & + & 0{,}5\,\mu \end{array}$$

Die Lösungsmenge lautet:

$$L = \{x \in \mathbf{R}^3 \mid x = \begin{pmatrix} 0{,}75 \\ -0{,}5 \\ 0 \end{pmatrix} + \mu \begin{pmatrix} 0{,}25 \\ 0{,}5 \\ 1 \end{pmatrix}, \mu \in \mathbf{R}\}.$$

Aufgabe 10.6

Lösen Sie das folgende Gleichungssystem:

$$2x_1 \quad - \quad x_2 \quad + \quad 3x_3 \quad = \quad 7$$

Lösung
Zwei Variable können beliebig gesetzt werden, etwa:

$$x_1 = \lambda \text{ und } x_3 = \mu \quad (\lambda, \mu \in \mathbf{R}).$$

Dann erhalten wir, indem wir diese Werte in unsere Ausgangsgleichung einsetzen:

$$2\lambda \quad - \quad x_2 \quad + \quad 3\mu \quad = \quad 7$$

oder:

$$L = \{x \in \mathbf{R}^3 \mid x = \begin{pmatrix} x_1 \\ x_2 \\ x_3 \end{pmatrix} = \begin{pmatrix} 0 \\ -7 \\ 0 \end{pmatrix} + \lambda \begin{pmatrix} 1 \\ 2 \\ 0 \end{pmatrix} + \mu \begin{pmatrix} 0 \\ 3 \\ 1 \end{pmatrix}, \lambda, \mu \in \mathbf{R}\}.$$

Aufgabe 10.7

Lösen Sie das folgende Gleichungssystem:

$$\begin{array}{rcrcrcr} x_1 & + & & + & 2x_3 & = & 0 \\ 3x_1 & + & x_2 & + & 4x_3 & = & 5 \\ -2x_1 & + & 2x_2 & - & 3x_3 & = & 0 \\ 5x_1 & + & 4x_2 & + & 7x_3 & = & 10 \end{array}$$

Lösung
In Tabellenform gebracht ergibt sich folgendes Schema:

1	0	2	0
3	1	4	5
-2	2	-3	0
5	4	7	10

Wir subtrahieren das geeignete Vielfache der 1. Zeile von den Zeilen 2 - 4:

$$\begin{matrix} 1 & 0 & 2 & 0 \\ 0 & 1 & -2 & 5 \\ 0 & 2 & 1 & 0 \\ 0 & 4 & -3 & 10 \end{matrix}$$

Jetzt betrachten wir nur noch die 3. und 4. Zeile und subtrahieren das 2-fache bzw. das 4-fache der 2. Zeile von der 3. Zeile bzw. von der 4. Zeile:

$$\begin{matrix} 1 & 0 & 2 & 0 \\ 0 & 1 & -2 & 5 \\ 0 & 0 & 5 & -10 \\ 0 & 0 & 5 & -10 \end{matrix}$$

und erhalten dann, indem wir die 3. Zeile von der 4. Zeile subtrahieren:

$$\begin{matrix} 1 & 0 & 2 & 0 \\ 0 & 1 & -2 & 5 \\ 0 & 0 & 1 & -2 \\ 0 & 0 & 0 & 0 \end{matrix}$$

Als eindeutige Lösung erhalten wir:

$$x = \begin{pmatrix} 4 \\ 1 \\ -2 \end{pmatrix}.$$

Aufgabe 10.8

Berechnen Sie die Determinante und die Inverse der Matrix:

$$A = \begin{pmatrix} 1 & 2 \\ 3 & 4 \end{pmatrix}.$$

Lösung
Für die Determinante von A erhalten wir:

$$|A| = \begin{vmatrix} 1 & 2 \\ 3 & 4 \end{vmatrix} = 4 - 6 = -2$$

Um die Inverse von A zu bestimmen, formen wir A solange um, bis wir die Einheitsmatrix erhalten. Gleichzeitig lassen wir die jeweils gleichen Umformungen auf die Einheitsmatrix wirken. Die so neu gebildete Matrix ist die Inverse zu A:

$$A = \begin{pmatrix} 1 & 2 \\ 3 & 4 \end{pmatrix} \qquad I = \begin{pmatrix} 1 & 0 \\ 0 & 1 \end{pmatrix}$$

Wir multiplizieren jeweils die erste Zeile mit dem Faktor (-3):

$$\begin{pmatrix} -3 & -6 \\ 3 & 4 \end{pmatrix} \qquad \begin{pmatrix} -3 & 0 \\ 0 & 1 \end{pmatrix}$$

Addition der 1. Zeile zur 2. Zeile:

$$\begin{pmatrix} -3 & -6 \\ 0 & -2 \end{pmatrix} \qquad \begin{pmatrix} -3 & 0 \\ -3 & 1 \end{pmatrix}$$

Multiplikation der 2. Zeile mit (-3):

$$\begin{pmatrix} -3 & -6 \\ 0 & 6 \end{pmatrix} \qquad \begin{pmatrix} -3 & 0 \\ 9 & -3 \end{pmatrix}$$

Addition der 2. Zeile zur 1. Zeile:

$$\begin{pmatrix} -3 & 0 \\ 0 & 6 \end{pmatrix} \qquad \begin{pmatrix} 6 & -3 \\ 9 & -3 \end{pmatrix}$$

Division der 1. Zeile mit (-3) und der 2. Zeile mit 6:

$$\begin{pmatrix} 1 & 0 \\ 0 & 1 \end{pmatrix} \qquad \begin{pmatrix} -2 & 1 \\ 1{,}5 & -0{,}5 \end{pmatrix}$$

Somit lautet die Inverse:

$$A^{-1} = \begin{pmatrix} -2 & 1 \\ 1{,}5 & -0{,}5 \end{pmatrix}$$

11 Funktion von zwei oder mehreren Veränderlichen

Aufgabe 11.1

Sei f: $\mathbf{R}^2 \to \mathbf{R}$ eine Funktion.
Bilden Sie die partiellen Ableitungen 2. Ordnung der folgenden Funktionen:

a) $f(x,y) = 3x^2 + 2xy + 4y^3$ für $x, y \in \mathbf{R}$,

b) $f(x,y) = e^x + e^y + xy$ für $x, y \in \mathbf{R}$,

c) $f(x,y) = 40 \cdot x^{0,25} \cdot y^{0,75}$ für $x, y \in \mathbf{R}$.

Lösung

a) $f(x,y) = 3x^2 + 2xy + 4y^3$

$f_x(x,y) = 6x + 2y$ $\qquad f_y(x,y) = 2x + 12y^2$

$f_{xx}(x,y) = 6$ $\qquad f_{xy}(x,y) = 2$

$f_{yx}(x,y) = 2$ $\qquad f_{yy}(x,y) = 24y$

b) $f(x,y) = e^x + e^y + xy$

$f_x(x,y) = e^x + y$ $\qquad f_y(x,y) = e^y + x$

$f_{xx}(x,y) = e^x$ $\qquad f_{xy}(x,y) = 1$

$f_{yx}(x,y) = 1$ $\qquad f_{yy}(x,y) = e^y$

c) $f(x,y) = 40 \cdot x^{0,25} \cdot y^{0,75}$

$$f_x(x,y) = \frac{10 \cdot y^{0,75}}{x^{0,75}} \qquad f_y(x,y) = \frac{30 \cdot x^{0,25}}{y^{0,25}}$$

$$f_{xx}(x,y) = \frac{-7,5 \cdot y^{0,75}}{x^{1,75}} \qquad f_{xy}(x,y) = \frac{7,5}{y^{0,25} \cdot x^{0,75}}$$

$$f_{yx}(x,y) = \frac{7{,}5}{x^{0{,}75} \cdot y^{0{,}25}} \qquad f_{yy}(x,y) = \frac{-7{,}5 \cdot x^{0{,}25}}{y^{1{,}25}}$$

Aufgabe 11.2

Bestimmen Sie die Extrema der Funktion

$$f\colon \mathbf{R}^2 \to \mathbf{R}$$

mit

$$f(x,y) = 4x + 2y - \frac{x^2 + y^2}{4}.$$

Lösung

In einem **1. Schritt** bilden wir die ersten und zweiten partiellen Ableitungen:

$$f_x = 4 - \frac{x}{2}, \; f_y = 2 - \frac{y}{2}$$

$$f_{xx} = -\frac{1}{2}, \; f_{xy} = 0$$

$$f_{yx} = 0, \; f_{yy} = -\frac{1}{2}$$

Als Hesse-Matrix erhalten wir somit: $H(x,y) = \begin{pmatrix} -\frac{1}{2} & 0 \\ 0 & -\frac{1}{2} \end{pmatrix}$

Im **2. Schritt** setzen wir die ersten partiellen Ableitungen gleich Null, um so Kandidaten für Maximum, Minimum bzw. Sattelpunkt zu gewinnen:

Aus den Gleichungen $f_x = 0$ und $f_y = 0$ erhalten wir:

$$0 = 4 - \frac{x}{2}, \; 0 = 2 - \frac{y}{2}.$$

Somit erhalten wir als einzigen Kandidaten den Punkt $(x°,y°) = (8, 4)$.

Im **3. Schritt** untersuchen wir, ob dieser Kandidat ein Minimum, Maximum oder Sattelpunkt ist:

Da gilt:

$$|H(x,y)| = \frac{1}{4} > 0 \text{ und } f_{xx} = -\frac{1}{2} < 0,$$

ist der Punkt $(x°,y°)$ ein Maximum.

Aufgabe 11.3

Bestimmen Sie alle möglichen Extrema der Funktion f: $\mathbf{R}^2 \to \mathbf{R}$ mit

$$f(x,y) = 2x^2 + 2y^2$$

unter der Nebenbedingung:

$$x + y = 8.$$

Lösung

In einem ersten Schritt erstellen wir die Lagrange-Funktion $L(x,y,\lambda)$:

$$L(x,y,\lambda) = 2x^2 + 2y^2 + \lambda(x + y - 8).$$

Wir bilden die ersten partiellen Ableitungen der Lagrange-Funktion nach x, y und λ:

$$L_x = 4x + \lambda,$$
$$L_y = 4y + \lambda,$$
$$L_\lambda = x + y - 8.$$

Um nun mögliche Extrema zu erhalten, setzen wir die ersten partiellen Ableitungen gleich Null und bestimmen x, y und λ:

$$0 = 4x + \lambda,$$
$$0 = 4y + \lambda,$$
$$0 = x + y - 8.$$

Als Lösung dieses Gleichungssystems erhalten wir:

$$x = 4,\ y = 4 \text{ und } \lambda = -16.$$

Für die Frage nach den möglichen Extrema sind die Lösungen von x und y wichtig, d.h. wir haben ein mögliches Extremum im Punkt

$$(x°,y°) = (4, 4).$$

Aufgabe 11.4

Bestimmen Sie alle möglichen Extrema der Funktion

$$f: \mathbf{R}^2 \to \mathbf{R}$$

mit

$$f(x, y) = x^3 + 6xy + y^3$$

unter der Nebenbedingung

$$x = y\,.$$

Lösung

Die Funktion g heißt:

$$g(x, y) = x - y.$$

Zuerst stellen wir die Lagrange-Funktion L auf:

$$L(x, y, \lambda) = f(x, y) + \lambda\, g(x, y) = x^3 + 6xy + y^3 + \lambda\,(x - y).$$

Die ersten partiellen Ableitungen der Lagrange-Funktion L ergeben:

$$L_x(x, y, \lambda) = 3x^2 + 6y + \lambda,$$
$$L_y(x, y, \lambda) = 3y^2 + 6x - \lambda,$$
$$L_\lambda(x, y, \lambda) = x - y.$$

Nullsetzen der drei Gleichungen ergibt als Lösung:

$$x_1 = -2, y_1 = -2, \lambda_1 = 0,$$

$$x_2 = 0, y_2 = 0, \lambda_2 = 0,$$

Somit liegt ein mögliches Extremum in den Punkten

$$(x_1, y_1) = (-2, -2)$$

bzw.

$$(x_2, y_2) = (0, 0)$$

vor.

Aufgabe 11.5

Bestimmen Sie alle möglichen Extrema der Funktion

$$f: \mathbf{R}^2 \to \mathbf{R}$$

mit

$$f(x, y) = 2x + \frac{9}{2}y$$

unter der Nebenbedingung:

$$10\sqrt{x \cdot y} = 60.$$

Lösung

Die Funktion g heißt:

$$g(x, y) = 10\sqrt{x \cdot y} - 60.$$

Zuerst stellen wir die Lagrange-Funktion L auf:

$$L(x, y, \lambda) = f(x, y) + \lambda\, g(x, y)$$

$$= 2x + \frac{9}{2}y + \lambda\,(10\sqrt{x \cdot y} - 60).$$

Die ersten partiellen Ableitungen der Lagrange-Funktion L ergeben:

$$L_x(x, y, \lambda) = 2 + 5\lambda\frac{\sqrt{y}}{\sqrt{x}},$$

$$L_y(x, y, \lambda) = \frac{9}{2} + 5\lambda\frac{\sqrt{x}}{\sqrt{y}},$$

$$L_\lambda(x, y, \lambda) = 10\sqrt{x \cdot y} - 60.$$

Nullsetzen der drei Ableitungen ergibt als Lösung

$$x = 9, y = 4, \lambda = \frac{-3}{5}.$$

Also liegt ein mögliches Extremum im Punkt $(x^\circ, y^\circ) = (9, 4)$ vor.

Aufgabe 11.6

Bestimmen Sie alle möglichen Extrema der Funktion

$$f: \mathbf{R}^2 \to \mathbf{R}$$

mit

$$f(x, y) = x^4 - 8xy + y^4$$

unter der Nebenbedingung

$$x = y .$$

Lösung

Die Funktion g heißt:

$$g(x, y) = x - y.$$

Zuerst stellen wir die Lagrange-Funktion L auf:

$$L(x, y, \lambda) = f(x, y) + \lambda\, g(x, y) = x^4 - 8xy + y^4 + \lambda\,(x - y).$$

Die ersten partiellen Ableitungen der Lagrange-Funktion L ergeben:

$$L_x(x, y, \lambda) = 4x^3 - 8y + \lambda,$$

$$L_y(x, y, \lambda) = 4y^3 - 8x - \lambda,$$

$$L_\lambda(x, y, \lambda) = x - y.$$

Wir setzen die drei partiellen Ableitungen gleich Null und bestimmen die Lösungen der Variablen x, y und λ. Als Lösung erhalten wir:

$$\lambda = 0$$

$$x_1 = 0, x_2 = +\sqrt{2}, x_3 = -\sqrt{2},$$

$$y_1 = 0, y_2 = +\sqrt{2}, y_3 = -\sqrt{2}.$$

Somit haben wir in den Punkten

$$(0, 0), (\sqrt{2}, \sqrt{2}) \text{ und } (-\sqrt{2}, -\sqrt{2})$$

mögliche Extrema.

Anhang B

Klausuren

Klausur 1

Aufgabe 1.1

Untersuchen Sie die Funktion f: **R** → **R** mit

$$f(x) = x^2 + 4$$

auf Injektivität und Surjektivität und geben Sie, falls möglich, die Umkehrfunktion an.

Aufgabe 1.2

Untersuchen Sie die Folge

$$a_n = \frac{n^2 + 2n + 1}{n^2 - 1} - \frac{n + 2}{n + 1}$$

auf Konvergenz.

Aufgabe 1.3

Überprüfen Sie mit Hilfe des Wurzelkriteriums, ob die Reihe

$$\sum_{i=1}^{\infty} \left(\frac{7}{i}\right)^i$$

konvergent ist.

Aufgabe 1.4

Gegeben sei die Funktion

$$f(x) = \frac{(x^2 - 25)(x^2 - 4)}{(x + 2)(x - 5)} .$$

Bestimmen Sie die Polstellen von f(x) und untersuchen Sie, ob diese hebbar (unecht) sind.

Aufgabe 1.5

Untersuchen Sie die Funktionsvorschrift:

$$f(x) = \frac{x^2}{(x-2)}$$

auf Nullstellen, Extremstellen (Hoch- oder Tiefpunkt), Wendepunkte bzw. Sattelpunkte.

Aufgabe 1.6

Integrieren Sie

$$\int (x^3 + 1)^4 \, 3\,x^2 \, dx \; .$$

Aufgabe 1.7

Seien P und Q Aussagen. Überprüfen Sie mit Hilfe einer Wahrheitstafel, ob die Aussage

$$\neg(P \vee Q) \Leftrightarrow \neg P \wedge \neg Q$$

eine Tautologie ist.

Aufgabe 1.8

Gegeben sind die Matrizen

$$A = \begin{pmatrix} 1 \\ 0 \\ 2 \end{pmatrix}, B = \begin{pmatrix} 1 & 0 & 2 \\ 2 & 0 & 3 \\ 3 & 0 & 4 \end{pmatrix} \text{ und } C = \begin{pmatrix} 3 & 4 & 5 \\ 1 & 2 & 3 \end{pmatrix}.$$

Bilden Sie, falls möglich, die Matrizen AB, CB, BC und CA.

Aufgabe 1.9

Lösen Sie durch elementare Umformungen das folgende Gleichungssystem:

$$\begin{array}{rcrcrcl} 3x & & & - & z & = & 0 \\ 6x & + & 4y & + & 5z & = & 0 \\ -3x & + & 3y & + & 2z & = & 0 \end{array}$$

Klausur 2

Aufgabe 2.1

Beweisen sie durch vollständige Induktion, daß für alle natürlichen Zahlen n die Gleichung

$$1^3 + 2^3 + 3^3 + \ldots + n^3 = \frac{n^2 (n+1)^2}{4}$$

gilt.

Aufgabe 2.2

Bestimmen Sie die ersten partiellen Ableitungen nach x und y der folgenden Funktionen:

a) $f(x,y) = x^3 - 8x^2y + xy^2 + \sqrt{\frac{1}{xy}}$

b) $f(x,y) = \dfrac{3x^2 + 2xy^2}{1 - x}$

Aufgabe 2.3

Überprüfen Sie mit Hilfe des Quotientenkriteriums, ob die Reihe

$$\sum_{n=1}^{\infty} \left(\frac{1}{2}\right)^{n + (-1)^n}$$

konvergent ist.

Aufgabe 2.4

Gegeben sei die Funktion

$$f(x) = \frac{(x^2 + 2x + 1)(x - 2)}{(x + 1)(x - 3)(2x^2 - 8)} .$$

Bestimmen Sie die Polstellen von f(x) und untersuchen Sie, ob diese hebbar (unecht) sind.

Aufgabe 2.5

Untersuchen Sie die Funktionsvorschrift:

$$f(x) = \frac{x}{x^2 + 1}$$

auf Nullstellen, Extremstellen (Hoch- oder Tiefpunkt), Wendepunkte bzw. Sattelpunkte.

Aufgabe 2.6

Integrieren Sie

$$\int x \sin x \, dx \ .$$

Aufgabe 2.7

Seien P und Q Aussagen. Überprüfen Sie mit Hilfe einer Wahrheitstafel, ob die Aussage

$$\neg(P \wedge Q) \Leftrightarrow \neg P \vee \neg Q$$

eine Tautologie ist.

Aufgabe 2.8

Gegeben sind die Matrizen

$$A = \begin{pmatrix} 2 \\ 0 \\ 1 \end{pmatrix}, B = \begin{pmatrix} 1 & 4 & 2 \\ 1 & 1 & 3 \\ 4 & 3 & 1 \end{pmatrix} \text{ und } C = \begin{pmatrix} 5 & 3 & 1 \\ 5 & 3 & 1 \end{pmatrix} .$$

Bilden Sie, falls möglich, die Matrizen AB, CB, BC und CA.

Aufgabe 2.9

Lösen Sie durch elementare Umformungen das folgende Gleichungssystem:

$$\begin{array}{rcrcrcr} x & + & 11y & - & 3z & = & 0 \\ 2x & - & 2y & + & 2z & = & 0 \\ 4x & + & 5y & + & z & = & 0 \end{array}$$

Klausur 3

Aufgabe 3.1

Untersuchen Sie die Folge

$$a_n = \frac{n^2 - 4n}{n^2 - 2} - \frac{n^3 - 2n^2}{n^2 - 2n^3}$$

auf Konvergenz und bestimmen Sie gegebenenfalls den Grenzwert.

Aufgabe 3.2

Sei A die Menge aller Städte der Bundesrepublik Deutschland.
Wir betrachten auf A die Relation "ist durch eine Autobahn verbunden mit".

Untersuchen Sie, ob diese Relation symmetrisch, antisymmetrisch, transitiv bzw. vollständig ist.

Aufgabe 3.3

Bestimmen Sie die Lösungsmenge der Ungleichung:

$$|x| - 7 \leq |x - 7|.$$

Aufgabe 3.4

Bilden Sie die ersten partiellen Ableitungen der Funktion f: $\mathbf{R}^2 \to \mathbf{R}$ mit

a) $f(x,y) = 3x^3y^3$

b) $f(x,y) = \frac{x}{y}$

Aufgabe 3.5

Zeigen Sie durch vollständige Induktion, daß für alle natürlichen Zahlen n mit $n \geq 2$, gilt:

$$\sum_{i=2}^{n} 2^i = 2^{n+1} - 4.$$

Aufgabe 3.6

Integrieren Sie

$$\int \frac{x^2}{\sqrt{5-x^3}}\,dx\,.$$

Aufgabe 3.7

Seien P und Q Aussagen. Überprüfen Sie mit Hilfe einer Wahrheitstafel, ob die Aussage

$$(P \Leftrightarrow Q) \Leftrightarrow (\neg P \vee Q)$$

eine Tautologie ist.

Aufgabe 3.8

Gegeben sind die Matrizen

$$A = \begin{pmatrix} 2 & 1 & 2 \\ 3 & 2 & 3 \\ 4 & 3 & 4 \end{pmatrix} \text{ und } B = \begin{pmatrix} 1 & 6 \\ 5 & 2 \\ 3 & 1 \end{pmatrix}.$$

Bilden Sie, falls möglich, AB, AA, BA und BB.

Aufgabe 3.9

Lösen Sie folgendes Gleichungssystem:

$$\begin{array}{rcrcrcr} 3x & + & 2y & & & = & 1 \\ 3x & + & 6y & + & 8z & = & 2 \\ 12x & + & 8y & + & 12z & = & 3 \end{array}$$

Klausur 4

Aufgabe 4.1

Für welche reellen Zahlen x gilt:

$$1 > 3|x| - 2\,?$$

Aufgabe 4.2

Seien A und B Aussagen. Überprüfen Sie mit Hilfe einer Wahrheitstafel, ob die Aussage

$$(A \wedge (A \Rightarrow B)) \Rightarrow A$$

eine Tautologie ist.

Aufgabe 4.3

Untersuchen Sie die Reihe

$$\sum_{k=1}^{n} \frac{k-1}{3^k}$$

auf Konvergenz.

Aufgabe 4.4

Betrachten Sie die Funktionsvorschrift

$$f(x) = \frac{4x}{x^2 - 4}.$$

Geben Sie den maximalen Definitionsbereich für die Funktion f in der Menge der reellen Zahlen an, bilden Sie die erste und zweite Ableitung und untersuchen Sie die Funktion f auf Extremstellen.

Aufgabe 4.5

Für reelle Zahlen x und y ist die Relation R durch

$$xRy :\Leftrightarrow \frac{1}{1+x^3} \leq \frac{1}{1+y^3}$$

gegeben. Ist die Relation reflexiv, transitiv, vollständig bzw. symmetrisch?

Aufgabe 4.6

Betrachten Sie die Matrizen

$$A = \begin{pmatrix} 1 & 2 & 4 \\ 4 & 3 & 2 \\ 3 & 4 & 1 \end{pmatrix} \text{ und } B = \begin{pmatrix} 1 & 2 \\ 6 & 8 \\ 4 & 3 \end{pmatrix}.$$

Bilden Sie, falls möglich: AA, BA, BB und B'A, wobei B' die zu B transponierte Matrix ist.

Aufgabe 4.7

Bestimmen Sie die Lösungsmenge der Gleichung

$$Ax = b$$

$$\text{mit } A = \begin{pmatrix} 3 & 4 & 6 \\ 2 & 1 & 7 \\ 3 & 1 & 5 \\ 7 & 3 & 2 \end{pmatrix} \text{ und } b = \begin{pmatrix} 29 \\ 25 \\ 20 \\ 19 \end{pmatrix}.$$

Aufgabe 4.8

Berechnen Sie mittels partieller Integration das Integral

$$\int (x+3) \cdot e^{3x}\, dx \,.$$

Aufgabe 4.9

Bestimmen Sie mittels des Lagrange-Ansatzes die möglichen Extremstellen der Funktion f: **R** → **R** mit

$$f(x,y) = x^2 + y^3$$

unter der Nebenbedingung

$$x + y = 4.$$

Klausur 5

Aufgabe 5.1

Sei X die Menge aller Aussagen. Zwei Aussagen A und B stehen genau dann in Relation, wenn gilt:

A impliziert B.

Untersuchen Sie, ob die Relation reflexiv, symmetrisch und transitiv ist.

Aufgabe 5.2

Betrachten Sie die Kostenfunktion K, K: $\mathbf{R} \to \mathbf{R}$, mit:

$$K(x,y) = 100 + 2x + 8y - 4\sqrt{x \cdot y}\,.$$

Bilden Sie für die Funktion K die partiellen Ableitungen 1. Ordnung.

Aufgabe 5.3

Bilden Sie für die Matrizen

$$A = \begin{pmatrix} 2 & 4 \\ 6 & 9 \end{pmatrix} \text{ und } B = \begin{pmatrix} 3 & 4 \\ 6 & 8 \end{pmatrix}$$

, falls möglich, die Produkte AB, BA und $A^{-1}B$.

Aufgabe 5.4

Zeigen Sie für jede natürliche Zahl n durch vollständige Induktion:

$$\sum_{i=1}^{n} (i+4) = \frac{n \cdot (n+9)}{2}$$

Aufgabe 5.5

Bestimmen Sie durch partielle Integration das Integral

$$\int x\sqrt{1+x}\,dx\,.$$

Aufgabe 5.6

Bestimmen Sie

a) den Grenzwert $\lim\limits_{x \to 6} \dfrac{4x^2-144}{x-6}$

b) den Grenzwert der unendlichen Summe:

$$1+\frac{3}{5}+\frac{9}{25}+\frac{27}{125}+\frac{81}{625}+\ldots$$

Aufgabe 5.7

Untersuchen Sie die Reihe

$$\sum_{k=1}^{\infty} \frac{k+3}{k!}$$

auf Konvergenz.

Aufgabe 5.8

Ist die Funktion f: {a, b, c, d} → {b, c, d, e} mit

$$f(a) = b,\ f(b) = c,$$

$$f(c) = d,\ f(d) = b$$

surjektiv und injektiv?

Aufgabe 5.9

Bestimmen Sie mittels des Lagrange-Ansatzes die möglichen Extremstellen der Funktion f: **R** → **R** mit

$$f(x,y) = x \cdot y$$

unter der Nebenbedingung

$$x^2 + y^2 = 8.$$

Lösungen zu den Klausuren

Klausur 1

Aufgabe 1.1

Untersuchen Sie die Funktion f: **R** → **R** mit $f(x) = x^2 + 4$

auf Injektivität und Surjektivität und geben Sie, falls möglich, die Umkehrfunktion an.

Lösung

Surjektivität:

Wir betrachten im Bildbereich den Punkt y = -1.
Es gibt keinen Punkt $x \in \mathbf{R}$ mit $f(x) = x^2 + 4 = -1$. Somit ist die Funktion nicht surjektiv.

Injektivität:

Wir betrachten im Bildbereich den Punkt y = 8. Dann gilt die folgende Gleichung: $f(-2) = (-2)^2 + 4 = 8 = (2)^2 + 4 = f(2)$.
Somit gibt es zwei Punkte $x_1 = 2$ und $x_2 = -2$, die unter der Abbildung f auf den Punkt y = 8 abgebildet werden. Somit ist f nicht injektiv.

Die Funktion ist also weder injektiv noch surjektiv, somit auch nicht bijektiv.

Aufgabe 1.2

Untersuchen Sie die Folge

$$a_n = \frac{n^2 + 2n + 1}{n^2 - 1} - \frac{n+2}{n+1}$$

auf Konvergenz.

Lösung

Wir nehmen folgende Umformungen vor:

$$\frac{n^2 + 2n + 1}{n^2 - 1} - \frac{n+2}{n+1} = \frac{n^2 + 2n + 1 - (n+2)(n-1)}{n^2 - 1}$$

$$= \frac{n^2+2n+1 \ -(n^2-n+2n-2)}{n^2-1}$$

$$= \frac{n^2+2n+1-n^2-n+2}{n^2-1}$$

$$= \frac{n+3}{n^2-1} \xrightarrow[n\to\infty]{} 0\,.$$

Somit erhalten wir als Grenzwert der Folge den Wert 0.

Aufgabe 1.3

Überprüfen Sie mit Hilfe des Wurzelkriteriums, ob die Reihe

$$\sum_{i=1}^{\infty} \left(\frac{7}{i}\right)^i$$

konvergent ist.

Lösung

Das Wurzelkriterium liefert uns unmittelbar:

$$\sqrt[n]{\left(\frac{7}{n}\right)^n} = \frac{7}{n} \xrightarrow[n\to\infty]{} 0\,.$$

Aufgabe 1.4

Gegeben sei die Funktion

$$f(x) = \frac{(x^2-25)\,(x^2-4)}{(x+2)\,(x-5)}\quad.$$

Bestimmen Sie die Polstellen von f(x) und untersuchen Sie, ob diese hebbar (unecht) sind.

Lösung

Wir haben als Polstellen die Punkte -2 und 5. Wir formen jetzt den Bruch um:

$$\frac{(x^2-25)\,(x^2-4)}{(x+2)\,(x-5)} = \frac{(x+5)\,(x-5)\,(\,x+2)\,(x-2)}{(x+2)\,(x-5)} = (x+5)\,(x-2).$$

Also sind die Punkte -2 und 5 hebbare Polstellen.

Aufgabe 1.5

Untersuchen Sie die Funktionsvorschrift:

$$f(x) = \frac{x^2}{(x-2)}$$

auf Nullstellen, Extremstellen (Hoch- oder Tiefpunkt), Wendepunkte bzw. Sattelpunkte.

Lösung

Wir bilden die erste Ableitung:

$$f'(x) = \frac{2x(x-2) - 1x^2}{(x-2)^2} = \frac{2x^2 - 4x - x^2}{(x-2)^2} = \frac{x^2 - 4x}{(x-2)^2}$$

Somit haben wir als Kandidaten für Extrema:

$$x^2 - 4x = 0 \quad \Rightarrow \quad x(x-4) = 0$$

$$\Rightarrow \quad x_1 = 0 \text{ und } x_2 = 4$$

Für die zweite Ableitung erhalten wir:

$$f''(x) = \frac{(2x-4)(x-2)^2 - (x^2-4x)\,2(x-2)}{(x-2)^4} = \frac{(2x-4)(x-2) - 2(x^2-4x)}{(x-2)^3}$$

$$= \frac{2x^2 - 4x - 4x + 8 - 2x^2 + 8x}{(x-2)^3} = \frac{8}{(x-2)^3}$$

Somit gibt es keinen Wendepunkt.

Für die Extrema x_1 und x_2 gilt:

$x_1 = 0$ ist ein Hochpunkt, während x_2 ein Tiefpunkt ist.

Aufgabe 1.6

Integrieren Sie

$$\int (x^3+1)^4\, 3x^2\, dx \;.$$

Lösung

Wir substituieren $u = x^3 + 1$. u nach x abgeleitet ergibt:

$$u' = \frac{du}{dx} = 3x^2 \;\Leftrightarrow\; du = 3x^2\, dx$$

Dann ergibt sich:

$$\int (x^3+1)^4\, 3x^2\, dx = \int u^4\, du = \frac{1}{5}u^5 + c = \frac{1}{5}\,(x^3+1)^5 + c, \text{ mit } c \in \mathbf{R}.$$

Aufgabe 1.7

Seien P und Q Aussagen. Überprüfen Sie mit Hilfe einer Wahrheitstafel, ob die Aussage

$$\neg(P \vee Q) \Leftrightarrow \neg P \wedge \neg Q$$

eine Tautologie ist.

Lösung

P	Q	P ∨ Q	¬(P∨Q)	"⇔"	¬P∧¬Q	¬P	¬Q
1	1	1	0	1	0	0	0
1	0	1	0	1	0	0	1
0	1	1	0	1	0	1	0
0	0	0	1	1	1	1	1

Aufgabe 1.8

Gegeben sind die Matrizen

$$A = \begin{pmatrix} 1 \\ 0 \\ 2 \end{pmatrix}, B = \begin{pmatrix} 1 & 0 & 2 \\ 2 & 0 & 3 \\ 3 & 0 & 4 \end{pmatrix} \text{ und } C = \begin{pmatrix} 3 & 4 & 5 \\ 1 & 2 & 3 \end{pmatrix}.$$

Bilden Sie, falls möglich, die Matrizen AB, CB, BC und CA.

Lösung

Die Verknüpfungen AB und BC sind nicht möglich, wie eine einfache Dimensionsbetrachtung ergibt. Die zwei anderen Multiplikationen sind möglich:

$$CB = \begin{pmatrix} 3 & 4 & 5 \\ 1 & 2 & 3 \end{pmatrix} \begin{pmatrix} 1 & 0 & 2 \\ 2 & 0 & 3 \\ 3 & 0 & 4 \end{pmatrix} = \begin{pmatrix} 26 & 0 & 38 \\ 14 & 0 & 20 \end{pmatrix}$$

$$CA = \begin{pmatrix} 3 & 4 & 5 \\ 1 & 2 & 3 \end{pmatrix} \begin{pmatrix} 1 \\ 0 \\ 2 \end{pmatrix} = \begin{pmatrix} 13 \\ 7 \end{pmatrix}$$

Aufgabe 1.9

Lösen Sie durch elementare Umformungen das folgende Gleichungssystem:

$$\begin{array}{rcrcrcl} 3x & & & - & z & = & 0 \\ 6x & + & 4y & + & 5z & = & 0 \\ -3x & + & 3y & + & 2z & = & 0 \end{array}$$

Lösung

Folgende Umformungen führen zur Lösung:

$$\begin{array}{rrrr} 3 & 0 & -1 & 0 \\ 6 & 4 & 5 & 0 \\ -3 & 3 & 2 & 0 \end{array}$$

Wir addieren die erste Zeile zur dritten und subtrahieren das zweifache der ersten Zeile von der zweiten:

$$\begin{array}{rrrr} 3 & 0 & -1 & 0 \\ 0 & 4 & 7 & 0 \\ 0 & 3 & 1 & 0 \end{array}$$

Jetzt dividieren wir die erste Zeile durch 3 und die zweite Zeile durch 4:

$$\begin{array}{rrrr} 1 & 0 & -\frac{1}{3} & 0 \\ 0 & 1 & \frac{7}{4} & 0 \\ 0 & 3 & 1 & 0 \end{array}$$

Die ersten zwei Zeilen bleiben unberührt. Das dreifache der zweiten Zeile subtrahieren wir von der dritten Zeile:

$$\begin{matrix} 1 & 0 & -\frac{1}{3} & 0 \\ 0 & 1 & \frac{7}{4} & 0 \\ 0 & 0 & -\frac{17}{4} & 0 \end{matrix}$$

Wir multiplizieren die dritte Zeile mit $-\frac{4}{17}$:

$$\begin{matrix} 1 & 0 & -\frac{1}{3} & 0 \\ 0 & 1 & \frac{7}{4} & 0 \\ 0 & 0 & 1 & 0 \end{matrix}$$

In der letzten Umformung addieren wir das $\frac{1}{3}$-fache der dritten Zeile zur ersten, und das $(-\frac{7}{4})$-fache zur zweiten Zeile:

$$\begin{matrix} 1 & 0 & 0 & 0 \\ 0 & 1 & 0 & 0 \\ 0 & 0 & 1 & 0 \end{matrix}$$

Aus dieser Schlußtabelle erhalten wir als Lösung **L** den Nullvektor:

$$\mathbf{L} = \{ (0,0,0)' \}$$

Klausur 2

Aufgabe 2.1

Beweisen sie durch vollständige Induktion, daß für alle natürlichen Zahlen n die Gleichung

$$1^3 + 2^3 + 3^3 + \ldots + n^3 = \frac{n^2 (n+1)^2}{4}$$

gilt.

Lösung

n = 1:

$$1^3 = 1 = \frac{1^2 (1+1)^2}{4}$$

$n \to n + 1$:

$$1^3 + 2^3 + 3^3 + \ldots n^3 + (n+1)^3 = \frac{n^2 (n+1)^2}{4} + (n+1)^3$$

$$= \frac{n^2 (n+1)^2}{4} + \frac{4(n+1)^3}{4} = \frac{(n+1)^2}{4}(n^2 + 4(n+1))$$

$$= \frac{(n+1)^2}{4}(n^2 + 4n + 4) = \frac{(n+1)^2}{4}(n+2)^2$$

$$= \frac{(n+1)^2}{4}((n+1)+1)^2$$

Aufgabe 2.2

Bestimmen Sie die ersten partiellen Ableitungen nach x und y der folgenden Funktionen:

a) $f(x,y) = x^3 - 8x^2y + xy^2 + \sqrt{\frac{1}{xy}}$

b) $f(x,y) = \frac{3x^2 + 2xy^2}{1 - x}$

Lösung

a) Nach x abgeleitet erhalten wir

$$f_x(x,y) = 3x^2 - 16xy + y^2 - \frac{1}{2}\, y(xy)^{-\frac{3}{2}},$$

nach y abgeleitet ergibt sich:

$$f_y(x,y) = -8x^2 + 2xy - \frac{1}{2}\, x\,(xy)^{-\frac{3}{2}}$$

b) $$f_x(x,y) = \frac{(1-x)\,(6x+2y^2) - (-1)\,(3x^2+2xy)}{(1-x)^2} = \frac{6x - 3x^2 + 2y^2}{(1-x)^2}$$

$$f_y(x,y) = \frac{4xy}{1-x} \text{ oder } \frac{(1-x)\,(4xy) - 0\,(3x^2+2xy^2)}{(1-x)^2} = \frac{4xy}{1-x}$$

Aufgabe 2.3

Überprüfen Sie mit Hilfe des Quotientenkriteriums, ob die Reihe

$$\sum_{n=1}^{\infty} \left(\frac{1}{2}\right)^{n+(-1)^n}$$

konvergent ist.

Lösung

Wir bilden den Quotienten $\left|\frac{a_{n+1}}{a_n}\right|$:

$$\left|\frac{a_{n+1}}{a_n}\right| = \frac{\left(\frac{1}{2}\right)^{n+1+(-1)^{n+1}}}{\left(\frac{1}{2}\right)^{n+(-1)^n}} = \frac{\left(\frac{1}{2}\right)^{n+1} \cdot \left(\frac{1}{2}\right)^{(-1)^{n+1}}}{\left(\frac{1}{2}\right)^{n} \cdot \left(\frac{1}{2}\right)^{(-1)^{n}}}$$

$$= \frac{1}{2} \cdot \frac{\left(\frac{1}{2}\right)^{(-1)^{n+1}}}{\left(\frac{1}{2}\right)^{(-1)^{n}}}$$

Für n gerade gilt: $\left|\frac{a_{n+1}}{a_n}\right| = \frac{1}{8}$ und n ungerade gilt: $\left|\frac{a_{n+1}}{a_n}\right| = 2.$

Somit ist nach dem Quotientenkriterium keine Entscheidung möglich.

Aufgabe 2.4

Gegeben sei die Funktion

$$f(x) = \frac{(x^2 + 2x + 1)(x - 2)}{(x + 1)(x - 3)(2x^2 - 8)}.$$

Bestimmen Sie die Polstellen von f(x) und untersuchen Sie, ob diese hebbar (unecht) sind.

Lösung

Die Funktion hat Polstellen in den Punkten -1, 3, 2 und -2. Wir betrachten folgende Umformung:

$$\frac{(x^2 + 2x + 1)(x - 2)}{(x + 1)(x - 3)(2x^2 - 8)} = \frac{(x + 1)^2 (x - 2)}{(x + 1)(x - 3)\, 2(x^2 - 4)} = \frac{(x + 1)(x - 2)}{2(x - 3)(x - 2)(x + 2)}$$

$$= \frac{(x + 1)}{2(x - 3)(x + 2)}$$

Somit sind die Punkte -1 und 2 hebbare Polstellen, während die Punkte 3 und -2 echte Polstellen sind.

Aufgabe 2.5

Untersuchen Sie die Funktionsvorschrift:

$$f(x) = \frac{x}{x^2 + 1}$$

auf Nullstellen, Extremstellen (Hoch- oder Tiefpunkt), Wendepunkte bzw. Sattelpunkte.

Lösung

Wir bilden die ersten zwei Ableitungen der Funktion f:

$$f'(x) = \frac{x^2 + 1 - x(2x)}{(x^2 + 1)^2} = \frac{x^2 + 1 - 2x^2}{(x^2 + 1)^2} = \frac{-x^2 + 1}{(x^2 + 1)^2}$$

Als Extremwerte erhalten wir somit die Punkte +1 und -1.

$$f''(x) = \frac{(x^2+1)^2(-2x) - 2(x^2+1)\,2x\,(1-x^2)}{(x^2+1)^4}$$

$$= \frac{(x^2+1)(-2x) - 4x\,(1-x^2)}{(x^2+1)^3}$$

$$= \frac{-2x^3 - 2x - 4x + 4x^3}{(x^2+1)^3} = \frac{2x^3 - 6x}{(x^2+1)^3}$$

Wendepunkte:

$$2x^3 - 6x = 0 \Rightarrow x(2x^2 - 6) = 0.$$

Somit haben wir die Wendepunkte 0, $+\sqrt{3}$ und $-\sqrt{3}$.

Als letztes müssen wir noch die Extremwerte auf Hoch- bzw. Tiefpunkt untersuchen:

$f''(+1) = -4 < 0$, somit ist (+1) ein Hochpunkt,

$f''(-1) = 4 > 0$, also ein Tiefpunkt.

Aufgabe 2.6

Integrieren Sie

$$\int x \sin x \, dx \, .$$

Lösung

Wir betrachten als Lösungsweg die Methode der partiellen Integration. Wir wählen:

$$u = x \text{ und } v = -\cos x.$$

Dann gilt:

$$u' = 1 \text{ und } v' = \sin x.$$

Wir erhalten:

$$\int x \sin x \, dx = -x \cos x + \int 1 \cos x \, dx$$

$$= -x \cos x + \sin x + c \quad , \text{mit } c \in \mathbf{R}.$$

Aufgabe 2.7

Seien P und Q Aussagen. Überprüfen Sie mit Hilfe einer Wahrheitstafel, ob die Aussage

$$\neg(P \wedge Q) \Leftrightarrow \neg P \vee \neg Q$$

eine Tautologie ist.

Lösung

P	Q	P ∧ Q	¬(P ∧ Q)	⇔	¬P ∨ ¬Q	¬P	¬Q
1	1	1	0	1	0	0	0
1	0	0	1	1	1	0	1
0	1	0	1	1	1	1	0
0	0	0	1	1	1	1	1

Aufgabe 2.8

Gegeben sind die Matrizen

$$A = \begin{pmatrix} 2 \\ 0 \\ 1 \end{pmatrix}, B = \begin{pmatrix} 1 & 4 & 2 \\ 1 & 1 & 3 \\ 4 & 3 & 1 \end{pmatrix} \text{ und } C = \begin{pmatrix} 5 & 3 & 1 \\ 5 & 3 & 1 \end{pmatrix}.$$

Bilden Sie, falls möglich, die Matrizen AB, CB, BC und CA.

Lösung
Die Matrizenmultiplikation von AB und BC ist nicht möglich.

$$CB = \begin{pmatrix} 5 & 3 & 1 \\ 5 & 3 & 1 \end{pmatrix} \begin{pmatrix} 1 & 4 & 2 \\ 1 & 1 & 3 \\ 4 & 3 & 1 \end{pmatrix} = \begin{pmatrix} 12 & 26 & 20 \\ 12 & 26 & 20 \end{pmatrix}$$

$$CA = \begin{pmatrix} 5 & 3 & 1 \\ 5 & 3 & 1 \end{pmatrix} \begin{pmatrix} 2 \\ 0 \\ 1 \end{pmatrix} = \begin{pmatrix} 11 \\ 11 \end{pmatrix}$$

Aufgabe 2.9

Lösen Sie durch elementare Umformungen das folgende Gleichungssystem:

$$\begin{array}{rcrcrcl} x & + & 11y & - & 3z & = & 0 \\ 2x & - & 2y & + & 2z & = & 0 \\ 4x & + & 5y & + & z & = & 0 \end{array}$$

Lösung
Folgende Umformungen führen zur Lösung:

$$\begin{array}{rrrr} 1 & 11 & -3 & 0 \\ 2 & -2 & 2 & 0 \\ 4 & 5 & 1 & 0 \end{array}$$

Wir multiplizieren die erste Zeile mit 2 bzw. die zweite Zeile mit 4 und subtrahieren diese von der zweiten bzw. von der dritten Zeile:

$$\begin{array}{rrrr} 1 & 11 & -3 & 0 \\ 0 & -24 & 8 & 0 \\ 0 & -39 & 13 & 0 \end{array}$$

Wir dividieren die zweite Zeile durch (- 24) und die dritte Zeile durch 13:

$$\begin{array}{rrrr} 1 & 11 & -3 & 0 \\ 0 & 1 & -\frac{1}{3} & 0 \\ 0 & -3 & 1 & 0 \end{array}$$

Wir multiplizieren die zweite Zeile mit (- 11) bzw. mit 3 und addieren die so gewonnene neue Zeile zur ersten bzw. zur dritten Zeile:

$$\begin{array}{rrrr} 1 & 0 & \frac{2}{3} & 0 \\ 0 & 2 & -\frac{1}{3} & 0 \\ 0 & 0 & 0 & 0 \end{array}$$

Aus der dritten Zeile wird deutlich, daß wir etwa z beliebig wählen können und erhalten so:

$$\mathbf{L} = \{ (x,y,z\} \mid y = \frac{1}{3} z, x = -\frac{2}{3}, z \in \mathbf{R} \} .$$

Klausur 3

Aufgabe 3.1

Untersuchen Sie die Folge

$$a_n = \frac{n^2 - 4n}{n^2 - 2} - \frac{n^3 - 2n^2}{n^2 - 2n^3}$$

auf Konvergenz und bestimmen Sie gegebenenfalls den Grenzwert.

Lösung

$$a_n = \frac{n^2 - 4n}{n^2 - 2} - \frac{n^3 - 2n^2}{n^2 - 2n^3} = \frac{n^4 - 2n^5 - 4n^3 + 8n^4}{\left(n^2 - 2\right)\cdot\left(n^2 - 2n^3\right)} - \frac{n^5 - 2n^4 - 2n^3 + 4n^2}{\left(n^2 - 2\right)\cdot\left(n^2 - 2n^3\right)}$$

$$= \frac{-3n^5 + 11n^4 - 2n^3 - 4n^2}{n^4 - 2n^5 - 2n^2 + 4n^3} \underset{n \to \infty}{\longrightarrow} \frac{3}{2}.$$

Aufgabe 3.2

Sei A die Menge aller Städte der Bundesrepublik Deutschland.
Wir betrachten auf A die Relation "ist durch eine Autobahn verbunden mit".

Untersuchen Sie, ob diese Relation symmetrisch, antisymmetrisch, transitiv bzw. vollständig ist.

Lösung

Symmetrie: ja, denn verbindet die Autobahn die Stadt A mit der Stadt B, so gilt auch das umgekehrte.

Antisymmetrie: nein, denn Kiel steht in Relation zu Hamburg und Hamburg in Relation zu Kiel, aber die Städte Kiel und Hamburg sind nicht gleich.

Transitivität: ja, unmittelbar.

Vollständigkeit: nein, denn es gibt Städte, etwa Preetz und Kiel, die nicht über eine Autobahn miteinander verbunden sind.

Aufgabe 3.3

Bestimmen Sie die Lösungsmenge der Ungleichung:

$$|x| - 7 \leq |x - 7|.$$

Lösung

Es sind vier Fälle zu unterscheiden:

1. Fall: $x \geq 0$ und $(x - 7) \geq 0$

Dies bedeutet als Ausgangsmenge: $D_1 = \{x \mid x \geq 7\}$.
Für unsere Gleichung gilt: $x - 7 \leq x - 7$
Dies ist aber immer erfüllt, also haben wir:

$$L_1 = \{x \mid x \geq 7\}$$

2. Fall: $x \geq 0$ und $(x - 7) < 0$

Dies bedeutet als Ausgangsmenge: $D_2 = \{x \mid 0 \leq x < 7\}$.
Für unsere Gleichung gilt: $x - 7 \leq -x + 7$, also:
$2x \leq 14$,damit: $x \leq 7$. Somit:

$$L_2 = \{x \mid x \leq 7\}$$

3. Fall: $x < 0$ und $(x - 7) \geq 0$

Dies bedeutet als Ausgangsmenge: $D_3 = \{\ \}$ und somit auch:

$$L_3 = \{\ \}$$

4. Fall: $x < 0$ und $(x - 7) < 0$

Dies bedeutet als Ausgangsmenge: $D_4 = \{x \mid x < 0\}$.
Für unsere Gleichung gilt: $-x - 7 \leq -x + 7$, also: $-7 \leq 7$.
Somit:

$$L_4 = \{x \mid x < 0\}$$

Aus allen vier Fällen zusammen ergibt sich die Lösungsmenge $\mathbf{L} = \mathbf{R}$.

Aufgabe 3.4

Bilden Sie die ersten partiellen Ableitungen der Funktion f: $\mathbf{R}^2 \rightarrow \mathbf{R}$ mit

a) $f(x,y) = 3x^3y^3$

b) $f(x,y) = \dfrac{x}{y}$

Lösung

a) $f_x(x,y) = 9x^2y^3$ $\qquad$ $f_y(x,y) = 9x^3y^2$

b) $f_x(x,y) = \frac{1}{y}$ $\qquad$ $f_y(x,y) = -\frac{x}{y^2}$

Aufgabe 3.5

Zeigen Sie durch vollständige Induktion, daß für alle natürlichen Zahlen n mit n ≥ 2, gilt:

$$\sum_{i=2}^{n} 2^i = 2^{n+1} - 4 .$$

Lösung

n = 2 :

$$\sum_{i=2}^{2} 2^i = 2^2 = 4 = 2^3 - 4 = 2^{2+1} - 4$$

n → n + 1:

$$\begin{aligned}\sum_{i=2}^{n+1} 2^i &= \sum_{i=2}^{n} 2^i + 2^{n+1} \\ &= 2^{n+1} - 4 + 2^{n+1} \\ &= 2 \cdot 2^{n+1} - 4 \\ &= 2^{n+2} - 4\end{aligned}$$

Aufgabe 3.6

Integrieren Sie

$$\int \frac{x^2}{\sqrt{5 - x^3}} \, dx .$$

Lösung

Wir substituieren

$$u = 5 - x^3.$$

Dann gilt:

$$\frac{du}{dx} = -3x^2 \text{ bzw. } x^2\,dx = -\frac{1}{3}\,du.$$

Für die Berechnung des unbestimmten Integrals erhalten wir:

$$\int \frac{x^2}{\sqrt{5-x^3}}\,dx = \int \frac{1}{-3\cdot\sqrt{u}}\,du$$

$$= -\frac{1}{3}\int u^{-1/2}\,du = -\frac{1}{3}\cdot 2\cdot u^{1/2} + c = -\frac{2}{3}\sqrt{5-x^3} + c.$$

Aufgabe 3.7

Seien P und Q Aussagen. Überprüfen Sie mit Hilfe einer Wahrheitstafel, ob die Aussage

$$(P \Leftrightarrow Q) \Leftrightarrow (\neg P \vee Q)$$

eine Tautologie ist.

Lösung

P	**Q**	**$P \Leftrightarrow Q$**	**$\neg P \vee Q$**	**$\Leftrightarrow$**
1	1	1	1	1
1	0	0	0	1
0	1	0	1	0
0	0	1	1	1

Aus der Wahrheitstafel ergibt sich, daß obige Aussage keine Tautologie ist.

Aufgabe 3.8

Gegeben sind die Matrizen

$$A = \begin{pmatrix} 2 & 1 & 2 \\ 3 & 2 & 3 \\ 4 & 3 & 4 \end{pmatrix} \text{ und } B = \begin{pmatrix} 1 & 6 \\ 5 & 2 \\ 3 & 1 \end{pmatrix}.$$

Bilden Sie, falls möglich, AB, AA, BA und BB.

Lösung

$$A \cdot B = \begin{pmatrix} 2 & 1 & 2 \\ 3 & 2 & 3 \\ 4 & 3 & 4 \end{pmatrix} \cdot \begin{pmatrix} 1 & 6 \\ 5 & 2 \\ 3 & 1 \end{pmatrix} = \begin{pmatrix} 13 & 16 \\ 22 & 25 \\ 31 & 34 \end{pmatrix}$$

$$A \cdot A = \begin{pmatrix} 2 & 1 & 2 \\ 3 & 2 & 3 \\ 4 & 3 & 4 \end{pmatrix} \cdot \begin{pmatrix} 2 & 1 & 2 \\ 3 & 2 & 3 \\ 4 & 3 & 4 \end{pmatrix} = \begin{pmatrix} 15 & 10 & 15 \\ 24 & 16 & 24 \\ 33 & 22 & 33 \end{pmatrix}$$

Die Verknüpfungen BA und BB sind nicht möglich.

Aufgabe 3.9

Lösen Sie folgendes Gleichungssystem:

$$\begin{array}{rcrcrcl} 3x & + & 2y & & & = & 1 \\ 3x & + & 6y & + & 8z & = & 2 \\ 12x & + & 8y & + & 12z & = & 3 \end{array}$$

Lösung

Mit der Cramerschen Regel ergibt sich:

$$|A| = \begin{vmatrix} 3 & 2 & 0 \\ 3 & 6 & 8 \\ 12 & 8 & 12 \end{vmatrix} = 216 + 192 + 0 - (72 + 192 + 0) = 144$$

$$|A_1| = \begin{vmatrix} 1 & 2 & 0 \\ 2 & 6 & 8 \\ 3 & 8 & 12 \end{vmatrix} = 72 + 48 + 0 - (48 + 64 + 0) = 8$$

$$|A_2| = \begin{vmatrix} 3 & 1 & 0 \\ 3 & 2 & 8 \\ 12 & 3 & 12 \end{vmatrix} = 72 + 96 + 0 - (36 + 72 + 0) = 60$$

$$|A_3| = \begin{vmatrix} 3 & 2 & 1 \\ 3 & 6 & 2 \\ 12 & 8 & 3 \end{vmatrix} = 54 + 48 + 24 - (18 + 48 + 72) = -12$$

Als Lösung erhalten wir somit:

$$x = \frac{|A_1|}{|A|} = \frac{8}{144} = \frac{1}{18}$$

$$y = \frac{|A_2|}{|A|} = \frac{60}{144} = \frac{5}{12}$$

$$z = \frac{|A_3|}{|A|} = \frac{-12}{144} = -\frac{1}{12} .$$

Klausur 4

Aufgabe 4.1

Für welche reellen Zahlen x gilt:

$$1 > 3|x| - 2\,?$$

Lösung
Wir unterscheiden die zwei Fälle $x \geq 0$ und $x < 0$.

$x \geq 0$:
Es gilt:

$$1 > 3|x| - 2 \Rightarrow 1 > 3x - 2 \Rightarrow 3 > 3x \Rightarrow x < 1$$

also:

$$0 \leq x < 1$$

$x < 0$:
Es gilt:

$$1 > 3|x| - 2 \Rightarrow 1 > 3 \cdot (-x) - 2 \Rightarrow 1 > -3x - 2 \Rightarrow x > -1$$

also:

$$-1 < x < 0$$

Aus beiden Fällen erhalten wir als Lösungsmenge **L**:

$$\mathbf{L} = \{ x \in \mathbf{R} \mid -1 < x < 1 \}$$

Aufgabe 4.2

Seien A und B Aussagen. Überprüfen Sie mit Hilfe einer Wahrheitstafel, ob die Aussage

$$(A \wedge (A \Rightarrow B)) \Rightarrow A$$

eine Tautologie ist.

Lösung

A	**B**	**A ⇒ B**	**A ∧ (A ⇒ B)**	**"⇒"**
1	1	1	1	1
1	0	0	0	1
0	1	1	0	1
0	0	1	0	1

Aus der Wahrheitstafel ergibt sich, daß obige Aussage eine Tautologie ist.

Aufgabe 4.3

Untersuchen Sie die Reihe

$$\sum_{k=1}^{n} \frac{k-1}{3^k}$$

auf Konvergenz.

Lösung

Wir bilden den Quotienten $\frac{a_{n+1}}{a_n}$:

$$\left|\frac{a_{n+1}}{a_n}\right| = \frac{\frac{n+1-1}{3^{n+1}}}{\frac{n-1}{3^n}} = \frac{n}{3^{n+1}} \cdot \frac{3^n}{n-1} = \frac{1}{3} \cdot \frac{n}{n-1} \xrightarrow[n \to \infty]{} \frac{1}{3}$$

Aufgabe 4.4

Betrachten Sie die Funktionsvorschrift

$$f(x) = \frac{4x}{x^2-4}.$$

Geben Sie den maximalen Definitionsbereich für die Funktion f in der Menge der reellen Zahlen an, bilden Sie die erste und zweite Ableitung und untersuchen Sie die Funktion f auf Extremstellen.

Lösung

Als Definitionsbereich D erhalten wir D = $\mathbf{R}\backslash\{-2; 2\}$. Wir bilden die ersten zwei Ableitungen:

$$f(x) = \frac{4x}{x^2-4}$$

$$f'(x) = \frac{4(x^2-4) - 4x \cdot 2x}{(x^2-4)^2} = \frac{4x^2 - 16 - 8x^2}{(x^2-4)^2} = \frac{-4x^2-16}{(x^2-4)^2}$$

$$f''(x) = \frac{(-2x)\cdot(x^2-4)^2 - (-x^2-4)\cdot 2(x^2-4)\cdot 2x}{(x^2-4)^4}$$

$$= \frac{(-8x)\cdot(x^2-4)^2 - (-4x^2-16)\cdot 2(x^2-4)\cdot 2x}{(x^2-4)^4}$$

$$= \frac{-8x^3+32x+16x^3+64x}{(x^2-4)^3} = \frac{8x^3+96x}{(x^2-4)^3}$$

Zur Bestimmung der Extremstellen ermitteln wir die Nullstellen der ersten Ableitung:

$$f'(x) = 0 \quad \Leftrightarrow -4x^2 - 16 = 0 \Leftrightarrow 4x^2 + 16 = 0$$

$$\Leftrightarrow x^2 = -4$$

Aus der letzten Gleichung erkennt man, daß es keine Nullstelle geben kann.

Aufgabe 4.5

Für reelle Zahlen x und y ist die Relation R durch

$$xRy :\Leftrightarrow \frac{1}{1+x^3} \leq \frac{1}{1+y^3}$$

gegeben. Ist die Relation reflexiv, transitiv, vollständig bzw. symmetrisch?

Lösung

Symmetrie: nein.

Reflexivität: ja.

Transitivität: ja.

Vollständigkeit: ja.

Aufgabe 4.6

Betrachten Sie die Matrizen

$$A = \begin{pmatrix} 1 & 2 & 4 \\ 4 & 3 & 2 \\ 3 & 4 & 1 \end{pmatrix} \text{ und } B = \begin{pmatrix} 1 & 2 \\ 6 & 8 \\ 4 & 3 \end{pmatrix}.$$

Bilden Sie, falls möglich: AA, BA, BB und B'A, wobei B' die zu B transponierte Matrix ist.

Lösung

$$AA = \begin{pmatrix} 1 & 2 & 4 \\ 4 & 3 & 2 \\ 3 & 4 & 1 \end{pmatrix}\begin{pmatrix} 1 & 2 & 4 \\ 4 & 3 & 2 \\ 3 & 4 & 1 \end{pmatrix} = \begin{pmatrix} 21 & 24 & 12 \\ 22 & 25 & 24 \\ 22 & 22 & 21 \end{pmatrix}$$

$$B'A = \begin{pmatrix} 1 & 6 & 4 \\ 2 & 8 & 3 \end{pmatrix}\begin{pmatrix} 1 & 2 & 4 \\ 4 & 3 & 2 \\ 3 & 4 & 1 \end{pmatrix} = \begin{pmatrix} 37 & 36 & 20 \\ 43 & 40 & 27 \end{pmatrix}$$

Die Verknüpfungen BA und BB sind, wie eine Dimensionsbetrachtung deutlich macht, nicht möglich.

Aufgabe 4.7

Bestimmen Sie die Lösungsmenge der Gleichung

$$Ax = b$$

$$\text{mit } A = \begin{pmatrix} 3 & 4 & 6 \\ 2 & 1 & 7 \\ 3 & 1 & 5 \\ 7 & 3 & 2 \end{pmatrix} \text{ und } b = \begin{pmatrix} 29 \\ 25 \\ 20 \\ 19 \end{pmatrix}.$$

Lösung

Als Lösung erhalten wir x = 1, y = 2 und z = 3.

Aufgabe 4.8

Berechnen Sie mittels partieller Integration das Integral

$$\int (x+3) \cdot e^{3x}\, dx \, .$$

Lösung

Sei $u = x + 3$ und $v = \frac{1}{3} e^{3x}$.

Dann gilt:

$$u' = 1 \text{ und } v' = e^{3x}$$

$$\int (x+3) \cdot e^{3x}\, dx$$

$$= (x+3) \cdot \frac{1}{3} \cdot e^{3x} - \int 1 \cdot \frac{1}{3} e^{3x}\, dx$$

$$= \frac{1}{3}(x+3) \cdot e^{3x} - \frac{1}{3} \int e^{3x}\, dx$$

$$= \frac{1}{3}(x+3) \cdot e^{3x} - \frac{1}{3} \cdot \frac{1}{3} e^{3x} + c$$

$$= \frac{1}{3} e^{3x}(x + 3 - \frac{1}{3}) + c$$

$$= \frac{1}{3} e^{3x}(x + \frac{8}{3}) + c \, ,$$

wobei c eine reelle Zahl ist.

Aufgabe 4.9

Bestimmen Sie mittels des Lagrange-Ansatzes die möglichen Extremstellen der Funktion f: **R** → **R** mit

$$f(x,y) = x^2 + y^3$$

unter der Nebenbedingung

$$x + y = 4.$$

Lösung

In einem ersten Schritt erstellen wir die Lagrange-Funktion $L(x,y,\lambda)$:

$$L(x,y,\lambda) = x^2 + y^3 + \lambda(x + y - 4).$$

Wir bilden die ersten partiellen Ableitungen der Lagrange-Funktion nach x, y und λ:

$$L_x = 2x + \lambda,$$

$$L_y = 3y^2 + \lambda,$$

$$L_\lambda = x + y - 4.$$

Um nun mögliche Extrema zu erhalten, setzen wir die ersten partiellen Ableitungen gleich Null und bestimmen x, y und λ:

$$0 = 2x + \lambda,$$

$$0 = 3y^2 + \lambda,$$

$$0 = x + y - 4.$$

Als Lösung dieses Gleichungssystems und somit als mögliche Kandidaten für ein Extremum erhalten wir:

$$(x_1 = 6, y_1 = -2) \text{ und}$$

$$(x_2 = \frac{8}{3}, y_2 = \frac{4}{3}).$$

Klausur 5

Aufgabe 5.1

Sei X die Menge aller Aussagen. Zwei Aussagen A und B stehen genau dann in Relation, wenn gilt:

A impliziert B.

Untersuchen Sie, ob die Relation reflexiv, symmetrisch und transitiv ist.

Lösung

Die Relation ist reflexiv und transitiv, aber nicht symmetrisch

Aufgabe 5.2

Betrachten Sie die Kostenfunktion K, K: $\mathbf{R} \to \mathbf{R}$, mit:

$$K(x,y) = 100 + 2x + 8y - 4\sqrt{x \cdot y}\,.$$

Bilden Sie für die Funktion K die partiellen Ableitungen 1. Ordnung.

Lösung

$$K_x(x,y) = 2 - \frac{2 \cdot y}{\sqrt{x \cdot y}}$$

$$K_y(x,y) = 8 - \frac{2 \cdot x}{\sqrt{x \cdot y}}$$

Aufgabe 5.3

Bilden Sie für die Matrizen

$$A = \begin{pmatrix} 2 & 4 \\ 6 & 9 \end{pmatrix} \text{ und } B = \begin{pmatrix} 3 & 4 \\ 6 & 8 \end{pmatrix}$$

, falls möglich, die Produkte

$$AB, BA \text{ und } A^{-1}B.$$

Lösung

$$AB = \begin{pmatrix} 2 & 4 \\ 6 & 9 \end{pmatrix} \begin{pmatrix} 3 & 4 \\ 6 & 8 \end{pmatrix} = \begin{pmatrix} 30 & 40 \\ 72 & 96 \end{pmatrix}$$

$$BA = \begin{pmatrix} 3 & 4 \\ 6 & 8 \end{pmatrix} \begin{pmatrix} 2 & 4 \\ 6 & 9 \end{pmatrix} = \begin{pmatrix} 30 & 48 \\ 60 & 96 \end{pmatrix}$$

Es gilt:

$$A^{-1} = \begin{pmatrix} -\frac{3}{2} & \frac{2}{3} \\ 1 & -\frac{1}{3} \end{pmatrix}$$

und somit folgt:

$$A^{-1} B = \begin{pmatrix} -\frac{1}{2} & -\frac{2}{3} \\ 1 & \frac{4}{3} \end{pmatrix}$$

Aufgabe 5.4

Zeigen Sie für jede natürliche Zahl n durch vollständige Induktion:

$$\sum_{i=1}^{n} (i+4) = \frac{n \cdot (n+9)}{2}$$

Lösung

n = 1:

$$\sum_{i=1}^{1} (i+4) = 1+4 = 5 = \frac{1 \cdot (1+9)}{2}$$

n → n + 1:

$$\sum_{i=1}^{n+1} (i+4) = \sum_{i=1}^{n} (i+4) + (n+1+4) = \frac{n \cdot (n+9)}{2} + (n+5)$$

$$= \frac{n \cdot (n+9) + 2n + 10}{2} = \frac{n^2 + 9n + 2n + 10}{2}$$

$$= \frac{n^2 + 11n + 10}{2} = \frac{(n+1)\cdot(n+10)}{2}$$

Aufgabe 5.5

Bestimmen Sie durch partielle Integration das Integral

$$\int x\sqrt{1+x}\,dx\,.$$

Lösung

Mit $f(x) = x$ und $g'(x) = \sqrt{1+x}$ erhalten wir:

$$f'(x) = 1 \text{ und } g(x) = \frac{2}{3}\sqrt{(1+x)^3}\,.$$

$$\int x\sqrt{1+x}\,dx \qquad = \frac{2}{3}x\sqrt{(1+x)^3} - \int 1\cdot\frac{2}{3}\sqrt{(1+x)^3}\,dx$$

$$= \frac{2}{3}x\sqrt{(1+x)^3} - \frac{2}{3}\cdot\frac{2}{5}\sqrt{(1+x)^5}$$

$$= \frac{2}{3}x\sqrt{(1+x)^3} - \frac{4}{15}\sqrt{(1+x)^5}$$

Aufgabe 5.6

Bestimmen Sie

a) den Grenzwert $\lim\limits_{x\to 6} \dfrac{4x^2 - 144}{x-6}$

b) den Grenzwert der unendlichen Summe:

$$1 + \frac{3}{5} + \frac{9}{25} + \frac{27}{125} + \frac{81}{625} + \ldots$$

Lösung

a) $\lim\limits_{x\to 6} \dfrac{4x^2 - 144}{x-6} = \lim\limits_{x\to 6} \dfrac{4\cdot(x-6)\cdot(x+6)}{x-6} = \lim\limits_{x\to 6} 4\cdot(x+6) = 48$

b) Wir schreiben die Summe:

$$1 + \frac{3}{5} + \frac{9}{25} + \frac{27}{125} + \frac{81}{625} + \dots$$

in der Form: $\sum_{i=0}^{\infty} \left(\frac{3}{5}\right)^i$.

Als Grenzwert der geometrischen Reihe erhalten wir den Wert 2,5.

Aufgabe 5.7

Untersuchen Sie die Reihe

$$\sum_{k=1}^{\infty} \frac{k+3}{k!}$$

auf Konvergenz.

Lösung

Wir nutzen das Quotientenkriterium und erhalten:

$$\lim_{k \to \infty} \left| \frac{a_{k+1}}{a_k} \right| = \lim_{k \to \infty} \frac{(k+4) \cdot k!}{(k+3) \cdot (k+1)!} = \lim_{k \to \infty} \frac{(k+4)}{(k+3) \cdot (k+1)} = 0,$$

also ist die Reihe konvergent.

Aufgabe 5.8

Ist die Funktion f: {a, b, c, d} → {b, c, d, e} mit

$$f(a) = b, f(b) = c,$$
$$f(c) = d, f(d) = b$$

surjektiv und injektiv?

Lösung

Da es kein x gibt mit f(x) = e, ist die Funktion nicht surjektiv.
Es gilt: f(a) = f(d), also ist die Funktion nicht injektiv.

Aufgabe 5.9

Bestimmen Sie mittels des Lagrange-Ansatzes die möglichen Extremstellen der Funktion f: **R** → **R** mit

$$f(x,y) = x \cdot y$$

unter der Nebenbedingung

$$x^2 + y^2 = 8.$$

Lösung

In einem ersten Schritt erstellen wir die Lagrange-Funktion $L(x,y,\lambda)$:

$$L(x,y,\lambda) = x \cdot y + \lambda(x^2 + y^2 - 8).$$

Wir bilden die ersten partiellen Ableitungen der Lagrange-Funktion nach x, y und λ:

$$L_x = y + 2\lambda x,$$

$$L_y = x + 2\lambda y,$$

$$L_\lambda = x^2 + y^2 - 8.$$

Um nun mögliche Extrema zu erhalten, setzen wir die ersten partiellen Ableitungen gleich Null und bestimmen x, y und λ:

$$0 = y + 2\lambda x,$$

$$0 = x + 2\lambda y,$$

$$0 = x^2 + y^2 - 8.$$

Als Lösung dieses Gleichungssystems und somit als mögliche Kandidaten für ein Extremum erhalten wir:

$$(x_1 = 2, y_1 = 2),$$

$$(x_2 = 2, y_2 = -2),$$

$$(x_3 = -2, y_3 = 2),$$

$$(x_4 = -2, y_4 = -2).$$

Anhang C

Zeichenerklärung

$\forall$	für alle
$\exists$	es existiert
$\exists!$	es gibt genau ein
nicht $\exists$	es gibt kein
$:=$	ist definiert durch
$\mid$	mit der Eigenschaft
$x \in M$	x ist Element der Menge M
$x \notin M$	x ist nicht Element der Menge M
$\neg A$	nicht Aussage A
$A \wedge B$	Aussage A und Aussage B
$A \vee B$	Aussage A oder Aussage B
$A \Rightarrow B$	die Aussage A impliziert die Aussage B; aus Aussage A folgt die Aussage B
$A \Leftrightarrow B$	Aussage A und Aussage B sind äquivalent; Aussage A ist gleichbedeutend mit Aussage B
$<$	kleiner
$\leq$	kleiner oder gleich
$>$	größer
$\geq$	größer oder gleich
$\neq$	nicht gleich, ungleich
$=$	gleich
$\sum_{i=1}^{n} a_i$	$a_1 + a_2 + \ldots + a_n$
$A \times B$	$\{(x,y) \mid x \in A, y \in B\}$
$\prod_{i=1}^{k} A_i$	$A_1 \times A_2 \times \ldots \times A_k$

Die griechischen Buchstaben

Das griechische Alphabet besteht aus 24 Zeichen:

Alpha	Α	α
Beta	Β	β
Gamma	Γ	γ
Delta	Δ	δ
Epsilon	Ε	ε
Zeta	Ζ	ζ
Eta	Η	η
Theta	Θ	θ
Iota	Ι	ι
Kappa	Κ	κ
Lambda	Λ	λ
Mü	Μ	μ
Nü	Ν	ν
Xi	Ξ	ξ
Omikron	Ο	ο
Pi	Π	π
Rho	Ρ	ρ
Sigma	Σ	σ
Tau	Τ	τ
Ypsilon	Υ	υ
Phi	Φ	φ
Chi	Χ	χ
Psi	Ψ	ψ
Omega	Ω	ω

Literatur

Anton, Howard; Kolman, Bernard; Averbach, Bonnie
Applied Finite Mathematics, Harcourt Brace Jovanovich, Publishers, Fourth Edition, 1988.

Blatter, Christian
Analysis 1, Springer-Verlag, 4. Auflage, 1991.

Bosch, Karl
Mathematik für Wirtschaftswissenschaftler, Eine Einführung, R. Oldenbourg Verlag München Wien, 9. Auflage, 1994.

Breitung, Karl; Filip, Pavel
Einführung in die Mathematik für Ökonomen, R. Oldenbourg Verlag München Wien, 2. Auflage, 1990.

Finkbeiner, Daniel T. ; Lindstrom, Wendell D.
A Primer of Discrete Mathematics, W. H. Freeman and Company, New York, 1987.

Hauptmann, Harry
Mathematik für Betriebs- und Volkswirte, R. Oldenbourg Verlag München Wien, 2. Auflage, 1988.

Jegenhorst, Reinhard
Aufgabensammlung zur Mathematik, FOS Wirtschaft / Technik mit Lösungen, Handwerk und Technik, 1995.

Labuch, Dieter
Aufgaben zur Linearen Algebra für Fachhochschulen, B. I. -Wissenschaftsverlag, Mannheim, Wien, Zürich, 1982.

Maas, Christoph
Analysis 1, Inf & Ing, Vorlesungen zum Informatik- und Ingenieurstudium, Wißner Verlag, 1. Auflage, 1993.

Nollau, Volker
Mathematik für Wirtschaftswissenschaftler, B. G. Teubner Verlagsgesellschaft Stuttgart Leipzig, 1993.

Sydsaeter, Knut; Hammond, Peter J.
Mathematics for Economic Analysis, Prentice Hall International Editions, 1995.

Wetzel, Wolfgang; Skarabis, Horst; Naeve, Peter; Büning, Herbert
Mathematische Prodädeutik für Wirtschaftswissenschaftler, 1972.

Index

W

Z

www.ingramcontent.com/pod-product-compliance
Lightning Source LLC
Chambersburg PA
CBHW050657190326
41458CB00008B/2597

* 9 7 8 3 4 8 6 2 7 4 3 7 0 *